PSICANÁLISE

Série Escrita Psicanalítica

Clínica psicanalítica: testemunho e hospitalidade, de Marcio Giovannetti
Alma migrante, de Plinio Montagna
Uma imagem do mundo: realidade e imaterialidade, de Walter Trinca
A posteriori, um percurso, de Marion Minerbo
Passado e presente, de Ana Maria Andrade Azevedo
Psicanálise: de Bion ao prazer autêntico, de Cecil José Rezze

Blucher

PSICANÁLISE

De Bion ao prazer autêntico

Cecil José Rezze

Série Escrita Psicanalítica

Coordenação: Marina Massi

Psicanálise: de Bion ao prazer autêntico
Série Escrita Psicanalítica
© 2021 Cecil José Rezze
Editora Edgard Blücher Ltda.

Publisher Edgard Blücher
Editor Eduardo Blücher
Coordenação editorial Jonatas Eliakim
Produção editorial Bárbara Waida
Preparação de texto Ana Maria Fiorini
Diagramação Negrito Produção Editorial
Revisão de texto MPMB
Capa Leandro Cunha
Aquarela da capa Helena Lacreta

Blucher

Rua Pedroso Alvarenga, 1245, 4º andar
04531-934 – São Paulo – SP – Brasil
Tel.: 55 11 3078-5366
contato@blucher.com.br
www.blucher.com.br

Segundo o Novo Acordo Ortográfico, conforme
5. ed. do *Vocabulário Ortográfico da Língua
Portuguesa*, Academia Brasileira de Letras,
março de 2009.

É proibida a reprodução total ou parcial por
quaisquer meios sem autorização escrita da
editora.

Todos os direitos reservados pela Editora Edgard
Blücher Ltda.

Dados Internacionais de Catalogação
na Publicação (CIP)
Angélica Ilacqua CRB-8/7057

Rezze, Cecil José
  Psicanálise : de Bion ao prazer autêntico /
Cecil José Rezze. – 1. ed. – São Paulo : Blucher,
2021. (Série Escrita Psicanalítica / coordenação
de Marina Massi)
  376 p. il.

Bibliografia
ISBN 978-65-5506-066-9 (impresso)
ISBN 978-65-5506-067-6 (eletrônico)

  1. Psicanálise. I. Título. II. Massi, Marina.
III. Série.

20-0488   CDD 150.195

Índices para catálogo sistemático:
1. Psicanálise

Sobre a Série Escrita Psicanalítica

O projeto de uma série com livros de autores da Sociedade Brasileira de Psicanálise de São Paulo (SBPSP) é fruto da pesquisa de doutorado *Trinta anos de história da Revista Brasileira de Psicanálise: um recorte paulista*. Nessa tese, abordei os artigos publicados na revista, de 1967 a 1996, por psicanalistas da SBPSP.

Entre os vários aspectos que pude observar, destacou-se a necessidade de organizar a produção psicanalítica dessa instituição, de seus primórdios aos dias atuais, divulgada em revistas especializadas, atividades científicas ou aulas ministradas nos institutos de formação, com influência sobre diversas gerações de profissionais ligados à International Psychoanalytical Association (IPA).

A Série Escrita Psicanalítica tem justamente a ambiciosa proposta de reunir, organizar, registrar, publicar, divulgar e consolidar a produção dos pioneiros e das gerações posteriores da SBPSP. Busca também retratar, para a própria instituição, o que nela foi construído de importante desde a sua fundação. Conta, assim, a história da SBPSP pelo veio da produção e da criação psicanalítica.

Esta série lança um olhar para o passado, pois organiza o que de melhor já foi feito, e um olhar para o futuro, pois transmite a fortuna da SBPSP não só como memória, mas como um importante material de estudo para os diferentes institutos de formação psicanalítica e cursos de pós-graduação no Brasil, além de para o público interessado.

Ao promover uma leitura da história das ideias psicanalíticas – uma leitura crítica, comparada – e, ao mesmo tempo, permitir que os psicanalistas aqui apresentados sejam considerados enquanto autores, produtores de ideias e teorias, a série possibilita sair do campo transferencial institucional e passar ao campo das ideias, da reflexão, do debate, para além da pessoa do psicanalista.

A ciência e a arte necessitam de organização (ou curadoria) da contribuição que o ser humano foi e é capaz de oferecer. Espero que esta série cumpra o objetivo de ser a história das ideias de muitos colegas brasileiros no âmbito da IPA, alguns infelizmente não mais entre nós, outros ainda em plena produção.

Marina Massi

Coordenadora da Série Escrita Psicanalítica

A Sônia Maria
e a meus pais, Yolanda e José Rezze

Agradecimentos

Tenho vivido uma vida longa. Então, ao rememorar as contribuições que recebi, estas parece que vão se estendendo ao infinito,
desde memórias esgarçadas, como a da professora de português do
cursinho – cujo nome não me lembro, mas que me ajudou a dar
um salto em minha percepção da língua e do mundo –, ao agrade-
cimento aos clientes que me permitiram dar um sentido profundo
à existência, com alegria e satisfação.

Aos meus pais, Yolanda e José Rezze, minhas irmãs, Jadete, Eli-
sabete e Arlete, junto com meu avô Elias, devo o sentido original
de família, que se completa com Sônia e meus filhos, Daniela, José
Alexandre, Gisele e Mirela, que permitem germinar novos ramos
nos galhos frondosos da família, agora com os netos.

Como professor assistente da Faculdade de Medicina da Uni-
versidade de São Paulo (USP) tive a colaboração de Eros Abrantes
Erhart, estimulando e apoiando a defesa de doutorado em Sistema
Nervoso Central.

Como introdução à psicanálise, fiz psicoterapia de grupo durante cinco anos, com os mesmos companheiros, com Noemi da Silveira Rudolfer, fruto desenvolvido em análise didática com Judith Andreucci e posteriormente amadurecido com Frank Julian Philips.

Muito devo ao Instituto de Psicanálise e à Sociedade Brasileira de Psicanálise de São Paulo (SBPSP), aos supervisores Virginia Leone Bicudo e Laertes de Moura Ferrão, aos colegas de diversos grupos de estudos, e particularmente aos desse último de terça-feira, de cerca de vinte anos – Célia, Darcy, Eva, Evelise, Fernando, Julio e Roberto –, que permitiram uma discussão ativa e um caminhar por plagas desconhecidas, às vezes assustadoras.

Darcy de Mendonça Uchoa me acolheu no Departamento de Psicologia, Medicina Psicossomática e Psiquiatria da Escola Paulista de Medicina, incentivando que eu iniciasse análise. Tive por companheiros Cleo, Colarile e Sílvio Barbosa, dotados de ampla generosidade com os colegas mais jovens, eu e Orestes Forlenza Neto.

Como epílogo, agradeço à Blucher pela edição deste livro, mas especialmente à Marina Massi, organizadora dele, que permitiu que o meu sonho saísse da imaginação, na qual era gestado há muitos anos, e finalmente viesse à luz.

Sumário

Prefácio   13

Confidenciando com o leitor   23

Parte I. Reflexões psicanalíticas   **25**

Introdução   27

1. Transferência: rastreamento do conceito e relação com transformações em alucinose   31

2. Aprender com a experiência emocional. E depois? Turbulência!   79

3. Experiência emocional: um olhar diferente   107

4. O dia a dia de um psicanalista: teorias fracas, teorias fortes   129

5. Domando emoções selvagens   163

Parte II. Clínica psicanalítica — 181

Introdução — 183

6. Estudo de uma sessão analítica: identificação e rastreamento na clínica dos conceitos de inconsciente, sexualidade, recalcamento, transferência e transformações — 187

7. Preservação e alteração do *setting* na análise — 245

8. Fantasmas e psicanálise: digressão em torno de transformações em O — 259

9. Minha experiência clínica na apreensão do objeto psicanalítico — 269

Parte III. Teoria do prazer autêntico — 281

Introdução — 283

10. As teorias que sustentam nossa clínica — 291

11. Objetivos da análise: prazer possível? Realidade possível? — 299

12. Prazer autêntico: mudança de paradigma? — 307

13. Prazer autêntico – o belo – estesia — 317

14. Prazer autêntico: retornando à clínica — 335

15. Teria Bion vislumbrado o *prazer autêntico*? — 343

Índice remissivo — 359

Prefácio

O convite de Cecil José Rezze para prefaciar *Psicanálise: de Bion ao prazer autêntico* acabou por se transformar, para mim, em uma oportunidade para dizer, publicamente, a importância que seu pensamento psicanalítico teve e tem para mim. Ocorreu que, ao retomar os trabalhos reunidos neste livro, surgiram-me lembranças de como eles foram importantes no desenvolvimento de meu próprio pensamento psicanalítico, bem como memórias de décadas de convivência. Conforme escrevia o Prefácio, fui percebendo que estava organizando não apenas as ideias que tinha do autor, mas também suas contribuições pessoais à minha maneira de ser analista – algo de que, possivelmente, ele mesmo não tenha muito conhecimento. Das primeiras (as ideias do autor), vou tratar explicitamente; já as últimas (minhas lembranças pessoais) são difíceis de especificar por serem experiências adquiridas fora de enquadres próprios a relações de trabalho, que existem em mim como profundos sentimentos de admiração, respeito e gratidão.

Pelo que sei, esta é uma questão presente também para vários colegas que foram privilegiados pela oportunidade de um convívio direto com Cecil. Nesse sentido, a publicação deste livro com trabalhos seus selecionados surge como uma oportunidade para comemorarmos juntos os benefícios que ele já nos trouxe – e que continua trazendo –, seja no campo das ideias, seja no das vivências pessoais.

Este introito mostra que se me impôs começar por destacar a presença do autor na obra. As contribuições psicanalíticas, que Cecil aqui nos reapresenta, são tão significativas quanto as experiências com sua pessoa ao trazê-las a nós. Creio que este será o tom deste Prefácio.

Na releitura dos textos, de início saltou-me aos olhos o tom intimista, coloquial. Sua escrita fala diretamente ao leitor. Possivelmente, isso sempre foi familiar para mim, embora não o tivesse percebido com a clareza de agora. Um pouco de atenção a este ponto me trouxe elementos para identificar que essa característica envolve o que nomeei há pouco como "fala diretamente ao leitor". Estabelece o contraste com "falar para o público", explicar, mostrar conhecimento. Essa forma de Cecil manifestar seu pensamento emerge das finas descrições da própria experiência vivida, do se colocar intensamente, tanto cognitiva quanto emocionalmente, na relação com o interlocutor. Essa qualidade vai estar presente em todo o livro, embora a encontremos mais explicitamente nos "Agradecimentos" (nos quais está acrescida de uma afetividade marcante e delicada), bem como no que manifesta em "Confidenciando com o leitor", ou na "Introdução" da Parte I, "Reflexões psicanalíticas". É a afabilidade que o caracteriza na convivência na Sociedade Brasileira de Psicanálise de São Paulo (SBPSP) e que cria o clima emocional de um contato ao mesmo tempo intimista e de fronteiras individuais bem definidas. Podemos acompanhar esta condição privilegiada seja nas aproximações pessoais, seja na forma de expressar os pensamentos, tanto aqueles que ele formou por si mesmo quanto aqueles que conquistou e que tornou próprios. Em suma, quero dizer que há uma grande harmonia entre a pessoa de Cecil, seu pensamento psicanalítico e sua forma de expressar-se.

Cada parte do livro, bem como o seu todo, nos dá essa aproximação. Ler seus escritos é muito próximo a ouvi-lo falar, tal a sintonia com que Cecil se coloca, seja no verbal, seja na escrita. Nesta perspectiva, podemos aproveitar aqui sua proposta de identificar a existência de uma forma primária de prazer: creio ser adequado falarmos que Cecil transmite um invejável *prazer autêntico* no que escreve e no que vive em suas aproximações com a psicanálise e com aqueles nela genuinamente interessados. Se me utilizo do conjunto dos conceitos de Bion, como uma ferramenta indicativa das dimensões de desenvolvimento pessoal, penso que Cecil alcançou, com muito êxito, a proposta do *tornar-se a realidade* e de seu corolário, o *tornar-se si mesmo*.

Olhando por este ângulo, estamos, possivelmente, tendo acesso à fonte de uma das raízes do desenvolvimento psicanalítico de Cecil, reconhecida por ele mesmo e revelada no subtítulo escolhido por ele para o livro: *De Bion ao prazer autêntico*. Aponta--nos estarmos frente à apresentação de sua versão da trajetória de seu desenvolvimento pessoal, de suas origens na maneira de Bion pensar a mente até sua integração na singularidade de sua personalidade.

Após iniciar com a dimensão pessoal do autor (*ser*) na obra, paradoxal e inevitavelmente, precisamos nos deslocar para a dimensão do *conhecer* para darmos continuidade a nossas observações sobre o livro em si mesmo e sobre o pensamento psicanalítico que nele encontramos. Não me deterei especificamente no exame dos artigos. O próprio Cecil, na "Introdução" de cada uma das três partes do livro, nos oferece ricos elementos sobre eles. O vértice que minhas observações tomaram foi o de privilegiar os pensamentos expostos e a forma com que Cecil o faz.

Em uma primeira aproximação com o livro, em uma visão macro, começo com o reconhecimento de que o conjunto dos textos aqui reunidos constitui apenas uma parte da extensa produção do autor. Penso podermos identificá-los como textos do período de sua maturidade psicanalítica, escritos nos últimos 25 anos. Vão de trabalhos teórico-clínicos, que nos tornam mais acessível o pensamento de Bion, a trabalhos que descortinam uma visão original do autor sobre questões da teoria e da prática psicanalítica. Os primeiros, vamos reconhecê-los como contribuições que atenderam a um público ávido por ser auxiliado na difícil aproximação com as ideias de Bion. Por meio deles, muitos de minha geração psicanalítica alcançaram um contato mais favorável com conceitos como os de experiência emocional, transformações, alucinose, do tornar-se a realidade, dos pensamentos selvagens. Fazem parte de um período em que se iniciou a grande expansão do interesse pelo pensamento de Bion. Lembremos que, nas décadas anteriores, a SBPSP era um dos poucos centros psicanalíticos em que se estudava a obra desse autor; que a literatura disponível era parca; e que Cecil era um dos poucos analistas que criavam pontes entre a profundidade do pensamento de Bion e a pouca condição dos neófitos para absorvê-lo.

Em uma segunda aproximação com o livro, encontramos as três divisões em que foram reunidos os trabalhos que aqui representam o autor. Foram organizadas, pareceu-me, para atender não só ao propósito de reunir contribuições que tenham pontos em comum; sugeriram-me chamar atenção para o percurso psicanalítico do autor: de reflexões sobre pontos específicos do pensamento psicanalítico (particularmente de Bion), para o alcançar a condição de perceber, organizar e comunicar pensamentos ainda não pensados.

Assim, os trabalhos da primeira parte, "Reflexões psicanalíticas", nos levam a posicionamentos pessoais do autor, que mostram a integração de elaborações de conhecimentos conceituais com experiências clínicas próprias. Em quatro dos cinco artigos, acompanhamos o trabalho de aproximação teoria/clínica acontecendo de uma maneira consistente, tanto destacando o pensamento original dos autores privilegiados (Bion, em especial) como expondo elaborações e reflexões sobre os conceitos em exame. No entanto, o texto "O dia a dia de um psicanalista: teorias fracas, teorias fortes" (2009) já nos mostra a "desregulação" na díade elaboração/reflexão em direção a uma tríade, com a presença de um espaço maior para criações pessoais originais.

Na segunda parte do livro, "Clínica psicanalítica", vamos encontrar o pensamento clínico de Cecil em um movimento evolutivo, elaborando, a partir de suas próprias experiências, questões psicanalíticas essenciais. Podemos pensar que a diferença dessa última parte com as elaborações anteriores está no fato de que, nas primeiras, as teorias ancoravam as elaborações pessoais de Cecil e eram ilustradas pela experiência clínica; já nessa segunda parte o movimento é inverso, e Cecil parte decididamente da clínica para alcançar as teorias que vão se mostrar úteis para expandir o pensamento que se apresenta. Não é de pouca monta esta inversão, pois nela está em jogo a distribuição do uso de duas formas de pensamento: na primeira, o movimento é do conhecimento teórico para seu reconhecimento na experiência clínica; e, na segunda, da experiência própria para o encontro de referências que vão servir de modelos para a expressão dos pensamentos que evolveram na prática clínica. Em sua essência, a leitura dos textos vai nos dar indicações se o que está sendo expresso carrega a necessidade de elaboração pelo pensador ou, diferentemente, se o pensamento que primariamente emerge, de forma súbita e plena, vai ser alcançado diretamente. É provável que eu esteja acentuando este ponto pela

18 PREFÁCIO

importância pessoal que dou a ele. Em minha compreensão, ele assinala o desenvolvimento ocorrendo na mente de um analista ao aceitar deixar mais decididamente a primazia da dimensão do *conhecer* para privilegiar a dimensão do *estar uno com a realidade*.

Olhando assim o conjunto da obra de Cecil, ocorre-me ter ele, neste movimento, harmonizado seu pensamento psicanalítico com o tomar posse mais plena de suas capacidades. Ilustro a percepção deste momento de passagem, em um olhar retrospectivo, com a surpresa que vivi ao acompanhar sua apresentação de *A fresta* em um seminário com Donald Meltzer, na SBPSP, em 9 de agosto de 1998.[1] A turbulência que experimentei na ocasião, que também esteve clara no grupo, expressou a polarização entre os pensamentos de dois analistas com mente própria, Cecil e Meltzer, ao mesmo tempo elaborando dois momentos diferentes do pensamento de Bion: o da valorização da teoria do conhecimento e o da teoria das transformações.

Essas considerações servem-me para exprimir a visão de ser Cecil um dos analistas que com mais êxito identifico transitarem por esta dimensão das contribuições de Bion, que conceitualmente reificamos na expressão *transformações em ser ou tornar-se a realidade*.

A terceira parte do livro, "Teoria do prazer autêntico", pode ser vista como a culminância de todo o processo de desenvolvimento criativo de Cecil. O autor, aquele que tem a autoridade que é obtida pela autoria, aparece de forma plena, ao desenvolver um pensamento que abre uma face da vida mental ainda não explorada psicanaliticamente, em uma apresentação suficientemente consistente para se contrapor a pensamentos já anteriormente organizados em teorizações psicanalíticas amplamente aceitas. Nesses artigos,

---

1 A Biblioteca da SBPSP dispõe de gravação desse encontro, que penso ter sido uma experiência marcante para muitos que o acompanharam.

escritos entre 2010 e 2018, podemos perceber tratar-se de pensamento que Cecil prefere que seja visto como ainda em elaboração. A dificuldade em sustentar esta posição é, de fato, imensa. Passou a me ficar um pouco menos limitante, mais recentemente, com a ajuda do próprio Cecil: tendo tido o privilégio de questionar, indagar, mostrar minhas perplexidades e dúvidas sobre *prazer autêntico*, rendi-me após algumas tentativas (frustradas) de "enquadrar" *prazer autêntico* na dimensão do *tornar-se a realidade*. Demorei para alcançar seu posicionamento de manter esta concepção não engessada por uma conceituação precoce. Cecil abriu meus olhos para os inconvenientes de encarcerá-la em um horizonte restrito. Tomei este aprendizado em sentido mais amplo e tenho tentado estar mais alerta a questões desta ordem.

Na "Introdução" dessa terceira parte do livro, Cecil nos oferece uma visão clara do desenvolvimento do pensamento do *prazer autêntico*. Tendo tido a oportunidade de acompanhá-lo desde sua primeira apresentação pública, sinto-me muito à vontade para dizer da minha dificuldade de integrá-lo. Mas o fato é que hoje o percebo assimilado à minha maneira de pensar experiências clínicas e pessoais.

Um ponto que penso ser aqui fundamental é o destino deste pensamento. Penso que deve ocorrer com *prazer autêntico* o mesmo que ocorreu com pensamentos de nossos autores germinais, ao exporem hipóteses sobre a existência de realidades não sensoriais, advindas de intuições pessoais, não necessariamente vividas na sala de análise. Exemplos mais contundentes deste destino podem ser Freud com o mito de Édipo, Klein com o sadismo dos bebês e Bion com o papel central do pensar na vida mental. São intuições que vão encontrar apoio e desenvolvimento nas experiências emocionais vividas na sala de análise, mas que surgem de experiências na vida pessoal. Não vejo como pensar em

20 PREFÁCIO

prazer autêntico a não ser como uma elaboração de registros de experiências pessoais, que criam a base para serem reconhecidas quando intuídas em relações psicanalíticas. O princípio aqui é o expresso por Money-Kyrle[2] em *Desenvolvimento cognitivo*: só se reconhece aquilo que se conhece.

Esse raciocínio tem a ver com o estatuto da concepção de *prazer autêntico*. Tratando-se de algo com possível universalidade para o ser humano, é possível pensá-lo como um elemento da psicanálise,[3] quem sabe como o par complementar de dor mental.

Vencida a visão geral do livro, faço uma derradeira aproximação ao seu conteúdo, voltando a destacar um olhar afetivo aos trabalhos de Cecil aqui reunidos: reencontrei-os com emoção. Foi um reencontro com velhos conhecidos, textos que já li, reli, estudei e voltei a procurar sempre que necessitado de melhor esclarecer uma opinião sobre qualquer um desses temas. São trabalhos que fazem parte da história de meu desenvolvimento e de meu acervo psicanalítico, pela elaboração das ideias psicanalíticas neles expostas, pela forma coloquial com que Cecil consegue tratar ideias complexas sem simplificá-las, mas tornando-as mais acessíveis pelo envolvimento com sua experiência pessoal. Para mim, são textos que funcionaram como estímulos para mobilizar um potencial que me ajudou a me apropriar de pensamentos de autores germinais.

Este último ponto, tratando-se da obra de Bion, adquire uma dimensão muito significativa. A consigna desse autor aponta a impossibilidade de um analista se aproximar de sua (Bion) obra,

---

2 Roger Money-Kyrle (1996). *Desenvolvimento cognitivo*. São Paulo: Casa do Psicólogo.

3 Ouvi esta ideia, que me faz sentido, pela primeira vez da colega Danielle Chuman, em 2016. Para o apoio a este ponto, ver sua conceituação em W. R. Bion (1966), *Elementos de psicanálise* (pp. 19, 74 e 109 [item b]). Rio de Janeiro: Imago.

de forma verdadeira, sem que seja por meio do desenvolvimento de suas próprias potencialidades. Alerta-nos que seu uso como conhecimento a ser replicado na prática clínica ao mesmo tempo amputa a personalidade do analista e destrói a originalidade do pensamento do autor inicial. Seria transformar as propostas de investigação do infinito desconhecido, que é a vida mental individual, em uma teoria limitada ao que já se conhece.

Encerro este Prefácio com esta observação, que penso sintetizar muito do que Cecil tem buscado nos transmitir a partir de sua experiência. Ajuda-nos a irmos além do campo do conhecimento e a nos arriscarmos a perceber a psicanálise em outra dimensão, como uma experiência em direção a viver a vida possível que aguarda para ser vivida.

João Carlos Braga

Membro efetivo e analista didata da Sociedade Brasileira de Psicanálise
de São Paulo (SBPSP) e do Grupo Psicanalítico de Curitiba (GPC)

Confidenciando com o leitor

Havia um sonho de publicar um livro e comecei a examinar os meus trabalhos e a selecioná-los sob o título LIVRO. O projeto ficou em espera, talvez por sentir que eu quisesse compartilhar algo que tivesse um cunho de criação pessoal, que pudesse colocar da forma como realmente trabalho. Empreitada difícil, se não impossível. A forma como trabalho envolve a relação pessoal com cada cliente especificamente, sendo que o meu interesse e alcance está nas vivências que se passam entre mim e o meu companheiro ou, com muita frequência, companheira de jornada. Assim, os artigos escolhidos respeitam a importância da vida pessoal dos clientes e me abstenho de tecer consideração sobre a vida de cada um, mantendo a disciplina de me ater aos acontecimentos e vivências de consultório, dentro de um limite que muitas vezes frustra e aborrece minha companheira ou meu companheiro de viagem. Nos textos são narrados episódios descritos pelos clientes, porque faz parte do trabalho acolher as vivências que vão ocorrendo, e tornam-se parte importante informações e emoções inesperadas, portanto imprevisíveis, das vivências da dupla. Com essas visões de trabalho, junto com meu temperamento, fica difícil escrever sobre psicanálise em termos gerais, considerando outras áreas mais conceituais, filosóficas, ou mesmo artísticas, embora eu me aventure em trabalhos considerando ricos semioticistas, como quando desenvolvo o *prazer autêntico*. Mantenho o anonimato do cliente, procurando discrição quanto a sua vida pessoal, porém torna-se inevitável que muito dos afetos e da intimidade da relação seja revelado, expondo também as vivências do analista, que aqui se desnuda, mostrando que é um homem que exerce essa função. Exponho, portanto, fragilidades e limites, dentro de situações nas quais, intencionalmente, resguardo grande parte de minha intimidade, e não intencionalmente, ela também é resguardada, naturalmente, por não me ser acessível, mesmo porque navegamos tendo em frente o desconhecido. Talvez o leitor tenha notado o uso do termo cliente e não paciente, pois procuro deixar claro o distanciamento de uma postura médica em favor daquela considerada por mim como pertinente à psicanálise.

Parte I
Reflexões psicanalíticas

Introdução

A produção de meus trabalhos não teve uma linha que os orientasse; o acaso foi elemento importante no desencadeamento deles. No entanto, podemos organizá-los segundo temas que permearam a sua feitura ao longo do tempo. Não ao longo do tempo histórico, mas sobretudo pela importância que tiveram em meu desenvolvimento em tempos diversos.

Sinto-me afetivamente surpreso e impactado quando revejo os trabalhos escritos durante algumas décadas, pois parece que eu já tinha embrionariamente as antecipações de tudo o que se desenvolveria. Paradoxalmente, cheguei a possibilidades de novas ideias nunca imaginadas anteriormente.

No ano de 1994, o Departamento Científico da Sociedade Brasileira de Psicanálise de São Paulo (SBPSP), tendo como diretora Maria Olympia A. F. França, iniciou uma série de fóruns cuja temática era *Identificação e rastreamento dos conceitos de inconsciente, sexualidade, recalcamento e transferência*, dos quais me coube apresentar o de *transferência*, o que permitiu acompanhar a interpretação na contraparte da transferência. Procuro acompanhar o tema da transferência em Freud, Melanie Klein e Bion com o maior rigor possível, e isso permitiu que alguns colegas no Instituto de Psicanálise da SBPSP pudessem utilizá-lo didaticamente.

Pudemos observar que a transferência não pode ser tratada como tema, mas como parte inserida em um sistema. A palavra "transferência" não tem significado e função constantes ao longo do tempo. Em Freud a transferência é coerente com a primeira teoria tópica. A partir de 1920 e com "O ego e o id" nos vemos diante de uma ruptura que vai mais à frente desembocar em construções. Com Melanie Klein a transferência é "total", ou seja, há uma mudança de significado só compreensível dentro das invariantes "kleinianas". Bion formula algo muito amplo, em que o conceito de transferência passa a ter lugar dentro do sistema mais largo de transformações.

Aprender com a experiência emocional é um elemento seminal no desenvolvimento das ideias de Bion, no entanto, em todos os trabalhos apresentados vemos que conceitos muito posteriores vão permeando tudo o que vai sendo produzido. Tentamos, porém, fazer um clareamento por meio de alguns trabalhos específicos, como "Aprender com a experiência emocional. E depois? Turbulência!", em que começo indagando: será desprezível o impacto que as ideias psicanalíticas causam em nossa mente? Por meio de situação clínica vou acompanhando um cliente que tem uma vida social satisfatória e de sucesso profissional; quanto à dimensão emocional, parece não aprender com as vivências que tem na sala de análise e, teorizando, dizemos que há um prejuízo da função alfa que o leva mais a ações que a pensamento, pensamento sonho, enfim, ao não desenvolvimento dos elementos da linha C da grade. Confrontando com meu acervo de teorias psicanalíticas: turbulência!

Prossigo caminhando pelas ideias de invariância, trazendo o modelo do vinho, prosseguindo em transformações em movimento rígido, projetivas e em alucinose, em conhecimento e em O, apresentando um universo conceitual em extraordinária mudança: turbulência!

Declaração de Bion, de que usará a teoria das formas de Platão como equivalente às pré-concepções, lançou-me em empreendimento turbulento – *afinal, o que é experiência emocional em psicanálise?* –; relacionar a *grade* com a *alegoria da linha dividida* de Platão, naturalmente passando pela alegoria do Sol, que enseja a ideia ou essência do *Bem*. Isto permitiu-me caminhar para "Experiência emocional: um olhar diferente".

Certas vivências pouco claras foram acompanhando o meu desenvolvimento por meio do estudo das ideias de Freud, Melanie Klein e Bion, principalmente no que dizia respeito a minha experiência pessoal com os clientes no consultório. Em "O dia a dia de um psicanalista: teorias fracas, teorias fortes" – em que inicialmente descrevo minhas vivências com a espera de uma cliente que não veio à sessão, acompanhando os elementos que surgiram nessa espera, quando decidi não enquadrar os elementos surgentes nas teorias conhecidas –, desenvolvi uma série de observações e descrições que nomeei de *teorias fracas* em confronto com as aludidas há pouco, que nomeei de *teorias fortes*. Vou usando o cotidiano de meu trabalho, descrevendo outras sessões no mesmo viés, dando substrato para o desenvolvimento dessas ideias. Após esse andamento, comparo-as com a teoria forte de *transformação em alucinose* de W. R. Bion, descrevendo os diferentes resultados possíveis. Este trabalho marca a tendência de encontrar uma referência mais livre em relação às teorias psicanalíticas clássicas, inclusive as de Bion.

"Domando emoções selvagens" surge pelo estímulo de *Taming wild thougths*, no qual Bion retoma a grade em alguns fragmentos, o que me permitiu expandi-la e fazer alguns exercícios com ela;

por outro lado, a partir da intervenção de um dos participantes em *Seminari italiani*, a qual perturba todo o andamento do grupo, proponho examinar não só o pensamento selvagem, mas, sobretudo, a emoção selvagem, portanto em conexão com o meu interesse pela emoção, desenvolvida na grade em emoção.

1. Transferência: rastreamento do conceito e relação com transformações em alucinose[1]

Frente à expansão da psicanálise, nos vemos com conceitos que se tornam cada vez mais abrangentes, perdendo sua especificidade quando usados na prática clínica.

Transferência sofre tal vicissitude, a qual pretendemos examinar em dois momentos.

No primeiro, faremos um exame genético evolutivo do conceito por meio das contribuições de Freud, Klein e Bion sob a ótica do que extraímos da experiência clínica, o que chamamos de rastreamento. Isso implicará garimpar aqueles elementos teóricos, sempre cambiantes, nos quais o conceito de transferência se inscreve. Teremos aí base para avaliar as variações deste conceito na relação com a variação das teorias dos autores, mesmo que às vezes pareça ficar como uma linha solta, como ocorre em "A interpretação dos

---

1 Trabalho apresentado no Fórum Temático "Transferência" com o nome *Transferência: tentativa de rastreamento em Freud, Melanie Klein e Bion.* Sociedade Brasileira de Psicanálise de São Paulo, São Paulo, 3 ago. 1994. Uma versão anterior deste artigo foi publicada em: *Rev. Bras. Psicanál., 31*(1), 137-166, 1997.

sonhos" (Freud, 1900/1974b), o que será visto à frente. Também, frequentemente faremos referência à interpretação, pois esta e transferência são dois conceitos estreitamente relacionados.

No segundo momento, faremos uso de fragmentos clínicos que nos permitirão delinear os conceitos e a forma de trabalho que estamos usando atualmente, salientando a importância de transformações em alucinose.

Freud

1

A transferência é algo que surge desde os inícios da psicanálise, a qual foi sofrendo extensas e variadas transformações. O termo "transferência" passa a se relacionar com conceitos que a vão evolvendo, e seu significado não permanecerá estável com o tempo, embora este fato nem sempre seja considerado, quer na prática psicanalítica, quer em teorias.

A transferência surge da constatação clínica de um procedimento em relação ao médico que dificulta seu trabalho. É descrita no trabalho de 1895 de Freud "A psicoterapia da histeria" (1895/1974a) e o seu valor conceitual é definido como sendo de uma resistência.

2

Nós vínhamos caminhando da hipnose (na qual fica abolida a resistência) para a catarse, seguida do toque na fronte e a associação livre de ideias.

Neste contexto, desde o início, nos vemos situados frente à importância da comunicação verbal, quer na abreação, quer na comunicação das associações do paciente. Correspondentemente, o médico usa da *interpretação*, ou seja, transforma em palavras os elementos que permitirão ao paciente recordar-se do trauma e, mediante o rememorar e o viver com intensidade esta rememoração, livrar-se definitivamente do sintoma e curar-se. É dada importância ao fato de o paciente viver o passado como sendo um fato atual.

Caminhando nas associações do paciente, quando elas cessam é um sinal de resistência que deve ser combatida, por exemplo, com a insistência do médico.

Neste contexto (1895) é que a transferência surge como um elemento indesejado. Deve ser tratada como qualquer outra resistência.

3

O trabalho dos sonhos (Freud, 1900/1974b) nos coloca frente a um desenvolvimento fantástico das ideias de Freud, e creio que ali estão plantadas as bases definitivas da psicanálise. A separação de consciente e inconsciente é estudada em sua movimentação e correspondências recíprocas. Aí, cremos que a transferência aparece com outra possibilidade de caracterização conceitual no sentido dos fundamentos de ciência:

> *uma ideia inconsciente é, como tal, inteiramente incapaz de ingressar no pré-consciente e que só pode exercer ali algum efeito através da ligação com alguma ideia que já pertence ao último, transferindo sua intensidade para ela e ficando "coberta" pela mesma. Temos*

aqui o fato da transferência. (Freud, 1900/1974b, p. 599, grifos meus)

Estamos no conhecimento do consciente e inconsciente e de como o sonho, à semelhança de outros fenômenos como sintomas, atos falhos, chistes etc., nos permite compreender os seus produtos, que abarcam o sonho propriamente dito e sua comunicação (o sonho manifesto). Daí caminharmos para compreender a elaboração onírica, ou seja, como os impulsos inconscientes podem se transformar em conscientes por meio da cadeia de associação inconsciente.

4

Até esta época o psicanalista, face a estes conhecimentos, deve dar ciência a seu cliente do que jaz oculto e de que, por meio da *interpretação*, vai transformar sintomas, associações livres de ideias, sonhos etc. em elementos que possam permitir a rememoração e, assim, restabelecer as cadeias associativas do doente, para sua efetiva cura.

Desde o início em psicanálise a representação verbal é um dos elementos essenciais para a compreensão do paciente, tanto no que ele produz como na ação terapêutica do médico, que se alicerça na *interpretação*. A interpretação vem a ser o instrumento de ação do médico, e ela igualmente forma ou contém os elementos conceituais de que o médico dispõe. Até este momento, a função do médico é decifrar o quadro apresentado pelo cliente, e ele o faz pela interpretação.

Salientamos a importância teórica da transferência conforme conceituada no trabalho sobre sonhos, porém esta não será tomada por esta visão no desenvolvimento analítico. Até aqui, a transferência é uma resistência que se cumpre eliminar.

Em 1905 Freud publica o caso Dora (que atendeu por volta de 1899); neste, em virtude da interrupção prematura do tratamento pela paciente, ele refaz a importância da transferência e considera que devia dar valor precoce a ela.

Como a definição é clássica, vale a pena incluí-la neste texto:

> *Que são transferências? São as novas edições, ou fac-símile, dos impulsos e fantasias que são criados e se tornam conscientes durante o andamento da análise; possuem, entretanto, esta particularidade, que é característica de sua espécie: substituem uma figura anterior pela figura do médico. Em outras palavras: é renovada toda uma série de experiências psicológicas, não como pertencentes ao passado, mas aplicadas à pessoa do médico no momento presente. O conteúdo de algumas dessas transferências é diferente de seus modelos apenas no tocante à substituição. Estas, então – conservando a mesma metáfora – são simplesmente novas edições ou reedições. (Freud, 1905/1974c, p. 113)*

Freud fala em transferências de figuras do passado. No caso Dora, conclui que esta transfere os afetos do Sr. K. para ele, de maneira que esta vingativamente o abandona, como ela fora abandonada por aquele senhor. Como se pode ver, a transferência se impõe a Freud pela vicissitude da experiência clínica e o leva a refazer a importância deste conceito.

5

A definição mais completa e teoricamente mais acabada é a que figura em "Além do princípio do prazer" (1920):

> É obrigado [o paciente] a repetir o material reprimido como se fosse uma experiência contemporânea, em vez de, como o médico preferiria ver, recordá-lo como algo pertencente ao passado. Essas reproduções, que surgem com tal exatidão indesejada, sempre têm como tema alguma parte da vida sexual infantil, isto é, do complexo de Édipo, e de seus derivativos, e são invariavelmente atuadas (acted out) na esfera da transferência, da relação do paciente com o médico. (Freud, 1920/1974j, pp. 31-32)

Aqui vemos que a transferência remonta às origens da vida afetiva e traz sempre um fragmento do complexo de Édipo. A partir do caso Dora, e notadamente no ciclo de seus trabalhos sobre técnica, que vão de 1912 a 1915 (1912/1974d, 1912/1974e, 1913/1974f, 1914/1974g, 1915/1974h), vemos que o conceito de transferência muda e que a posição do médico vai mudar também – e de uma maneira radical.

Até aqui, o analista *interpreta* o que ele observa. Agora, quando o cliente repete na experiência com o médico as suas experiências pretéritas, vividas como sendo atuais, o médico estará envolto nas experiências emocionais do presente. Não poderá servir-se tão somente do que colhe e observa.

O cliente atua as suas emoções no campo analítico, e o médico deverá agora compreender o que ocorre por estar vivendo a situação com o cliente. A base é a relação bipessoal, ou, melhor dizendo, intersubjetiva.

Ao caracterizar o "amor de transferência", Freud passa a considerar o procedimento do analista e a importância de seu preparo para as funções que ele exerce. Ao examinar o amor que surge na transferência, após debate minucioso, Freud conclui que este não fica devendo nada a nenhum outro (amor). Porém, o médico saberá que este não está ligado a ele, quando envolto em seu trabalho analítico. Daí a importância da personalidade do médico, de que este seja analisado e que refaça sua análise "a cada cinco anos" (Freud, 1937/1974o, p. 284).

Freud, em certa passagem, ressalta que as relações se estabelecem de inconsciente a inconsciente. Convém lembrar que aqui estamos no campo da primeira tópica e que Freud se refere ao inconsciente dinâmico, ou seja, o depositário das cadeias associativas inconscientes ou expressões do equivalente psíquico dos instintos sexuais.

Nos trabalhos desse ciclo, surge a proposta da atenção flutuante do analista. Considero que essa última é a atitude mental do analista que, correspondendo à associação livre de ideias, permite ao médico captar algo do recalcado do paciente. Surge também o conceito de contratransferência, e todas as recomendações anteriores se referem ao fato de que o médico não deve, semelhantemente ao paciente, operar sua transferência (contratransferência).

Estamos em pleno desenvolvimento da teoria psicanalítica, que se apoia na divisão consciente-inconsciente. Creio que a definição de 1920 da transferência é completa para este período. Em breve aportaremos na metapsicologia.

A interpretação continua agora em sua nova função, dando conta da restauração das cadeias associativas. A representação de

coisa caminha para a representação de palavra (Freud, 1915/1974i).
Do ponto de vista do conceito de transferência, podemos dizer que
seu apogeu é atingido e, *ipso facto*, o da interpretação.

6

É verdade que certos problemas toldam os horizontes de tais desenvolvimentos.

A intensidade da repetição na transferência cria o problema
de como lidar com esta resistência. Em 1914, em "Recordar, repetir e elaborar" (Freud, 1914/1974g), o problema é acentuado no
seu caráter de resistência. Discute-se a inscrição visual e verifica-se
que a interpretação, dando consciência ao paciente, na verdade só
permite o acréscimo de outro registro, o auditivo, e o paciente continua a repetir sem rememorar, ou seja, sem restabelecer as cadeias
associativas que ensejarão a cura. A "compulsão à repetição" faz
sua aparição, é a primeira vez que a expressão é usada. Há de se
elaborar (*"work through"*) a resistência de maneira persistente até
que se consiga o objetivo.

Somente em 1937, em "Análise terminável e interminável" (ou
"não terminável") (Freud, 1937/1974o), é que de forma dramática
Freud acentua que a análise pode não chegar a seu termo curativo.
Mas, aí, estamos nos antecipando ao desfecho que estamos considerando.

7

Os problemas que se anunciam têm uma verdadeira explosão em
1920 em "Além do princípio do prazer" (Freud, 1920/1974j). Aqui
Freud examina a "compulsão à repetição", bem como os "sonhos
traumáticos". Isto enseja examinar o aparecimento de manifesta-

ções que permitem perceber que estas não têm inscrição no sistema associativo, não têm representação adequada à sua inscrição.

Tal fato é notável. Daí o título do artigo "Além do princípio do prazer", ou seja, não se inscreve no princípio do prazer. O que se inscreve no princípio do prazer se liga à força libidinal, que desencadeia a ação do instinto sexual, que, como limite entre o somático e o psíquico, permite a representação por meio da fantasia. Portanto, o princípio do prazer, neste viés, tem função estruturante na personalidade (semelhantemente ao narcisismo, na sua integração da libido do autoerotismo – partes do corpo – para a integração no ego).

Fazendo um pequeno jogo, poderíamos dizer que o artigo de Freud deveria chamar-se "Aquém do princípio do prazer", ou seja, onde ainda não existe o registro da inscrição ou representação não temos a possibilidade das cadeias associativas.

Estamos no limiar de novas formulações. Até agora prevaleceram as cadeias associativas, a resistência, e, consequentemente, a repressão e as ramificações profundas da vida infantil desembocam no complexo de Édipo, a libido sendo o motor que permitirá a evolução do complexo de Édipo. Quando este se soluciona surge o superego, seu herdeiro.

Aqui surge o conceito freudiano de culpa; os eventos são situados na vida da criança entre os 3 e os 5 anos.

8

A nova situação requer um novo conceito, o de *instinto de morte*. Com ele se dão extensas reordenações na ordem teórica estabelecida, de maneira que instintos do ego e instintos sexuais se agrupam em instintos de vida (Eros).

O instinto de morte age em silêncio e, quando há desfusão em relação aos instintos de vida, permite o surgimento da destrutividade e da compulsão à repetição. Esta mesma não inscrição é que vai permitir agora refazer os conceitos em uma segunda teoria tópica (Freud, 1923/1974k). Surge o conceito de id, que mantém a qualidade de inconsciente, porém, diferentemente do conceito anterior de inconsciente, contém uma parte que não é o recalcado, já que este praticamente será expressão do instinto de vida. O id como depositário da vida instintiva conterá os impulsos de vida e os de morte (a parte silenciosa que só encontra expressão na sua associação com o instinto de vida).

Outro acontecimento notável é que o ego tem uma parte inconsciente. Assim posto, o analista não poderá mais escrutinar o material de que dispõe dentro de um clima de imparcialidade, que era tão caro a Freud, como vimos nas suas preocupações com a personalidade do analista. Se na situação anterior o analista já tinha que lidar com sua contratransferência, aqui o campo se alarga com esta situação que se amplia.

A partir daqui surgem alguns desdobramentos importantes. O masoquismo não será mais considerado secundário ao sadismo e algo conectado à libido; será agora masoquismo primário, pois refere-se ao instinto de morte (Freud, 1924/1974l). Trabalhos posteriores de Freud, sobretudo nas psicoses, vão levar em conta esses desenvolvimentos, e vamos verificar o surgimento do conceito de cisão ou *splitting* do ego (1924/1974l, 1924/1974m, 1938/1974q).

9

Todas estas transformações vão ocorrendo de uma forma pouco clara, embora, em função delas, Freud possa fazer uma nova classificação entre neuroses e psicoses, sendo que nas primeiras se mantém basicamente o conceito de repressão.

Quase no fim de sua vida, com "Análise terminável e interminável" (1937/1974o) e "Construções" (1937/1974p), vemos a clarificação deste tema. No primeiro, Freud não se pergunta como se dá a cura em psicanálise, pois já conhecemos o fato de sobejo. Ele indaga quais os elementos que impedem a cura. Examina a *compulsão* à *repetição* e uma decorrência, se esta é muito acentuada, ou seja, a reação *terapêutica negativa*. Ao examinar a questão, ele não deixa dúvidas e explica o fracasso da terapia em uma comparação com a guerra: nesta, como naquela, vencem os exércitos que possuírem os maiores batalhões. Este é um momento dramático da vivência psicanalítica de Freud. Talvez exageremos, mas costumamos comparar os trabalhos de Freud até esta data com a *Marselhesa*, como um belo e maravilhoso adágio.

Aqui temos a compulsão à repetição com sua portentosa força. O que se requer no trabalho analítico é que ela, que não permite a inscrição no sistema inconsciente, o faça agora, permitindo assim o trabalho da transferência, ou seja, a existência de representações que facultem a interpretação e a reinserção nas cadeias associativas, com a possibilidade de rememoração e cura.

Vale a pena acentuar que se opõem aqui a *compulsão à repetição*, ligada ao instinto de morte, e a *transferência*, que é a franquia às cadeias associativas, ligada ao instinto de vida.

A *interpretação*, fiel companheira da transferência, vai sofrer suas vicissitudes. Ela não pode operar, pois, da mesma maneira que o conceito de transferência pode operar na primeira tópica, também o pode a interpretação, embora, no reinado da compulsão à repetição, não tenha mais primazia.

Mais adiante surge uma nova estratégia na metodologia freudiana: "Construções" (1937/1974p). Observando em sua experiência clínica que certos pacientes não podiam recordar, Freud, a partir da observação e da narrativa dos pacientes, passa a considerar que precisa construir os elementos que darão ao cliente o *insight* da situação, embora isto não vá franquear o acesso à memória. Reconstrói então a vida pregressa infantil, utilizando uma comparação com o trabalho do arqueólogo.

Neste mesmo trabalho, Freud reconhece a importância deste método para a investigação das psicoses e, embora pondere que possivelmente tal procedimento não levará à cura, considera que muito possa aclarar sobre o conhecimento científico das psicoses. Este reconhecimento ponteia uma nova perspectiva de Freud frente às psicoses, anteriormente as inabordáveis neuroses narcísicas.

10

Em resumo, podemos verificar que o conceito de transferência se desenvolve plenamente no campo da primeira tópica freudiana, e que o mesmo ocorre com a interpretação, que vem dar conta dos mesmos elementos na correspondente ação do analista. Com o surgimento da formulação do instinto de morte em seu antagonismo com o de vida, vamos ter uma nova situação com o que não está inscrito nas cadeias associativas. Consequentemente, um antagonismo entre a compulsão à repetição e a transferência.

Esta fenda leva o analista de um decifrador de sintomas a um participante na situação intersubjetiva e, posteriormente, a se defrontar com o não inscrito, e, mais à frente, a adotar a nova tática de "construções". De tais acontecimentos, desencadeados pelo próprio Freud, os analistas não mais se desenvencilharão, pois suas investigações abriram um incomensurável campo para o desconhecido, que ele mesmo não terá tempo de investigar e compor em elementos teóricos mais coerentes. A não diferenciação entre os conceitos a que estou me referindo faz com que a psicanálise, mesmo estritamente dentro dos conceitos freudianos, se torne uma verdadeira Babel. Quanto mais se ela for extensa.

Melanie Klein

1

Ao tentar prosseguir, ficamos com ressaibos da seção anterior, os quais convém elaborar. Tudo diz respeito a desenvolver o *tema* transferência. Como acabamos de ver, elaborar o *tema* implica conhecimento e, mais que isso, familiaridade clínica e conceitual com o *sistema* freudiano, o qual vai se alterando continuamente (só considerando o próprio Freud). Daí que o conceito de transferência e interpretação também variarão.

Assim, em resumo, foram desenvolvidas a representação e a associação livre de ideias, que têm seus correspondentes na atenção flutuante e na interpretação do analista. O campo inicial da transferência como resistência, que cumpria ser eliminada, se transforma na própria cena (na qual o cliente revive com o analista conflitos pretéritos) das relações intersubjetivas, a qual a personalidade do analista deverá estar preparada para enfrentar.

Este quadro alentador e rico tem seus percalços primeiro na coerência das próprias teorias, ou seja, o psicótico envolto na situação narcísica não poderá ser analisado; segundo, a compulsão a repetição (1914) já prenuncia a reação terapêutica negativa (1937). Assim, a formulação da teoria do instinto de morte (1920) é um elemento de ruptura no quadro estabelecido. *A introdução desta perturbação não será elaborada nem pelo próprio Freud*, embora este tenha conseguido um resultado surpreendente em seus últimos trabalhos.

O tema da transferência continua com seus percalços: esta, praticamente no campo clínico, se opõe à compulsão à repetição. De outra forma, só quando a compulsão à repetição, equivalente a instinto de morte, dá lugar à transferência, equivalente a instinto de vida, é que a reação terapêutica negativa pode ser vencida.

2

Em 1919, Melanie Klein inicia seu primeiro caso (Klein, 1955/1987f). Já percebe a importância do brincar, que prossegue no caso Rita (na casa desta e com seus próprios brinquedos). Pouco depois (1923), ao tratar uma menina com grande dificuldade de comunicação, toma alguns brinquedos pequenos e não mecânicos de seus filhos, os coloca em uma caixa e os oferece à menina. Bem, estão aí os elementos essenciais da técnica do brincar: considerando-o como equivalente à associação livre de ideias, sonhos etc., ela tem o caminho livre para a observação e interpretação.

Desde o início, Melanie Klein tem sua atenção voltada para a inibição de crianças, sua grande ansiedade, seus sentimentos de culpa, e também se defronta com crianças que identifica como psicóticas. A *transferência* é tomada como existente desde o início, particularmente a negativa. "Rita, quando deixada a sós comigo em seu quarto, demonstrou imediatamente sinais do que eu tomei como sendo uma transferência negativa: ela estava ansiosa e silenciosa e logo pediu para sair para o jardim" (Klein, 1955/1987f).[2]

---

2 Todas as citações extraídas de obras em inglês e espanhol foram traduzidas pelo autor [N.E.].

A seguir, Melanie Klein interpreta a transferência negativa, o que permite retornarem ao trabalho.

A ansiedade vem a ser a pedra de toque do trabalho de Melanie Klein. Como ela corresponde aos afetos desencadeados pela fantasia de destruição que habita a vida da criança, o sadismo que perpassa a fase oral, anal e uretral fica no centro, tanto da observação clínica quanto do desenvolvimento teórico.

3

Somente em 1932 é que Melanie Klein incorpora as teorias de instinto de morte. Até esta data a agressividade é observada no trabalho clínico, bem como a ansiedade, a culpa e – o que seria inevitável – as manifestações correspondentes a impulsos e fantasias genitais.

O equipamento teórico inicial é tomado fundamentalmente de Freud e Abraham, com as ideias de transferência, interpretação, fases do desenvolvimento libidinal, complexo de Édipo e as noções de superego.

Porém, lembremo-nos brevemente de que, em Freud, o complexo de Édipo faz o seu surgimento entre os 3 e os 5 anos de vida, liga-se aos impulsos libidinais em relação às figuras parentais, faz atuar o mecanismo específico de defesa das neuroses, que é a repressão, e a culpa é possível em virtude do superego, herdeiro do complexo de Édipo em sua dissolução.

Em Melanie Klein, a observação vai determinando um recuo progressivo da idade em que aparece o complexo de Édipo e indica a existência precoce de conflitos ligados à instância psíquica do superego. O ego é considerado operante desde o início da vida, fazendo frente a suas funções específicas, como lidar com as ansiedades nas relações com objetos. Tal fato conflita com as teorias de autoerotismo e narcisismo, conforme Freud as descreve, e determinará uma discordância e acertos posteriores por Melanie Klein (1946/1987c, 1952/1987e).

Nos primeiros anos, Melanie Klein serve-se das fases do desenvolvimento inclusive para caracterizar certas doenças mentais. Porém, acentuará que na clínica os eventos correspondentes às diferentes fases terão um acontecer concomitante. Assim, os impulsos libidinais por meio da genitalidade serão desencadeados pela frustração oral, que desencadeará o surgimento dos conflitos edípicos.

O complexo de Édipo não ocorrerá sob o primado do falo; a criança tem uma representação inconsciente de pênis e vagina dos pais. O termo genital é preferido para a descrição destes fenômenos, já que não se considera uma fase fálica.

As relações de objeto são precoces e se dão por meio de mecanismos primários como cisão, incorporação, identificação, expulsão, projeção etc. O superego arcaico é de tendência terrorífica, pois incorpora partes dos objetos que foram atacados e que, portanto, se tornam extremamente ameaçadores.

No desenvolvimento do complexo de Édipo, desde que as forças agressivas são desencadeadas pela inveja aos "pais combinados" em intensa satisfação sexual oral, os ataques e as primeiras vivências edipianas são orais. O corpo da mãe, que contém os pênis do pai, passa a ser atacado por todos os meios que o sadismo encontra. A libido se opõe a esses ataques, opondo-se à força de destruição, de sorte que, inversamente a Freud, nos primórdios do complexo de Édipo, a libido e o amor restauram o objeto e diminuem a ansiedade e a culpa devidas a esses ataques.

Esta rememoração sucinta das teorias foi necessária pelo que se segue.

4

O sadismo corresponde a forças destrutivas. Ele é desencadeado pela frustração, e suportá-lo é a condição de desenvolvimento ou falência do ego. Há uma dimensão constitucional, pois se o sadismo for muito intenso, prevalecendo a cisão e a não integração do ego, se sucederão os fenômenos psicóticos.

O sadismo tem conotação peculiar em Melanie Klein (1932/ 1987b). No seu avanço, para o ataque ao seio materno e seu prolongamento, o corpo da mãe, com todos os seus conteúdos imaginários, inclusive o pênis paterno, estimula o desenvolvimento do impulso para o saber (instinto epistemofílico), que havia sido já assinalado por Freud na sua conexão com os impulsos libidinais.

Quanto ao desenvolvimento do simbolismo (1930/1992b), fora já considerado nas relações que se estabelecem entre o prazer e a substituição de um objeto por outro por meio da equação simbólica.

Os desenvolvimentos do sadismo permitem observar que este contribui para os inícios do desenvolvimento simbólico, pois os temores persecutórios cindidos são deslocados na procura de um novo objeto, que fica identificado ao anterior e o substitui. Temos aí a equação simbólica e seus desenvolvimentos (Klein, 1930/1992b).

O sadismo em Melanie Klein não pode ter simples equivalência a destruição. Surge mais como uma força "demoníaca" que, nas suas implicações com a libido, leva à possibilidade do desenvolvimento mental do indivíduo.

5

Quanto ao que estamos estudando – a transferência –, Melanie Klein a usa desde o começo, embora só em parte de seu trabalho.

48 TRANSFERÊNCIA

Com esse resumo anterior procurei mostrar que Melanie Klein opera em campo diferente do de Freud na neurose. Em Melanie Klein prevalece não repressão, mas cisão e mecanismos correlatos. A área de exame é a mente primitiva e o campo da psicose, e não das neuroses. Porém, devo advertir que tudo isso se acha extremamente imbricado, não se prestando a dogmatismos teóricos.

6

Quando, em 1932, Melanie Klein adota as teorias do instinto de morte, ela, por meios próprios e vasta experiência, já tinha conceitos originais (especialmente sobre o sadismo) que a levaram a esta opção.

Com novos desenvolvimentos, em 1935 ("Uma contribuição à psicogênese dos estados maníaco-depressivos", 1935/1992a), há um marco transcendente no pensamento kleiniano. Conceituam-se as posições que substituem as fases do desenvolvimento libidinoso – posições depressiva, maníaca e paranoide, sendo que, com o trabalho de 1946 (Klein, 1946/1987c), a primeira se mantém, a segunda desaparece e a terceira se torna esquizoparanoide.

A deflexão do instinto de morte para o objeto e consequente ansiedade persecutória, bem como a cisão de objeto e ego, junto com introjeção, onipotência e idealização, marcam a posição esquizoparanoide. A posição depressiva, de maior integração egoica – surgimento de objeto total –, marca a evolução sucessiva. Delineiam-se os conceitos de identificação projetiva e introjetiva como mecanismos inconscientes do funcionamento mental.

7

O instinto de morte é considerado por Melanie Klein como sendo instância psicológica e não biológica da mente.

"Além do princípio do prazer" (Freud, 1920/1974j) desencadeia uma revisão dos conceitos freudianos. Até o momento o inconsciente é dinâmico, ou seja, é onde circulam as representações reprimidas ou estão os representantes dos instintos. Agora o id passa a conter uma área silenciosa. O instinto de morte no indivíduo é *silencioso*, na sua ligação com a libido. Ele pode ser identificado pela destrutividade quando há a desfusão dos instintos. O correspondente clínico surge nos sonhos traumáticos e na reação terapêutica negativa.

O problema aqui é a *não inscrição* nos sistemas associativos, e mesmo o instinto de morte não tem inscrição, pois não há algo na vida mental equivalente à morte para Freud. O temor à morte tem seu equivalente no temor à castração.

Aqui surgem grandes diferenças. Melanie Klein considera que o temor é o de morte, portanto permitindo os desdobramentos citados. Assim, o "*silêncio*" do instinto de morte é substituído por *inscrição*. Onde em Freud compulsão à repetição se opõe à transferência, em Klein isso não é considerado desta forma.

Mercê de um sistema teórico próprio, no qual pontua o sadismo, desenvolvido antes de adotar a teoria de instinto de morte, ela pode prosseguir seu trabalho usando a transferência e a interpretação.

8

A interpretação se relaciona com a repressão nas cadeias associativas dos impulsos inconscientes. Freud usa a construção quando faltam os elementos.

Ora, Melanie Klein opera na área das emoções arcaicas e da psicose. Vejamos uma rara observação sua a respeito: "Eu mencionaria de passagem que nesta fase inicial a cisão, a negação e a onipotência desempenham papel semelhante ao que a repressão desempenha num estágio posterior do desenvolvimento do ego" (Klein, 1946/1987c, p. 13). Observação semelhante ela faz quanto ao complexo de Édipo precoce, quando assinala que aí a libido e o amor fazem a restauração dos objetos atacados, e que em fase posterior estes serão reprimidos (Klein, 1932/1987b).

Tenho a considerar que a interpretação para Melanie Klein não corresponde aos conceitos clássicos. Corresponde, creio eu, ao conceito de "construção". É possível que, para a experiência da autora, sua extraordinária capacidade intuitiva e sua familiaridade com a ansiedade, tais distinções fossem irrelevantes. A importância é quanto à arbitrariedade nas interpretações.

9

Para poder prosseguir, precisarei adiantar um pouco o que virá à frente. Como se pode ver da configuração do texto que vai se formando, é quase impossível tratar do *tema* da transferência em Melanie Klein, porque verificamos que ele só pode ser considerado dentro do *sistema* kleiniano. Senão, vejamos.

Há um único trabalho de Melanie Klein dedicado exclusivamente à transferência (Klein, 1952/1987e). Neste, ela faz um resumo dos pontos essenciais de sua teoria, para que possa aí inserir a noção de transferência, e acentua as *"situações totais"*, ou seja, uma formulação própria em que, além do que se considera a transferência habitual, também "são transferidas do passado para o presente em termos de emoções sentimentos e relações de objeto" (p. 51).

Isso vai precisando um campo diverso da transferência considerada em Freud. Aqui estamos frente a situações iniciais de ego, logo superego e complexo de Édipo precoce. Todo o campo é diferente. Temos um complexo de Édipo em que a libido e o amor restauram o objeto atacado pelo sadismo, em que o incesto não se refere ao amor que é necessário ao desenvolvimento edípico, mas ao ódio que desencadeou os ataques ao objeto. Somente quando as etapas iniciais foram plenamente desenvolvidas é que teremos o quadro clássico do Édipo, como repressão aos desejos incestuosos libidinais.

Nesse quadro é que veremos como a palavra "transferência" acaba cobrindo um espectro mais amplo que a sua possibilidade de contenção. Assim, verificamos que palavras iguais contêm significados bem diversos.

Consideremos um ponto central para Melanie Klein, a transferência negativa, pedra de toque do seu procedimento técnico, pois se relaciona com o sadismo, para o qual ela dá magnífico desenvolvimento e o qual posteriormente será o núcleo do que é considerado como instinto de morte. Confrontando com o sentido clássico da transferência, verificamos que ela não tem o mesmo sentido e uso daquele em Melanie Klein, em que se está lidando com a ansiedade e, portanto, com os reflexos dos ataques destrutivos desferidos contra o objeto.

Transferência positiva e negativa, em Freud, diz respeito às vicissitudes da libido. No seu todo ela se oporá à compulsão à repetição. Portanto, para a primeira já existe ansiedade e um significado. Para a segunda, os acontecimentos traumáticos não encontraram uma representação e procuram, pela compulsão à repetição, encontrar a ansiedade, que lhes daria o direito de inscrição nas cadeias associativas.

Em Melanie Klein a transferência é considerada um dos mecanismos primitivos de um ego primitivo e pouco estruturado, sujeito a cisões e fragmentações. Ela considera mesmo a diferença entre as relações reais com os pais reais e as relações transferenciais que são vividas com estes mesmos pais reais, já que as relações transferenciais dizem respeito aos imagos paternos.

Porém o campo que vai se delineando é aquele em que vão predominando fenômenos regidos pelas identificações projetivas.

Não sei se é uma consideração muito ousada, mas o que as teorias e práticas kleinianas vão criando é uma espécie de nicho onde a mente primitiva vai tendo um espaço para o seu desenvolvimento. Visto deste ângulo, não estariam em pauta relações ou situações transferenciais, *mas aquelas que permitem uma inscrição original de representação*, dando no futuro a possibilidade de desenvolvimentos transferenciais.

Não quero precipitar fatos de que não tratei ainda, mas esta área considerada anteriormente parece ser a mesma que Bion posteriormente explorará com a diferenciação da personalidade psicótica e não psicótica e com o conceito de transformações projetivas.

Assim, certamente Melanie Klein opera no campo da transferência, porém primariamente opera numa área pregressa. Ao considerar o seu trabalho eu suponho que ela não faz esta diferenciação e engloba tudo no conceito de transferência. Suponho que esta área global será tratada por Bion (1962) como "experiência emocional" e em seus desdobramentos em transformações em movimento rígido (transferência) e transformações projetivas.

Estes fatos a que estou me referindo em nível teórico têm seu correspondente na prática clínica. Um analista experiente percebe com muita clareza, pelas experiências emocionais que estão em curso, qual a área que está predominantemente em uso na mente do analisando.

Bion

1

O propósito do trabalho é o estudo da transferência. Ao tentar fazer o rastreamento do tema em Bion (1962), nos vemos com um complicador a mais. O autor pretende não discutir as teorias psicanalíticas propriamente ditas, o seu trabalho será na área de observação e crítica à psicanálise. O leitor, no entanto, dificilmente deixará de sentir-se diante de um riquíssimo e novo desenvolvimento conceitual que, talvez, sobrepasse o campo da psicanálise.

Diante do que foi dito, dificilmente poderíamos usar a palavra "sistema" para fazer referência à obra deste autor. Assim, tentaremos dar conta apenas de alguns desenvolvimentos que, supomos, nos serão úteis.

De uma forma mais acabada, a transferência será considerada como transformação em movimento rígido, contrapondo-se mais proximamente às transformações projetivas e em alucinose (Bion, 1965). Até chegar aí, um longo caminho foi percorrido.

2

A experiência de Bion (1957) na análise com psicóticos o levou a explorar "a divergência entre a personalidade psicótica e não psicótica, e em particular ao rol da identificação projetiva na parte psicótica da personalidade como substituto da regressão na parte neurótica da personalidade" e, logo a seguir, "a substituição da identificação projetiva pela repressão e introjeção devem ser elaboradas" (p. 63). Já estou focando diretamente a importância de distinguir as operações primárias da mente daquelas que implicam um desenvolvimento egoico mais adiantado.

Nessa mesma linha, o pensamento esquizofrênico foi por ele estudado, rendendo ricas hipóteses no emprego da identificação projetiva como precursor do desenvolvimento da capacidade de pensar, bem como no modelo de um tubo digestivo endopsíquico para os primórdios do desenvolvimento mental (Bion, 1963).

3

As elaborações de Bion e as reflexões sobre seu trabalho vão lhe conferindo cada vez mais autonomia conceitual e capacidade de enfocar problemas que estavam se acumulando na seara analítica.

Desenvolve o aprender com a experiência emocional (Bion, 1962). Assim, configura um instrumento pelo qual, pela observação da clínica, nos permite levar em conta a experiência que o analista vive sem ficar preso a somente dois elementos – transferência e contratransferência –, que se tornaram excessivamente restritos para comportar a experiência tanto de analista quanto de analisando.

Ou seja, do lado do cliente, a sua participação é muito mais extensa do que o termo transferência comporta (Bion, 1965). Já nos detivemos em esclarecer que o conceito de transferência se inscreve na dimensão da primeira tópica ou das neuroses. Além disso, há outras atividades do paciente que precisam ser nomeadas e desenvolvidas. Do lado do analista, ele ficaria preso ao conceito e ao termo "contratransferência", quando precisa examinar suas emoções conscientes no *setting* analítico.

A evolução dessas ideias leva à possibilidade de configurar três vínculos essenciais (dentre outros possíveis) que marcarão a situação analítica (Bion, 1965). São eles amor (L), ódio (H) e conhecimento (K). É prerrogativa do cliente viver os três na sessão, bem como o vínculo –K (menos K). A área em que o analista opera é a concernente a K (conhecimento) e pensamento verbalizado. São extremamente instigantes as observações que o autor faz sobre amor e ódio do analista, que na sessão se referem à psicanálise, bem como à sexualização que pode surgir.

4

Havíamos considerado anteriormente o efeito de ruptura na organização das teorias psicanalíticas causada pela introdução do conceito de instinto de morte. Como pudemos observar, Melanie Klein havia encontrado, graças a seu método, uma maneira de não se privar de inscrição nas cadeias associativas. Porém, em fase tardia de seu trabalho ela considera uma forma particular de cisão, aquela em que, sob pressão da ansiedade aguda, objetos e figuras extremamente aterrorizantes são excindidos de uma maneira muito diferente daquela como o superego é formado, sendo relegados às camadas mais profundas do inconsciente (Klein, 1958/1987g).

Visto desse ângulo, nos dois autores temos uma área de natureza comum. Essa área, que se refere amplamente ao não inscrito nas cadeias associativas, vai encontrar agora uma nova forma de abordagem.

Bion (1963) considera a passagem das impressões sensoriais para a aquisição de qualidade psíquica (servindo-se de Freud e sua consideração da consciência como órgão sensorial para a percepção da qualidade psíquica) e introduz uma situação de indagação a partir da nomeação de elementos beta e elementos alfa, sendo os primeiros transformados nos segundos quando sujeitos à função alfa. Essa última vai se desenvolver fazendo surgir uma barreira de contato, que facultará a separação de elementos inconscientes e conscientes e permitirá a existência da censura, que de acordo com a teoria clássica permitirá a repressão. Os elementos beta, não transformados (embora se prestem à identificação projetiva), são no entanto utilizáveis na formação de uma tela beta, poderoso instrumento ligado à ação profunda e intensa que o analisando exerce sobre a mente do analista. Esses elementos essenciais estão ligados ao desenvolvimento de emoções e pensamentos. Assim, de início será desenvolvida uma grade, correspondendo genericamente às *ideias*, e, posteriormente, será indicado que existe algo correspondente para as *emoções*.

A grade será composta de dois eixos: um vertical, chamado de genético, e outro horizontal, de usos. O primeiro compreende os elementos beta que evolvem para alfa, que por sua vez dão origem a sonhos, mitos, pensamentos oníricos... O ponto seguinte é a pré--concepção que, em relação com a realização, permite o surgimento do próximo, que é a concepção. Daí em diante temos conceito, sistema dedutivo científico e cálculo algébrico. No eixo horizontal, de usos, teremos a hipótese definitória, coluna y (aqui se refere à negação da ansiedade do analista), notação, atenção, indagação e ação. Na intersecção de eixo horizontal com o vertical forma-se uma casela que corresponde a um elemento de psicanálise, sendo fato relevante saber a que objeto psicanalítico corresponde.

5

Como podemos observar, a grade visa abranger todo o espectro da psicanálise, quer nas emoções, quer no pensamento. Os elementos beta vão corresponder àquela vasta e incerta área do id que para

Freud não tem representação e para Melanie Klein, possivelmente, corresponde a objetos terroríficos, não constitutivos do superego, deslocados para áreas profundas do inconsciente. A proliferação dos elementos alfa constituirão o sonho e as demais categorias com condições de inscrição na área das representações inconscientes e conscientes.

Acho de valia ressaltar a reflexão de Bion (1970) da não suficiência da oposição consciente-inconsciente e da necessidade de ampliá-la para finito-infinito, visto que os eventos observáveis no nosso consultório se expandem para o infinito, enquanto os recursos humanos de observação e nomeação estão sempre em campo finito, criando sempre um elemento y, falsidade, a ser discriminado pelo analista.

Elementos beta, bem como função alfa, são nomes dados com a finalidade de investigação. Não se deve dar a eles significado precoce, cumprindo encontrá-los por meio de realizações da experiência clínica.

Algo de elemento beta pode ser percebido pelo que os analistas chamam de atuação e seria um elemento A6 da grade. De toda a outra área poderíamos dar como exemplo a interpretação, elemento F6, conceito do analista que visa permitir mudanças no campo analítico.

6

Essas situações que descrevemos vão seguir-se pelos conceitos de transformação e invariância. Cito Bion para melhor ilustrar:

> *Suponhamos que um pintor veja um caminho que cruza um campo de papoulas e o pinta: em um extremo da*

> *cadeia de acontecimentos há um campo de papoulas, em outro uma tela com pigmento aplicado sobre sua superfície. Podemos reconhecer que esta última representa o primeiro, pelo que apesar das diferenças entre um campo de papoulas e uma tela, apesar da transformação que o artista efetuou sobre o que viu para que tomasse a forma de um quadro, algo permaneceu inalterado, e deste algo depende o reconhecimento. Chamarei invariantes aos elementos que intervêm para formar o aspecto inalterado da transformação. (Bion, 1965, p. 1)*

Creio que dou uma visão panorâmica disso quando cito: "A transformação kleiniana, associada com certas teorias kleinianas, terão invariantes diferentes das que se encontram na transformação freudiana clássica" (Bion, 1965, p. 5). Toda a parte anterior deste trabalho refere-se a isso.

Bion vai esclarecer seu conceito de transformação em relação ao que é transformado, ou seja, a realidade última, a coisa em si (conceito kantiano), o incognoscível que é capturado por meio de uma transformação. Esse elemento incognoscível é representado por O, que deve ser uma experiência comum a analista e analisando.

7

Podemos considerar as transformações quanto aos seus vários aspectos, como as transformações do analista, as do analisando, o ato de transformar, o transformado etc. Agora nos interessa considerar as transformações em movimento rígido, projetivas e em alucinose.

Comecemos com as transformações em movimento rígido (Bion, 1965). "O aspecto da transferência que é importante na *transformação* é o que Freud descreveu como 'a repetir o reprimi-do como um sucesso atual', em vez de recordá-lo como um fragmento do passado" (p. 18). Em seguida diz: "esta reprodução que aparece com fidelidade indesejada, sempre contém um fragmento da vida sexual infantil, e, portanto, do complexo de Édipo e suas ramificações, e tem lugar geralmente dentro da transferência, isto é, da relação com o médico" (p. 19).

Bion considera que esta transformação implicada na transfe-rência diz respeito a um "modelo de movimento de sentimentos e ideias de uma esfera de aplicabilidade a outra" (p. 19). O nome que lhe designa é o de transformações em movimentos rígidos, deven-do-se contrastar as invariantes destas com aquelas das transfor-mações projetivas.

Sobre a transferência já fizemos extensas considerações. Cabe a seguir examinar como o conceito de identificação projetiva vai proporcionar ampla possibilidade de desenvolvimento conceitual.

8

Para prosseguir vou descrever uma situação que tem o mérito ou, quem sabe, o demérito de ser bastante familiar. Estamos traba-lhando e estou cuidando para que possa utilizar os elementos que o paciente fornece. Graças à sua participação posso fazê-lo, e então enuncio o que me parece oportuno. A pessoa reage com a observa-ção de que alguém já lhe havia dito exatamente aquilo.

A observação da experiência emocional corrente é que vai me dar os elementos para que eu possa saber o que se passa com o cliente naquele momento, graças à transformação de algo do des-conhecido que ele efetuou em sua manifestação.

Se eu tiver na sessão elementos suficientes para crer que ele percebe algo do que lhe digo e ainda o usa para fazer um reconhecimento, poderíamos dizer que ele caminha para um contato com algo real do que acontece. A sua manifestação denota o deslocamento para a pessoa de "X". Assim, poderia considerar que estamos no campo da transferência e quem sabe adiantaríamos como positiva, caso seus afetos dessem tal indicação.

Suponhamos que a observação do analista revela que, ao manifestar um "conhecer" anterior, o cliente vive uma nulificação da atividade do analista, deslocando para outro tempo, lugar e pessoa os eventos que se dão na sessão. É claro que muito mais que a pessoa do analista está envolvida e em campo desconhecido deste.

Os elementos de que estamos tratando são aqueles em que predominam os mecanismos psíquicos da natureza da cisão e da identificação projetiva. A natureza das emoções, em uma descrição e outra, é claramente discernível quando estamos na prática clínica.

A segunda situação descrita, se eu juntar elementos presentes de rivalidade e inveja, me dará o que Bion (1965) descreve como hipérbole. Ou seja, um instrumento pertencendo à teoria da observação que me permitirá observar fato comum na clínica, em que algo é lançado com grande força a uma grande distância. A natureza das emoções nos faz senti-las como não contidas no analista, nem na situação analítica, e daí forçá-las a grande distância.

A natureza dessas manifestações não se insere no quadro clássico da transferência, assim, podemos considerá-las como transformações projetivas. Estas não precisam se dar a grande distância. O analista como continente pode ser violentamente concitado a conter as fortes e intensas emoções do paciente. A necessidade deste é que o analista possa contê-las, e não reagir violenta e evasivamente diante da pressão exercida. A capacidade de desintoxicar e nomear as emoções é parte do equipamento que o analisando precisa ter à sua disposição.

Aquilo que está no nosso exemplo é possivelmente o equivalente de elementos beta no seu uso de ação (Bion, 1963). Porém, também é compatível com o uso primitivo do pensamento e da comunicação. Há possibilidade de que se expanda a elementos das categorias C, D e E da grade, ou seja, pensamento onírico, pré-concepção e concepção. Tudo dependerá de como os elementos poderão ser contidos e permitir crescimento.

9

Nosso próximo passo introduz alguns elementos de terror. Paradoxalmente, o cliente os apresentou em situações em que a todo título poderíamos considerar alguma evolução, porque alguns *insights* eram possíveis.

O cliente adentra a sala e, após deitar, imerge em sensações terríveis de ser maltratado e violentado pelas palavras que ele vai evocando da "sessão anterior". Relaciona-as a diversas situações que já viveu em sua vida, diz que já conhece a situação e assemelha o comportamento do analista ao de pessoas por ele nomeadas. O analista, que permanece em silêncio, reconhece como farrapos distorcidos alguns dos elementos descritos. O ambiente na sala é de grande tensão, o cliente se mostra apavorado e diz que não vai tolerar tais tratos. A sua atitude é hostil, e o trato com o analista é brutal. A tentativa do analista de articular uma fala desperta novos terrores e acusações violentas de que está sendo maltratado. Em uma situação comum de vida seria muito difícil supor que estas atitudes não desencadeassem algum tipo de reação de grande intensidade em algum interlocutor disponível. O analista percebe a força das emoções evocadas e o efeito ruptor que elas representam para a integridade do pensamento dele. Vários fatos são assinalados ao paciente, na tentativa de dar a ele alguns elementos com os quais possa contrastar aquela situação, por exemplo, que o encontro inicial na sala de espera fora marcado com evidente satisfação por parte dele. Não só o paciente fazia ouvidos moucos à observação como voltava-se mais "endemoniadamente" à situação anterior.

Claro está que poderíamos considerar tal situação como de transferência negativa. No entanto, o estarmos inseridos na situação nos faz perceber nitidamente que ela não nos pertence e tão somente ao cliente. Os elementos de poder, superioridade, prepotência fazem o analista jazer inerme ao jugo dele. A ver do analista, o cliente não quer deixar esta situação, a ver dele, tal possibilidade é sequer conjeturável. Assim, nos parece mais adequado considerar que o cliente vive sob clima de alucinação.

Às vezes vemos o inverso, o cliente vivendo num clima extremamente "amoroso", ressentindo-se quando lhe assinalamos algo pertencente ao trabalho analítico e que ele toma como rejeição ou como plena e deslumbrada "aceitação". Estas situações são muito mais comuns do que estes exemplos fazem supor que sejam. Creio que a elas se pode denominar, com propriedade, transformações em alucinose.

Cumpre indagar quais são as invariantes neste conceito e, então, creio oportuna uma citação de Bion (1965, pp. 32-33): "A rivalidade, a inveja, a voracidade e o roubo (do analista em relação ao cliente), junto com sua sensação de inocência, merecem ser consideradas como invariantes dentro da alucinose".

10

Assinalamos no item imediatamente anterior que o cliente tivera um comportamento paradoxal. Agora, porém, seria melhor dizer aparentemente paradoxal. Ao dizermos que havia evolução e mesmo que alguns graus de *insight* eram possíveis, estamos supondo que alguma forma violenta de reação foi despertada, levando o cliente a usar de forma intensa mecanismos psíquicos de cisão, onipotência, identificação projetiva e introjetiva e negação de parte da realidade psíquica (usando os conceitos de Melanie Klein e Bion a respeito).

Cremos que a reação do cliente foi despertada pelo próprio desenvolver do trabalho analítico, ou seja, as transformações que o cliente teme são aquelas em que ele passa não só a conhecer a seu respeito mas corre o risco de "*ser*" aquela pessoa. As interpretações ou formulações do analista podem deixar de ser a respeito do paciente para "*tornar-se*" algo revelado do desconhecido do paciente.

Assim, o cliente citado no item 8 reage à observação do analista dizendo "que já lhe haviam dito aquilo", negando a qualidade emocional presente na afirmação. Cremos que os analistas em geral poderiam tomar tal reação como uma resistência.

Considerando a resistência, o que nos interessa é com o que se relaciona. Aqui, consideramos que ela se relaciona com evitar que a situação passe de conhecer a respeito de si mesmo para "ser" si mesmo. Possivelmente, conectando os exemplos dos dois últimos pacientes citados, o recurso visa impedir o despertar da

64   TRANSFERÊNCIA

turbulência emocional que, se observarmos no último cliente, torna-se de natureza catastrófica.

O que estamos considerando descritivamente e que faz parte dos recursos de observação dos analistas é que a situação agora é de passar da transformação em conhecer para outra que é de "tornar-se", ou seja, transformação em O (Bion, 1965).

Mudando o vértice

1

Neste ponto do trabalho gostaríamos de mudar o vértice que estivemos usando até agora. Pois estivemos usando teorias dos três autores propostos, comentando-as, relacionando-as, tirando conclusões, dando exemplos clínicos e assim por diante. Toda esta atividade se dirige fundamentalmente ao intelecto do leitor, naturalmente despertando emoções, porém fundamentalmente ela se refere a *conhecer sobre psicanálise*. A transformação que o analista precisa é de "*ser*" *psicanálise*, se é que podemos expressar assim, pois, às vezes, o enunciado parece ter uma crueza que não se refere à realidade mesma e, às vezes, ter um exagero de sutilezas que levam ao mesmo caminho.

Na clínica trabalhamos em situação que visa ao *desconhecido* do paciente (Rezze, 1991, 1996). Esse desconhecido, quando apreendido de alguma forma, enseja transformações que podem ser artísticas, econômicas, matemáticas, algébricas e tantas outras. Interessam-nos as transformações psicanalíticas, e destacamos as de movimento rígido, projetivas, em alucinose, em conhecimento e, por fim, em O.

Aqui também temos por objetivo um trabalho do mesmo tipo, ou seja, se tudo isso a que nos referimos puder ter tal uso para o leitor (*ser*).

2

Faz-se mister retornar à interpretação. Já vimos algo de sua evolução em Freud e Melanie Klein. No trabalho de Bion ela vai abranger um largo espectro, pois, antes de ser formulada, requererá um exame completo em todas as categorias tabulares. Assim fazendo, estaremos habilitados a discernir o nível de operacionalidade. Suponhamos o nosso último exemplo clínico: se considerarmos que os elementos são predominantemente A6, ou seja, elementos beta com o uso de ação, veremos no pensamento verbalizado do analista qual a interpretação que poderá conter e desintoxicar tal situação. Isso pode-se dizer que seja um resumo do que se encontra em *Transformações* (Bion, 1965).

Com o evolver das ideias de Bion, teremos à frente seu livro *Atenção e interpretação* (1970), em que o termo interpretação sofre imensa evolução, culminando com a expressão "*language of achievement*", que poderíamos traduzir como linguagem de realização ou linguagem de êxito (conforme uma das traduções em português). Como já examinamos anteriormente, a interpretação tem seu lugar claramente delineado na primeira teoria tópica. Com a ampliação do campo de operação do analista, sobre o qual a grade fornece um extraordinário instrumento de investigação e uso, verificamos que o analista necessitará de um enunciado que dê conta de sua função, que não será mais tão somente a de um decodificador daquilo que se insere nas cadeias associativas.

3

Consideraremos a posição que se descortina para o analista desde que Freud introduz o conceito de instinto de morte, ou seja, a tarefa, que já não era fácil de encontrar o significado a ser interpretado dentro das cadeias associativas inconscientes no campo da transferência, passa a se ampliar para aquilo que não tem registro. Esta área contará agora com precioso auxiliar técnico, que será a teoria das transformações, notadamente as projetivas e em alucinose, contrastando com as de movimento rígido.

Porém, mais do que nunca se acentua a posição do analista frente ao desconhecido. Ele está só com seu cliente, dependendo do que este possa transformar para o seu trabalho, contando tão somente com a sua intuição e tendo somente a sua autoridade para deliberar e se responsabilizar pelo que vai intervir.

Atualmente, nossa atenção tem sido fortemente atraída pelas transformações em alucinose, e a pergunta é, então, em que campo opera o analista para dar conta de tal situação. A resposta é que se trata do mesmo campo em que opera o analisando, ou seja, o das alucinações, ao qual, no entanto, o analista vai e volta, podendo fornecer, por meio deste continente expansivo, algo que venha a apreender e nomear parte do desconhecido que o cliente tenha transformado.

Transformações

1

Retornemos mais proximamente à experiência. O cliente, a respeito do qual fornecemos o segundo fragmento clínico, vem há anos.

Mantém um clima narrativo a respeito de sua vida, acontecimentos familiares, sociais etc. Com frequência quer uma assistência direta, exigindo que expliquemos a respeito de sua vida, dizer o que aconteceu, o que ele deve fazer e assim por diante. O clima emocional que ele vive, muitas vezes, é condizente aproximadamente com tais expectativas ou narrativas.

A observação do material nos revelará concatenações e associações do cotidiano. Assim, poderíamos considerar que a formulação de interpretações, com sua conexão a um fundo edipiano, seria bem-vinda. E o é! Porém o analista verifica que raramente produzem algum *insight*, mas sim, em geral, satisfação e, mais raramente, repulsa por parte do analisando.

O convite ou intimação que o cliente faz é que o analista faça suas formulações "de dentro do que ele diz", de acordo com o sistema que o próprio cliente usa. A finalidade parece ser a de manter o sistema dele com exacerbação ora de prazer, ora de dor. Os estímulos em relação ao analista são intensos e podem ser descritos como "cutucões", provocações, sugestões, imprecações, acusações, agressões, seduções para a violência ou a sexualização de características primárias. Nesses estímulos não há contemplação com o analista, pois o cliente praticamente não tem o "reconhecimento" de que se relaciona com um ser animado (nem se diga humano); parece fazê-lo com um inanimado.

2

O clima emocional fornece a impressão de que interpretações, com a devida conexão a vivências infantis, nos seriam úteis. Não o são. O que é útil, então?

Claro está que tudo dependerá do ponto de vista do analista. Ele pode privilegiar as "associações livres" produzidas e, correspondentemente, com o "uso de atenção flutuante", interpretá-las.

O mais próprio a se usar é a pergunta: do que esta pessoa fala?, e não sabemos.

Nesta altura da prática clínica nem mais usamos as recomendações de Bion: "sem memória e sem desejo". Estes os vemos como pertinentes, pois memórias e desejos são carregados de senso-percepção, tornando-se objetos ou de evacuações ou de ação retentiva. A nossa posição é que não sabemos o que vai ocorrer nem quem é a pessoa que "se personificará em nossa presença". Ou, mais discriminadamente, que parte da pessoa "se personificará".

3

De grande importância é o reconhecimento do clima emocional que se forma na sessão. A fala do cliente muitas vezes é um barulho que "ensurdece" e "opacifica" a intuição. Quando isso não nos distrai, podemos agora observar qual é o ruído de fundo existente e como torná-lo mais acessível a nós.

Levando a um exemplo do mundo físico, recentemente foi descoberto um pulsar (estrela de nêutrons que emite radiações e sinais de rádio) que possuía três planetas, isto é, o primeiro sistema planetário reconhecido no universo fora do nosso sistema solar. O rastreamento foi feito pelas ondas de rádio, ou seja, pelo radiotelescópio, aparelho de poucas décadas de existência. O nosso aparelho é a intuição, preparado para "rastrear" a qualidade psíquica.

Voltando à experiência clínica, o fragmento 2 (referido no item 9 da seção anterior) dá uma visão de algo que está acontecendo. O cliente vive uma dimensão de alucinose – é o que se evidencia pela descrição. No entanto, o que queremos enfatizar é que, na sessão, continuamente podemos observar esta área. Se estivermos atentos ao que estive descrevendo, podemos perceber que este "ruído básico" é que governa a "barulheira" que o cliente faz. É a ele que nossa atenção será dirigida.

4

A experiência emocional que se desenvolve na sessão é a pedra de toque para o analista. É preciso que durante a sessão algo evolva do desconhecido e que se transforme em algo acessível para o analista.

Aqui, estamos encarecendo a importância de transformações em alucinose como instrumento essencial à captação básica do analista. Este empenho pode obscurecer a importância de outras transformações.

Assim, é importante realçar que o analisando deve manter em algum ponto uma cisão, a qual está a serviço de perceber que há um analista na sala e que este pode contê-lo, embora, às vezes, se tenha a impressão de que o continente é a própria sala, e não mais do que isso é acessível ao cliente. Pode haver também ruptura violenta ou o analisando se afastando da análise, ou entrando em alguma reação de tipo catastrófico intra- e extra-análise, intra- ou extrapsiquicamente (surto psicótico não contível nos limites da análise).

Quando, graças à referida cisão, a análise evolve, as transformações em conhecimento podem se desenvolver, e o analista, formulá-las. Ponto crucial é como o cliente reage a estas.

5

Este é um ponto capital. O cliente pode reagir de diversas formas a um conhecimento, seria melhor dizer transformação em conhecimento (vínculo K). O problema é o conhecimento a respeito de o cliente "tornar-se" ou "ser" o cliente.

Isto é examinado de várias formas por diversos autores. Assim, se o cliente nega o conhecimento, temos uma resistência ativa. Se o cliente muda o estado afetivo, neutralizando uma parte de sua personalidade, temos outro tipo de resistência. Forma especial é quando o cliente "reverte a perspectiva" (Bion, 1962): usa o que o analista diz, mas sem a correspondente emoção. É forma poderosa de inutilizar os recursos do analista, pois contamina o próprio instrumento que servia a uma necessária "assepsia".

O cliente do segundo fragmento apresenta reação violenta. Havia a possibilidade de algum desenvolvimento, e isso é o que o ameaça. O cliente teme "ser". Isto implica um conhecimento mais próximo ao real de sua pessoa, e o temor à transformação em O gera pavor diante de mudança. Neste caso, a mudança ainda é mais temida porque abandonar suas formas de vida significa um terror de não ter nenhuma outra forma de viver. Em outras palavras, ele vive por uma parte de si que toma pelo todo, mas deste todo ele nem sequer desconfia; como pode então confiar, ter alguma esperança para o futuro? Não lhe ocorre que ele se mantém vivo no presente, e isso é o que ele mesmo se proporciona.

A reação deste cliente é o que para nós mais se avizinha à "realização" que corresponde ao temor à mudança catastrófica (Bion, 1970).

6

Que estado de mente se requer do analista para fazer face à situação que descreve como sendo analítica?

Basicamente é aquela de permitir que algo do *desconhecido* do paciente evolva na sessão, de forma que se transforme em algo que seja acessível a analista e analisando (Rezze, 1991, 1996). Somente algo comum aos dois permite o trabalho. Para tal, a atitude do analista será permeável a todas as categorias tabulares. Diante deste espectro ele poderá usar o vértice que julgar necessário face à demanda.

Consideremos um terceiro fragmento de uma cliente que, na proximidade de vivências sexuais, manifesta dor em parte do corpo. Na narrativa de sua infância há um episódio envolvendo a sexualidade que resultara em muita complicação e dor, envolvendo esta região corporal. Pode ser que a formulação do analista privilegie as transformações em movimento rígido. Fato importante é que a formulação do analista deixe sempre o campo aberto para novas apreensões e desenvolvimentos.

7

Ao considerar vértices podemos tomá-los como do analista e do analisando. O vértice do analisando no segundo fragmento é o em alucinose, e o do analista pretende ser em verdade, ou seja, de transformações em conhecimento que caminhem para O, já que o "ser" absoluto é impossível para o homem. Importante considerar que se pode tender a O até ser a "verdade absoluta", mas disto nós jamais faremos conhecimento.

72 TRANSFERÊNCIA

O conflito de vértices entre analista e analisando é importante quando o analisando puder perceber que o conflito é intrapsíquico. Não se trata de métodos rivais entre analista e analisando, mas dentro do analisando. Só quando ele introjetar o conflito é que estará habilitado a cuidar da situação.

Conclusão

1

No rastreamento de diversos autores, repetições são inevitáveis, embora, na verdade, nada mais sejam do original, e sim deformações ou transformações do autor.

2

Este trabalho visa ao tema transferência, e só nos ativemos a três autores. Podemos ver que a transferência não pode ser tratada como tema, mas como parte inserida em um sistema.

Assim, a palavra "transferência" não tem significado e função constantes no decorrer do tempo. Em Freud a transferência é coerente com a primeira teoria tópica. A partir de 1920 e com "O ego e o id" (Freud, 1923/1974k), nos vemos diante de uma ruptura que vai, mais à frente, desembocar em construções em lugar de interpretação. Com Melanie Klein a transferência é "total", ou seja, há uma mudança de significado só compreensível dentro das invariantes "kleinianas". Bion formula algo muito amplo, em que o conceito de transferência passa a ter lugar dentro do sistema mais amplo de transformações.

Não obstante estas considerações, a palavra "transferência" continua sendo usada, às vezes, com uma adjetivação ("transferência psicótica", por exemplo).

3

Talvez se levarmos em conta que esses termos referem-se a transformações de algo do desconhecido, que esses autores extraordinários "publicaram" para nós, analistas, então poderíamos considerá-los dentro de cada sistema, como ferramentas ou instrumentos que forjaram e podem nos ser úteis. Como disse anteriormente, dogmatismos teóricos em nada nos auxiliarão.

Apesar disso, há de haver certo rigor no que o conceito significa, caso contrário, estaremos sempre num campo ilimitado e infinito (tudo pode ser), enquanto a nossa afirmativa será sempre em campo finito.

Conceitos de experiência emocional, transformações em movimento rígido, projetivas, em alucinose, em conhecimento e em O permitem o exame de fatos clínicos até agora somente considerados sob a égide de transferência.

Referências

Bion, W. R. (1962). *Learning from experience*. London: Tavistock Publications.

Bion, W. R. (1963). *Elements of Psycho-Analysis*. London: William Heinemann Books Limited.

Bion, W. R. (1965). *Transformations: change from learning to growth*. London: William Heinemann Books Limited.

Bion, W. R. (1967). Differentiation of the psychotic from the non--psychotic personalities. In W. R. Bion, *Second thoughts*. London: William Heinemann Books Limited.

Bion, W. R. (1970). *Attention and interpretation: A scientific approach to insight in psycho-analysis and groups*. London: Tavistock Publications.

Freud, S. (1974a). A psicoterapia da histeria. In S. Freud, *Edição Standard Brasileira das Obras Psicológicas Completas de Sigmund Freud* (Vol. 2). Rio de Janeiro: Imago. (Trabalho original publicado em 1895)

Freud, S. (1974b). A interpretação dos sonhos. In S. Freud, *Edição Standard Brasileira das Obras Psicológicas Completas de Sigmund Freud* (Vol. 5). Rio de Janeiro: Imago. (Trabalho original publicado em 1900)

Freud, S. (1974c). Fragmento da análise de um caso de histeria. In S. Freud, *Edição Standard Brasileira das Obras Psicológicas Completas de Sigmund Freud* (Vol. 7). Rio de Janeiro: Imago. (Trabalho original publicado em 1905)

Freud, S. (1974d). A dinâmica da transferência. In S. Freud, *Edição Standard Brasileira das Obras Psicológicas Completas de Sigmund Freud* (Vol. 12). Rio de Janeiro: Imago. (Trabalho original publicado em 1912)

Freud, S. (1974e). Recomendação aos médicos que exercem a psicanálise. In S. Freud, *Edição Standard Brasileira das Obras Psicológicas Completas de Sigmund Freud* (Vol. 12). Rio de Janeiro: Imago. (Trabalho original publicado em 1912)

Freud, S. (1974f). Sobre o início do tratamento (Novas recomendações sobre a técnica da Psicanálise I). In S. Freud, *Edição Standard Brasileira das Obras Psicológicas Completas de Sigmund*

Freud (Vol. 12). Rio de Janeiro: Imago. (Trabalho original publicado em 1913)

Freud, S. (1974g). Repetir, recordar e elaborar (Novas Recomendações sobre a Técnica Psicanalítica II). In S. Freud, *Edição Standard Brasileira das Obras Psicológicas Completas de Sigmund Freud* (Vol. 12). Rio de Janeiro: Imago. (Trabalho original publicado em 1914)

Freud, S. (1974h). Observação sobre o amor de transferência (Novas Recomendações sobre a Técnica da Psicanálise III). In S. Freud, *Edição Standard Brasileira das Obras Psicológicas Completas de Sigmund Freud* (Vol. 12). Rio de Janeiro: Imago. (Trabalho original publicado em 1915)

Freud, S. (1974i). O inconsciente. In S. Freud, *Edição Standard Brasileira das Obras Psicológicas Completas de Sigmund Freud* (Vol. 14). Rio de Janeiro: Imago. (Trabalho original publicado em 1915)

Freud, S. (1974j). Além do princípio do prazer. In S. Freud, *Edição Standard Brasileira das Obras Psicológicas Completas de Sigmund Freud* (Vol. 18). Rio de Janeiro: Imago. (Trabalho original publicado em 1920)

Freud, S. (1974k). O ego e o id. In S. Freud, *Edição Standard Brasileira das Obras Psicológicas Completas de Sigmund Freud* (Vol. 19). Rio de Janeiro: Imago. (Trabalho original publicado em 1923)

Freud, S. (1974l). O problema econômico do masoquismo. In S. Freud, *Edição Standard Brasileira das Obras Psicológicas Completas de Sigmund Freud* (Vol. 19). Rio de Janeiro: Imago. (Trabalho original publicado em 1924)

Freud, S. (1974m). Neurose e psicose. In S. Freud, *Edição Standard Brasileira das Obras Psicológicas Completas de Sigmund Freud* (Vol. 19). Rio de Janeiro: Imago. (Trabalho original publicado em 1924)

Freud, S. (1974n). A realidade na neurose e na psicose. In S. Freud, *Edição Standard Brasileira das Obras Psicológicas Completas de Sigmund Freud* (Vol. 19). Rio de Janeiro: Imago. (Trabalho original publicado em 1924)

Freud, S. (1974o). Análise terminável e interminável. In S. Freud, *Edição Standard Brasileira das Obras Psicológicas Completas de Sigmund Freud* (Vol. 23). Rio de Janeiro: Imago. (Trabalho original publicado em 1937)

Freud, S. (1974p). Construções em psicanálise. In S. Freud, *Edição Standard Brasileira das Obras Psicológicas Completas de Sigmund Freud* (Vol. 23). Rio de Janeiro: Imago. (Trabalho original publicado em 1937)

Freud, S. (1974q). A divisão do ego no processo de defesa. In S. Freud, *Edição Standard Brasileira das Obras Psicológicas Completas de Sigmund Freud* (Vol. 23). Rio de Janeiro: Imago. (Trabalho original publicado em 1938)

Klein, M. (1987a). *The psycho-analysis of children*. London: Hogarth Press. (Trabalho original publicado em 1932)

Klein, M. (1987b). Early stages of the Oedipus complex conflict and super-ego formation. In M. Klein, *The psycho-analysis of children*. London: Hogarth Press. (Trabalho original publicado em 1932)

Klein, M. (1987c). Notes on some schizoid mechanisms. In M. Klein, *Envy and gratitude and other works*. London: Hogarth Press. (Trabalho original publicado em 1946)

Klein, M. (1987d). The theory of anxiety and guilt. In M. Klein, *Envy and gratitude and other works*. London: Hogarth Press. (Trabalho original publicado em 1948)

Klein, M. (1987e). The origins of the transference. In M. Klein, *Envy and gratitude and other works*. London: Hogarth Press. (Trabalho original publicado em 1952)

Klein, M. (1987f). The psycho-analytic play technique: its history and significance. In M. Klein, *Envy and gratitude and other works*. London: Hogarth Press. (Trabalho original publicado em 1955)

Klein, M. (1987g). On the development of mental functioning. In M. Klein, *Envy and gratitude and other works*. London: Hogarth Press. (Trabalho original publicado em 1958)

Klein, M. (1992a). A contribution to the psychogenesis of the manic-depressive states. In M. Klein, *Love, guilt, reparation and other works*. London: Karnac Books. (Trabalho original publicado em 1935)

Klein, M. (1992b). The importance of symbol formation in the development of the Ego. In M. Klein, *Love, guilt and reparation and others works*. London: Karnac Books. (Trabalho original publicado em 1930)

Rezze, C. J. (1991). *A interpretação*. Trabalho apresentado no Colóquio A Comunicação do Analista: Clínica e Pressupostos Teóricos, na Sociedade Brasileira de Psicanálise de São Paulo. 7 dez. 1991. (Não publicado)

Rezze, C. J. (1996). *Interpretação: revelação ou criação?* Trabalho apresentado no Fórum Interpretação: Revelação ou Criação?, na Sociedade Brasileira de Psicanálise de São Paulo. 21 ago. 1996. (Não publicado).

2. Aprender com a experiência emocional. E depois? Turbulência![1]

Será desprezível o impacto que as ideias psicanalíticas causam em nossa mente?

Pensei de início em apresentar-lhes um desenvolvimento de trabalho apresentado no evento Bion 2004: "Invariância, transformações e experiência emocional" (Rezze, 2004). Para esse desenvolvimento, passei a fazer algumas leituras a fim de ampliar meu próprio campo de percepção e iluminar algumas dúvidas. Numa das leituras (Braga, 2003a), o autor propõe algo que junta reflexão e clareza sobre estes campos que estamos estudando.

Partindo do exame da atividade psíquica propiciado pela teoria do pensar (1962), Bion nos oferece, na teoria das transformações, um modelo do psiquismo bastante diferente do modelo estrutural de Freud e de

---

1 Trabalho apresentado no XX Congresso Brasileiro de Psicanálise, em 17 de setembro 2005, no qual o autor recebeu o prêmio Durval Marcondes para analista didata. Uma versão anterior deste artigo foi publicada em: *Rev. Bras. Psicanál*, *39*(4), 133-147, 2006.

80 APRENDER COM A EXPERIÊNCIA EMOCIONAL

> *suas expansões por Klein. Este novo modelo está fun-*
> *dado em uma concomitância de diferentes dimensões*
> *em que é possível identificar a experiência do psíquico.*
> *Inclui, além das dimensões do* sensorial *e do* conhe-
> cer *(já presentes nos modelos de Freud e de Klein), o*
> *reconhecimento das dimensões do* alucinar, *do* ser *ou*
> tornar-se *a realidade ("O") e dos pensamentos com*
> *existência autônoma para além dos mundos das coi-*
> *sas e das idéias* (pensamentos sem pensador*). (Braga,*
> *2003a, p. 5, grifos do original)*

Creio que a colocação de um ponto de virada, entre a psicanálise que utiliza um modelo estrutural para aquela que usa o modelo
multidimensional, é muito esclarecedor, mas será que nos damos
conta da perturbação que isto determina em nossas mentes? Será
que em nome do progresso de nossas ideias, nos damos conta do
poder desestruturante das ideias que estamos tentando desenvolver? Será que avaliamos a necessária reação de nosso "establish-
ment" pessoal mental a este impacto?

Turbulência!

Creio que estou perseguido por este evento Turbulência nos
conceitos e na minha alma, pois já escrevi recentemente: "Turbulência nos conceitos quando se tenta a criação de uma grade em
menos conhecimento (–K)" (Rezze, 2005).

Ao ser convidado para lhes falar, pensei em oferecer um trabalho
consistente e de peso. Também pensei em desenvolver mais o trabalho anterior para apresentar-lhes algo mais substancial. Daí pensei: vou sobrecarregar estas pobres vítimas que estão me ouvindo?

Assim, escrevi o trabalho em três partes, retornando a última
a esta introdução. Nosso objetivo é tentar rastrear a evolução dos

conceitos emergentes no desenvolver do trabalho e verificar a turbulência que esta ação pode causar no analista que faz a investigação.

Explicitação de alguns conceitos ligados à experiência emocional

Algo de uma sessão

A porta está entreaberta.

O cliente bate e indaga: "Posso entrar?".

Apresento-me e digo que sim.

Entra e pergunta: "Fecho a porta com a chave?".

Digo que costumo fazê-lo.

Coloca o paletó no cabide.

Deita-se.

Fica alguns instantes em silêncio.

"Eu estive fora esta segunda e terça-feiras. A minha intenção era vir, mas é que está uma agitação no meu trabalho. Eu queria vir, mas as oportunidades estão surgindo em várias áreas e só eu posso dar atendimento e acompanhar, por enquanto não tem outra pessoa. O senhor... você... sabe como eu dou valor a este nosso trabalho, porque tem me ajudado muito. Mas eu estou vendo que no momento atual fica difícil de eu vir. Até falei para minha mulher que eu talvez parasse uns tempos e que depois, quando isto passasse, eu retornaria. Ela disse: 'De jeito nenhum, você não vai deixar análise nenhuma, você vai quando der, troca de horários quando for possível, mas você não vai deixar a análise'" (está animado e dá um tom peremptório à fala da mulher). Eu rio um pouco e ele muito, mas constrangido.

Comento de passagem que a mulher usou de autoridade (não me refiro à mulher, mas ao que foi dito, com a entonação que ele tinha dado).

Ele atalha: "Mas ela faz com carinho" (parece não tolerar uma possibilidade diferente).

Pareceu-me que se dirigia diretamente a mim, procurando esclarecer sobre a situação de sua ausência.

Digo algo aproximadamente assim: "Dá-me a impressão de que você está se havendo comigo quanto a nós trabalharmos juntos e até pensou em interromper o trabalho. Mas parece que as coisas ficam fora de você: é o trabalho, a mulher que dão o tom das decisões das quais você fala. Parece que você dá a ela grande autoridade".

"Cecil, você sabe que dou grande valor a este nosso trabalho. Eu estou aproveitando muito, você sabe que eu gosto. Olha, eu tenho ido a muitos médicos. Aquele problema da dor na perna, eles agora estão levantando a hipótese de que seja hérnia. Aí, vamos fazer os exames [dá ênfase a algo pesado e doloroso]. Aqui eu venho porque eu gosto [parece contrastar com o desagrado de ir aos médicos]. Eu posso conversar com você e desabafar, como estou fazendo neste momento. Isto tem sido muito bom para mim [parece que procura me convencer desses fatos, dá um tom enfático]. Agora estão aparecendo situações novas no trabalho que estão me desorganizando naquilo que estava mais ou menos arrumado. Agora, é uma coisa para o favorável, não é ruim não! Estou tendo outras oportunidades. Agora só eu posso coordenar isto tudo e sou necessário." Ele dá um tom bastante convincente àquilo que narra.

Como ele está bastante próximo, resolvi testar uma formulação para ver como ele a receberia.

"Você já pensou que pode ser o contrário? Você é que se sente agitado dentro de você e que então toma o que aparece nessas situações intensas e variadas; você se lança nelas. Assim, fica vista no mundo uma situação que acolhe suas necessidades. Quando isto acontece você tem oportunidade de ser criativo, participante, atuante. Quando falta, você fica em dificuldades. Assim, eu, a análise ficamos no espaço que sobra, que é possível. Talvez aconteça assim como outras relações também."

Experiência emocional

O cliente, desde o início do encontro, com as perguntas "Posso entrar?", "Fecho a porta com a chave?", estabelece uma maneira bastante ativa de pôr-se em contato com o analista. Isso prossegue nos seus esclarecimentos sobre a sua ausência, o que faz com que o analista tenha a impressão de que ele possa dar fim à análise, mesmo antes que ele o declare.

Ele enfatiza a importância de seu trabalho e da sua pessoa, e, da mesma forma, ressalta o valor da análise. Esta situação é muito difícil de descrever, porque ele esclarece que o trabalho tem lhe sido favorável, porém a impressão que tenho é que ele outorga o valor. Isso perpassa o trabalho, não parece ser evidente pelas anotações que fiz anteriormente.

A continuidade da análise é atribuída à participação da mulher de uma maneira tão enfática que eu rio. Ele se surpreende de maneira aflitiva. Aqui nos encontramos com outra singularidade do cliente. Ele dá a impressão de que caminha decididamente numa direção, porém o imprevisto de uma fala ou fato parece que o desmonta.

Ele se recobra rapidamente e comenta que a ação da mulher é com carinho. A impressão que tenho é que a surpresa desaparece e tudo volta aos trilhos. O cliente segue uma espécie de toada, em que ele vai encaixando os diversos elementos que podem instabilizá-lo. Assim se ele tropeça com um "senhor", logo em seguida vem um "você" ou, mais adiante, um "Cecil", que parece restabelecer uma grande intimidade.

Com o andar da sessão, pareceu-me oportuno fazer alguns comentários que pudessem aproximar algo diferente de sua vida mental. Daí a fala de como a mulher ficaria responsável por suas ações. A observação não visa esclarecer sobre problemas domésticos ou pessoais, mas tentar apontar uma configuração sobre uma dimensão desconhecida de si mesmo. Voltamos aos problemas de comunicar a experiência vivida.

Não vou me prolongar, mas creio que estão ilustradas incertezas e dúvidas que permeiam meu trabalho. Creio que está acessível a experiência emocional que vivemos, mas até o momento tenho dúvidas se ele tem a possibilidade de aprender com ela.

Teorização do conceito de experiência emocional

Experiência emocional é algo que ocorre e é considerado na poesia, na prosa, na tragédia, no cinema, enfim, na vida. Usar a expressão "experiência emocional" em seu significado generalizado é algo óbvio na vida humana, e, portanto, me parece de pouca utilidade. O que faz valer o termo é o aprender com a experiência, portanto o uso da função alfa. Isso é específico das conceituações de Bion (1962/1966).[2]

Diversos autores não usam o conceito de aprender com a experiência emocional. Usam a expressão "experiência emocional", porém excluindo o que seriam as linhas A (elementos beta) e B (elementos alfa) da grade, somente considerando aquilo que tem qualidade psíquica, o que seria da linha 3 para baixo (sonhos, mitos, pensamento onírico). Tenho considerado experiência emocional como incluindo qualquer manifestação na relação, portanto, um campo mais abrangente.

Nos trabalhos sucessivos de Bion, temos o obscurecimento do conceito do aprender, que, a meu ver, tem amplo desenvolvimento por meio de sua assimilação (Braga, 2003b), dando origem a novas conceituações. Nesse sentido, chama a atenção, no título do livro *Transformações*, o seu complemento: *mudança do aprendizado ao crescimento*.

Tentemos acompanhar os conceitos.

O primeiro passo ocorre quando surge o vínculo conhecimento, o qual tem estreita ligação com o aprender da experiência emocional. Isso se torna claro quando o vínculo conhecimento é estabelecido em parceria com os de amor e ódio: emoções básicas

---

2 "A função-alfa atua sobre as impressões sensoriais, quaisquer que elas sejam, e sobre as emoções que o paciente percebe, quaisquer que sejam. Na medida em que a função-alfa tem êxito, produzem-se elementos-alfa suscetíveis de se armazenarem e de corresponderem aos requisitos de pensamentos oníricos... Para aprender com a experiência, a função-alfa deve atuar sobre a percepção da experiência emocional. A criança que tem a experiência emocional chamada aprender a andar, é capaz de armazenar esta experiência em virtude da função-alfa" (Bion, 1962/1966, pp. 22, 24).

86 APRENDER COM A EXPERIÊNCIA EMOCIONAL

do ser humano. Pode-se acompanhar as condições que são necessárias para seu desenvolvimento, e elas incluem a *rêverie*. Portanto, o conhecimento assim considerado é um vínculo emocional.

Podemos usar o viés do aprender com a experiência emocional no exame do exemplo clínico. Se considerarmos a função alfa, verificamos que as formulações do cliente denotam grande complexidade, o que indica seu uso para relações familiares, sociais, de trabalho, psicanalíticas e assim por diante.

Mesmo supondo que ele não aprende com a experiência emocional em curso na sessão, fica a consideração de que ele tem capacidade de desenvolver o vínculo conhecimento. Porém, dado o uso que ele faz ("Posso entrar?", "Fecho a porta com a chave?", "minha mulher disse", "no meu trabalho"), concluímos que ele opera sob a fantasia de expulsão de partes de si próprio. O conhecimento adquirido é usado para negar as angústias profundas que de outra forma emergiriam. Podemos considerar –conhecimento (menos conhecimento, –K) como elemento predominante devido à reversão de conhecimento. Estamos levando em conta a coluna 2 na grade.

Ao examinar nosso trabalho, somos mais inclinados a crer que este cliente tende a não aprender com a experiência emocional na análise, dado que, com suas falas, mais tenta manter inalterado o sistema que usa do que permitir mudanças. Conclusão: turbulência.

Tentemos acompanhar os fatores que desencadeiam turbulência.

Os trabalhos de Bion introduziram a possibilidade da investigação psicanalítica por meio dos distúrbios do pensamento, daí a importância da grade como instrumento para o desenvolvimento do conceito de conhecimento, ou seja, a grade em conhecimento (Ideias).

Com a introdução do conceito de aprender com a experiência emocional (por meio da função alfa que transforma os elementos beta em alfa, e daí permite caminhar para mitos, pensamentos oníricos e sonhos), criamos a possibilidade de investigar a passagem das impressões sensoriais para a qualidade psíquica da mente.

Quanto ao conhecimento, introduz algo que já é da concepção de Freud: do inconsciente para o consciente (área da neurose). Porém, por meio do estudo das situações psicóticas expande a área de investigação de finito para infinito.

Estes desenvolvimentos também sugerem uma postura do analista que irá além da transferência-contratransferência. Isso fica claro sobretudo quando da falência da função alfa: o analista ficará não somente face ao consciente-inconsciente, mas sobretudo ao desconhecido.

Passagem do conceito de aprender com a experiência emocional para o conceito de transformações

Vou iniciar com o conceito de invariância porque, parece-me, o conceito de transformações encontra diversas aplicações na clínica, enquanto o de invariância amiúde fica na obscuridade.

Porém, antes de prosseguir, creio que seria útil considerar o conceito de invariância e exemplificá-lo. Isso já ocorre com a pintura do campo de papoulas, no livro *Transformações* (Bion, 1965/1983a). Vou tentar achar um exemplo mais simples, usarei algo do mundo concreto.

O vinho

A fermentação da uva produz o vinho e, pela destilação, o conhaque. Pela fermentação e posterior destilação: o malte fornece o uísque; certos cactos, a tequila; a batata, a vodca; a cana-de-açúcar, a caninha e o rum, e assim com outros produtos. Essas bebidas são compostos constituídos de muitas substâncias que lhes dão cor, aroma, sabor, fragrância, textura que lhes são peculiares.

Portanto, fontes as mais variadas dão origem a estes produtos. Existe uma observação de que se eles forem ingeridos sem moderação, causarão o embebedamento. Apesar das diferentes origens e métodos de produção, ou seja, apesar de diferentes transformações, existe uma invariante que é comum a todos, que é o embebedamento.

Se quisermos maior apuro em nossas investigações, vamos indagar se existe uma substância comum a todas essas bebidas e que causa o embebedamento. Isto já é conhecido: trata-se do álcool. A transformação de um produto agrícola nos leva ao conhecimento de que o produto final (bebida) pode produzir o embebedamento (aspecto descritivo – uma invariante), o qual está ligado ao álcool (invariante – substância química).

Vou propor que os leitores explorem estes mesmos elementos (transformações e invariância) nos elementos clínicos que forneço a seguir. Naturalmente, isto sendo um exercício, haverá um certo artificialismo que espero seja tolerado.

Invariância

Vejamos como podemos avançar em nossas proposições, cingindo-nos aos elementos que foram destacados nesta experiência de análise.

Consideremos o primeiro parágrafo mais longo. O paciente faltou às duas sessões anteriores e está aparentemente tratando disto com o analista. Faz referência a algo muito importante que seria a interrupção da análise. Creio que vale a pena anotar que tive uma sensação de que algo assim estaria em curso, mesmo antes de ele fazer a observação. Mas ele introduz uma narrativa dos eventos que se passaram com a mulher, e aquilo ganha vida na sessão. Até rio um pouco, e ele o faz intensa e constrangidamente.

Proponho o exame com os instrumentos: transformação e invariância. Fica claro que uma experiência profunda sofreu transformação por meio da manifestação do cliente.

Já nas primeiras falas é possível conceber um modelo com o qual essa pessoa opera. O que é do seu mundo mental, espiritual, psíquico, se transforma de maneira que ele o vive em seres variados, que são de início as vicissitudes do trabalho, a mulher e, depois, o analista.

Este modelo é semelhante ao modelo do vinho, no qual o embebedamento corresponde à invariante narrativa no caso clínico. A invariante narrativa (perceber fora dele e acreditar que ali está a causa do que lhe acontece) dá ensejo a algo mais sofisticado, que é a teoria da identificação projetiva (correspondente à invariante química: álcool).

Ao caminharmos na direção apontada temos a invariância do processo, que nos leva a conceituar que as transformações em curso são aquelas que podemos agrupar como transformações projetivas.

É possível que o leitor não privilegiasse os caminhos seguidos pelo autor do trabalho. Se tal acontecesse, os caminhos seriam outros. Então, temos uma invariante: o autor do trabalho (cuja exploração é parcialmente possível por meio do próprio trabalho escrito).

90   APRENDER COM A EXPERIÊNCIA EMOCIONAL

Três tipos de transformações

O espectro clínico se amplia com as seguintes transformações:

- **em movimento rígido:** "A transformação em movimento rígido implica um modelo de movimentos de sentimentos e idéias de uma esfera de aplicabilidade a outra" (Bion, 1965/1983a, p. 33). Cabe aí o conceito psicanalítico de transferência, embora diversas formas de atuar do analista e do analisando obedeçam a esse conceito de transformações em movimento rígido sem que isso implique o conceito de transferência;[3]

- **projetivas:** transformações projetivas serão aquelas que têm por base o mecanismo da identificação projetiva, embora isso também ocorra nas transformações em alucinose. As primeiras terão o uso da identificação projetiva naquilo que podemos considerar como os primórdios do pensamento, condição das comunicações iniciais e primitivas da mente humana;

- **em alucinose:** nas transformações em alucinose, consideramos também a identificação projetiva, porém no sentido evacuatório. Acrescem-se as invariantes nas transformações em alucinose: "rivalidade, inveja, e roubo, junto com uma sensação de inocência" (Bion, 1965/1983a, p. 157).

As características clínicas nos três tipos se evidenciam em formas diversas, sendo que a experiência emocional é o instrumento para fazer a discriminação. No fragmento clínico, priorizamos as transformações projetivas. No entanto, a escolha depende de duas invariantes: a personalidade do analista e o referencial teórico.

---

3 Outras são as possibilidades de transformações em movimento rígido além da transferência, como quando o analista dá o exemplo de uma fábula para explicitar um sentimento ou ideia.

Possibilidades de reavaliar o material clínico

Utilizando o mesmo material clínico, podemos refletir sobre quais outras opções teríamos se considerássemos outros referenciais de percepção e teoria.

1) A primeira possibilidade é considerarmos a teoria da transferência como uma modalidade de transformações em movimento rígido. Assim, tomemos os elementos "Posso entrar?", "Fecho a porta com a chave?", "senhor... você... Cecil", "porque tem-me ajudado muito", que remetem a uma autoridade a que ele se subjuga, mas contra a qual também se rebela: "talvez parasse uns tempos". A vivência com o analista pode ser interpretada como sendo uma relação que remete ao amor submisso e ao ódio frente à imago paterna. Aos ditos da mulher é dada grande importância, e podemos conjecturar a formação das imagos parentais na imagem autoritária da mãe, que se liga à do pai, às quais ele deve se submeter. Creio que se configura uma situação triangular em que a proteção parental o inclui e exclui. Podemos considerar aí um fragmento do complexo de Édipo.

O que foi dito narrativamente no parágrafo anterior parece equivaler à formulação de Freud sobre transferência:

É obrigado [o cliente] a repetir o material reprimido como se fosse uma experiência contemporânea, em vez de, como o médico preferiria ver, recordá-lo como pertencente ao passado. Estas reproduções, que surgem com tal exatidão indesejada, sempre têm como tema alguma parte da vida sexual infantil, isto é, do complexo de Édipo e seus derivativos, que são invariavelmente

*atuados (acted out) na esfera da transferência, da rela-
ção do cliente com o médico. (Freud, 1920/1976, p. 31)*

Considerando a teoria de transformações em movimento rígido, estaríamos trabalhando em mitos, sonhos e pensamentos oníricos (linha C da grade), portanto, área simbólica da associação
livre de ideias do cliente e da atenção flutuante do analista (pré-
-concepção, linha D). Esse último (o analista) poderia avançar
para as linhas de concepção e conceito na medida em que fosse
evoluindo no seu aprender com a experiência emocional, e as interpretações seriam de acordo com estes elementos.

Fica claro, neste viés, que estaríamos considerando que "sentimentos e idéias passam de uma área de aplicabilidade a outra"
(Bion, 1965/1983a, p. 33), ou seja, verificaríamos como os conflitos
inconscientes se manifestariam conscientemente.

2) As transformações projetivas podem ser consideradas por meio
da invariante cujo modelo é *perceber fora dele e acreditar que ali
está a causa do que lhe acontece.* Já discutimos isto anteriormente,
salientando o uso da identificação projetiva como uma invariante.

3) Consideremos as transformações em alucinose. Podemos observar que o cliente tem personalidade conservada e possibilidade
de desenvolver o conhecimento; vejamos o que isto desencadeia na
experiência emocional da sessão.

O analista tenta adquirir conhecimento dos eventos da sessão
por meio de uma impressão geral, e os elementos particulares podem ir povoando a impressão geral. Esta impacta desde o início
pelo fato de que o cliente constrói um local e a personagem do analista. A colocação de seu trabalho, a possibilidade de não vir, a fala
da mulher vão formando um ambiente independente, com seres

que passam a habitar a sala. Assim, aquele que fora um "senhor", depois "você", se torna um "Cecil" de grande intimidade. Esses elementos, mais as falas relacionada a "aproveitar" e "gostar de nosso trabalho" vão sendo outorgadas ao analista.

Tudo isso constrói um clima emocional em que ele resvala pelas observações do analista numa vivência fundida com esse último, criando um estado produzido por ele mesmo. A experiência emocional revela um englobamento do analista, o qual é posto à margem, porém sendo construído à medida que ele produz sua presença. A experiência dá a medida da exclusão da situação que ali se desenrola; tudo é feito por ele mesmo, bastando a si próprio.

Ao que foi descrito atribuiríamos o mecanismo da identificação projetiva, no sentido de uma evacuação. Dada a natureza da exclusão do analista, poderíamos pensar nas invariantes de rivalidade, inveja e um sentimento de ingenuidade que permeiam as transformações em alucinose.

Tendo feito o exame da experiência emocional e aprendido com ela, vamos comentar, do ponto de vista da transformação em alucinose, o que teria ocorrido com o analista.

As suas falas tentam uma comunicação com o analisando, portanto acreditando que esta seja possível. Assim, consideraríamos que o analista está alucinando uma situação, que é induzida pelo cliente em projeções evacuatórias que não são discriminadas. Portanto, diante da profunda angústia gerada pela negação de sua existência, o analista alucina a presença de um analisando que possa receber sua comunicação.

As alucinações do cliente e do analista podem ser úteis desde que um e outro possam ter uma fresta (Rezze, 1997/2003) que lhes permita discriminar a experiência e que uma parte, capaz de não alucinar, seja posta em movimento. Na suposição de transformação em alucinose, as formulações como foram feitas pelo analista só põem "mais lenha na fogueira", porque dão prosseguimento a um falso diálogo. Supomos que o analista opera em coluna 2 da grade, com consequente transformação em menos conhecimento (−K).

Conjecturamos as três transformações possíveis, descrevendo um conhecimento que seria haurido em cada uma delas, levando em conta o vértice utilizado. Resumindo, o vértice é uma invariante e será diferente conforme as transformações. Nas de movimento rígido, considerada a transferência, a invariante é que "sentimentos e idéias passam de uma área de aplicabilidade a outra" (Bion, 1965/1983a, p. 33); nas projetivas, consideramos a identificação projetiva destacando os primórdios de uma comunicação; nas em alucinose, as identificações projetivas de caráter evacuatório, junto a rivalidade, inveja e ingenuidade.

Vórtice de novas ideias

Com o advento de transformações, os conceitos vão entrar no vórtice de novas ideias.

Bion cria o conceito de O quando se inspira nas investigações que abrangem a coisa em si, a realidade última, a verdade última, enfim, os fatos absolutos da sessão, os quais não são passíveis de conhecimento. Na análise, O sofre transformações, tanto pelo analista como pelo analisando, mediante T alfa e, posteriormente, T beta.[4] Na prática clínica, somente nos é dado acesso a esta última transformação.

---

4 Os fatos clínicos que narrei são uma descrição de fenômenos, portanto, a transformação do T analista beta da sessão. Meus processos mentais, pelos quais apreendi a descrição dos fenômenos (T analista beta), são representados por T analista alfa.

Note-se a similaridade de formulação conceitual de transformações em relação à de função alfa. Esta opera sobre as experiências sensoriais e emoções, quaisquer que elas sejam, e as transforma em elementos alfa que permitem o sonho, o pensar inconsciente de vigília, o lembrar, o esquecer etc. Tem-se a evolução dos elementos beta para elementos alfa e o crescimento para as linhas inferiores da grade.

Com a ideia criativa da função alfa, Bion consegue uma forma sintética e original de passar da realidade sensorial à realidade psíquica, criando um instrumento que opera o salto de uma para a outra. O tem sentido mais abrangente: inclui e expande os desenvolvimentos anteriores, criando um instrumento que permite indagar sobre o desconhecido do ser humano, e sua evolução para dimensões apreensíveis, como os fenômenos.

Não estou tentando incursões filosóficas possíveis, pois creio que estes conceitos só têm utilidade psicanalítica se propiciarem uma realização de si mesmos por meio da prática clínica.

Transformações em O

Para considerarmos as transformações em O, imaginemos um analista hipotético que está em três momentos diferentes, trabalhando com as três diferentes transformações, portanto, conseguindo três tipos diferentes de conhecimento (K).

No exemplo clínico, considerando as reações do cliente, podemos dizer que ele resvala nas observações do analista. O que determina isso?

Possivelmente, o fato de que a observação do analista contém elementos que trariam verdade e a possibilidade de entrar em contato com ela. O que se tenta evitar é que "conhecer" possa tornar-se "ser" o paciente.

Nas transformações em movimento rígido, no caso particular da transferência, consideraríamos que há resistência às tentativas de interpretação do analista.

Na hipótese das transformações projetivas do exemplo clínico trazido, teme-se tornar-se aquele que conhece a responsabilidade outorgada ao trabalho, à mulher e ao analista, passando a "ser" o que opera desta forma. O que se teme é que as transformações em conhecimento possam evolver para transformações em O.

Se considerarmos as transformações em alucinose na experiência emocional da sessão, teremos o não aprender. Os elementos alfa destarte conseguidos são utilizados como elementos A6, elementos beta, propícios a evacuação. Teríamos uma forma mais vigorosa de atuação do analisando que não permite o desenvolvimento do vínculo conhecimento (K), no que se refere à experiência emocional da sessão.

Nos três tipos figurados de transformações, podemos concluir que o cliente não aprende com a experiência emocional quando as transformações em conhecimento (K) têm a potencialidade de transformações em O (TK → TO).

Em nossas hipóteses, supõe-se que os três casos de transformações sejam capazes de tender à verdade. Na prática clínica tal não se dá. As invariantes de cada tipo de transformação são diferentes, e o resultado é que a escolha de uma exclui as demais.

Portanto, há uma conexão íntima entre invariantes e verdade, e também entre transformações em O e verdade. As transformações em O estão ligadas ao desenvolvimento e à maturidade do indivíduo, cliente e analista.

A realização, se é que se pode aplicar esse termo, de transformações em O é algo que pode ou não ser alcançado no decorrer da sessão e da vida. Muitos duvidam de que haja algo que equivalha a isso e que seja do alcance humano. Conclusão: turbulência.

Vejamos a quais fatores atribuiríamos a turbulência.

Com o advento de transformações, o conceito de aprender com a experiência emocional fica obscurecido, porém tem amplo desenvolvimento por meio de sua assimilação, dando origem a novas conceituações. Nesse sentido, como já observei, é que chama a atenção, no título do livro *Transformações*, o seu complemento: *Mudança do aprendizado ao crescimento* (Bion, 1965/1983).

Um primeiro elemento na turbulência surge com a emergência de transformações em conhecimento e menos conhecimento em relação aos conceitos anteriores de vínculos em K e –K.

A turbulência prossegue com a dimensão do alucinatório das transformações em alucinose, que introduzem uma dimensão basal do funcionamento psíquico. Bion assinala:

> *Não considero esse estado (de alucinação ou alucinose) como um exagero de uma condição patológica ou mesmo natural: considero-o estado sempre presente, mas revestido por outro fenômeno que o esconde. Se esses outros elementos puderem ser moderados ou suspensos, a alucinose se torna demonstrável. (Bion, 1970/1973, p. 40)*

Isso é turbulento na medida em que introduzimos esta dimensão tanto na atividade mental do analisando como na do analista, além daquelas que apreendem a dimensão do inconsciente mediante os conceitos de transferência e contratransferência.

A introdução de transformações em O gera algo novo: não bastam as transformações em conhecimento ou a existência do conhecimento (por exemplo, traduzir o inconsciente para consciente); agora, assinala-se o "ser" ou "sendo", estar em uníssono com O, na relação analista-analisando obter um estado de estar *"at-one-ment"*. Esse conceito não se confunde com o de *insight*, que, me parece, seria o de conhecimento da visão da vida mental, cuja aquisição pode ser para desenvolvimento ou até a obstrução dele.[5] *Insight* pode evolver para O ou obstruir essa evolução.

Sumarizando: enfatizamos a importância do surgimento do conceito de transformações em relação ao de vínculo (como em conhecimento); a dimensão do alucinatório como equipamento do ser humano para a sobrevivência; estar em uníssono com a realidade e não somente conhecê-la.

Além de transformações

Na primeira parte deste capítulo, pudemos considerar as dimensões sensoriais e sua passagem para as da qualidade psíquica, estudando as perturbações do pensamento e desenvolvendo as perspectivas do conhecimento. Salientou-se a importância do aprender com a experiência emocional e a pesquisa do espaço mental finito-infinito.

Na segunda, exploramos invariância e transformações, destacando as em conhecimento no seu contraponto com as de movimento rígido, projetivas e em alucinose. Nessas últimas, a alucinação é uma dimensão sempre presente. Este alucinatório e mais as transformações em O, com o "ser" e "sendo", introduzem novo paradigma na experiência psicanalítica. A hipótese de assimilação permite a percepção da passagem do item anterior para este.

---

5   Considero que cartomantes, astrólogos, videntes possam ser pessoas com grande capacidade de *insight* que dão a ele o uso adequado às suas funções, diferentemente dos psicanalistas, por exemplo.

Na obra de Bion, contribuições preciosas se sucedem, como: opacidade de memória e desejo, culminando com a conhecida recomendação "sem memória e sem desejo"; a mentira e o pensador; o místico e o grupo, mudança catastrófica; linguagem de êxito etc. Até aqui considero que se podem estabelecer abstrações com forte lastro em material clínico.

Alguns dos desenvolvimentos feitos por Bion a seguir parecem-me de extremo valor, porém me encontro em dificuldades de comunicar minhas realizações a respeito e, sobretudo, de correlacioná-las com uma realização clínica minimamente adequada. Selecionei três áreas que me parecem úteis para explicitar estas ideias: pensamento; embriologia – cauda vestigial, fendas branquiais etc. –; glândulas suprarrenais.

Pensamento

"Pensamento" e "pensar" são termos que têm múltiplas acepções. Vamos nos cingir àquelas que fazem sentido no campo da psicanálise.

O que Bion (1962/1972, p. 152) vai desenvolver "difere de qualquer teoria que considere o pensamento como produto do pensar".

O desenvolvimento adequado dos processos mentais permite o desenvolvimento do pensamento (que requer o pensar para manejá-lo) e o desenvolvimento do pensar, que é chamado a existir pela imposição da pressão dos pensamentos. Isso é compatível com a consideração de que os pensamentos são epistemologicamente anteriores ao pensar.[6]

---

6 Estas concepções estão de acordo com concepções filosóficas aceitas. "Para distinguir rigorosamente entre aquilo que pertence ao campo da psicologia e aquilo que pertence ao campo da lógica há que separar o pensar, por um lado, e o pensamento por outro. Este último (o pensamento) é uma entida-

Bion (1965/1972, p. 153) limitará o termo "pensamento" à conjunção de uma pré-concepção com uma frustração. O modelo proposto é de um bebê cuja expectativa de um peito entra em conjunção com a não existência de um peito para sua satisfação. Esta conjunção é sentida como um não peito ou um peito ausente dentro. "Se a capacidade para tolerar a frustração é suficiente, o 'não-peito' dentro se torna um pensamento e se desenvolve um aparelho para pensar" (Bion, 1965/1972, p. 154).

Os passos anteriores são utilíssimos para o uso na clínica e permitem o desenvolvimento do conhecimento (vínculo conhecimento e, posteriormente, transformações em conhecimento).

O evolver destas concepções nos leva, primeiro, a considerar que a existência de um pensamento não depende de um pensador; segundo, que o pensador, necessariamente, ao formular um pensamento, vai introduzir um elemento de falsificação inerente à sua pessoa. Estamos diante da falsificação que podemos estudar pela coluna 2 da grade; estamos postulando a ligação com a mentira.

Turbulência!

Estamos diante de parâmetros que interferem na forma como habitualmente exercemos nossa atividade clínica e os pensamentos dela decorrentes. Usando uma linguagem coloquial, "não bastasse isto", Bion, em seus últimos trabalhos (*Seminari italiani*, 1983b; *Taming wild thoughts*, 1997; e *Four papers*, 1987a), por meio de "conjecturas imaginativas" e "conjecturas racionais", nos confronta com uma nova onda criativa.

Tomemos o trecho inicial de *Taming wild thoughts* (Bion, 1997, p. 27): "Se um pensamento sem pensador surge, ele pode ser um

---

de intemporal e inespacial: invariável e, portanto, não psíquica, pois embora o apreendamos mediante o ato de pensar, não pode confundir-se com este" (Mora, 1997, p. 305).

pensamento extraviado, ou ele pode ser um pensamento com o nome e endereço, ou ele pode ser um pensamento selvagem".

Ao examinar os pensamentos extraviados, por meio de uma incursão pelos sonhos, Bion sugere algo efêmero que ele vai tentar nomear como uma "caixa" ("*box*"). Esta vai dar margem a considerar elementos beta, para algo de natureza mais física, e elementos alfa, para o que é um pouco mais sofisticado. Mais adiante ele vai se servir dos eixos horizontais e verticais da grade, inclusive com a notação menos (–).

Chamou-nos a atenção o fato de Bion reintegrar a grade em épocas tão distantes de sua criação.

Creio que Bion apresenta uma mensagem de esperança quando faz uma incursão por versos de Shakespeare ("*golden boys and girls*") que se referem à flor dente-de-leão: "É sobretudo uma operação arqueológica escavar este conhecimento [pensamentos extraviados] na esperança de encontrar um pensamento sepultado em algum lugar dentro dele, possivelmente mesmo alguma sabedoria" (Bion, 1997, p. 32).

Quanto aos pensamentos selvagens, escolhi um trecho do livro *Seminari italiani*, que vem a ser uma pergunta que um dos participantes faz justamente sobre o tema. Creio que a pergunta e o que se segue permitem a realização do conceito.

A abertura do discurso de ontem do dr. Bion me pareceu muito bonita como imagem; poderíamos ver os pensamentos selvagens passeando pela sala; mas depois eu me perguntei: estes pensamentos são uma emanação do espírito santo, ou se não, o que está nos dizendo o dr. Bion? Esperei então que nos resolvesse o mistério do início do evangelho de São João, que nos dissesse

> *onde estava o* verbum *e que nos ajudasse a entender como ele se havia feito carne; mas todo o resto do discurso não me ajudou muito nisso e, sobretudo, a longa e meticulosa investigação sobre a trabalhosa aquisição da linguagem pelo homem, a partir do grunhido, me desorientou. Pareceu-me contraditório aquele início: em suma, Deus, ou o que seja, grunhe ou fala? (Bion, 1983b, p. 77, tradução de Renzo Birolini)*

Outro participante tenta falar, mas fica a meio do caminho, porque "há muitos ruídos na sala". Bion, a seguir, começa a responder e assinala algo ligado a "tanto barulho na sala".

Concluindo sobre o tópico "Pensamento": a expansão alcançada é muito grande, e creio que fica demonstrada a "turbulência" das ideias pela dramatização dos participantes na sala.

Embriologia: cauda vestigial, fendas branquiais etc.

As indagações de Bion, quando examina fatos ligados à embriologia, semelham, em certos momentos, algo que ocorre em nossa experiência na sala de análise: sentirmos que algo muito profundo e fora de nosso alcance está ocorrendo.

Bion considera se os equivalentes mentais dos restos embrionários apareceriam, mesmo quando o indivíduo exerce a função desenvolvida da fala, e se poderíamos detectá-los. "Isto é que me parece ser uma das descobertas fundamentais da psicanálise; estados de mente arcaicos, idéias e pensamentos arcaicos, primitivos padrões de comportamento são todos detectáveis nas pessoas as mais civilizadas e cultivadas" (Bion, 1997, p. 38).

Glândulas suprarrenais

Nas cogitações sobre os estados mais primordiais da mente e sua conexão com os estados de desenvolvimento, Bion retroage aos primórdios do desenvolvimento físico, como aborda o item anterior. Porém, aí, ele toma o viés dos *vestígios embrionários* da mente, algo recessivo. Parece ser outra a posição quando examina, em *A aurora do esquecimento* (1979), a conversa que os somitos estabelecem entre eles e o *self* nas diferentes idades (a termo, 22 anos, 70 anos etc.), bem como quando salienta a importância das glândulas suprarrenais ou da angústia talâmica. Aqui parece adotar uma posição prospectiva, como na citação que se segue, na qual se serve das conjecturas imaginativas.

> *O mais imediato destas conjecturas imaginativas é que os corpos adrenais não pensam, mas que as estruturas circundantes desenvolvem fisicamente e em antecipação física o preenchimento de uma função que conhecemos como pensar e sentir. O embrião ou suas fossas ópticas, fossas auditivas, supra-renais não pensam, vêem, ouvem, lutam ou fogem, mas o corpo físico desenvolve por antecipação a providência de um aparelho para preencher as funções de pensar, ver, ouvir, fugir, e assim por diante. (Bion, 1979/1987b, p. 250)*

Concluindo este item, assinalamos nos últimos trabalhos de Bion uma indagação reiterada sobre a mente primordial, tentando percebê-la nos albores de seu desenvolvimento, portanto, antes que uma cesura corpo-mente pudesse ser estabelecida na mente do observador. Saliente-se a dificuldade de encontrar a realização pertinente, por meio da experiência clínica.

Epílogo

Em íntima conexão com estas ideias está o conceito de aprender com a experiência emocional. O aprender é base para que ocorram mudanças.

O interesse de uma sessão está no que se passa entre analista e analisando, podendo as comunicações de ambos serem consideradas como argumento circular e tendo importância aquele que estabelece complementaridade, ou seja, faz a transição a partir de conhecer O para "ser "ou "tornar-se" O (Bion, 1965/1983a, p. 180).

Creio que tenho uma forma de operar em minha prática analítica em que o aprender com a experiência emocional é a condição para que se apreendam as transformações em curso, tendo como pano de fundo a potencialidade de que elas se transformem em O.

Referências

Bion, W. R. (1966). O aprender com a experiência. In W. R. Bion, *Os elementos da psicanálise*. Rio de Janeiro: Zahar. (Trabalho original publicado em 1962)

Bion, W. R. (1972). Una teoria del pensamiento. In W. R. Bion, *Volviendo a pensar*. Buenos Aires: Ediciones Horme, S.A.E. (Trabalho original publicado em 1965)

Bion, W. R. (1973). *Atenção e interpretação*. Rio de Janeiro: Imago. (Trabalho original publicado em 1970)

Bion, W. R. (1983a). *Transformações: mudança do aprendizado ao crescimento*. Rio de Janeiro: Imago. (Trabalho original publicado em 1965)

Bion, W. R. (1983b). *Seminari italiani*. Roma: Edizioni Borla.

Bion, W. R. (1987a). *Four papers.* In W. R. Bion, *Clinical seminars and four papers.* Abingdon: Fleetwood Press. (Trabalhos originais publicados de 1976 a 1979)

Bion, W. R. (1987b). Making the best of a bad job. In W. R. Bion, *Clinical seminars and four papers.* Abingdon: Fleetwood Press. (Trabalho original publicado em 1979)

Bion, W. R. (1996). *Uma memória do futuro* (Vol. 3: A aurora do esquecimento). Rio de Janeiro: Imago. (Trabalho original publicado em 1979)

Bion, W. R. (1997). *Taming wild thoughts.* London: Karnac Books.

Braga, J. C. (2003a). *O alucinatório na prática clínica: aproximando algumas questões.* Reunião Científica da Sociedade Brasileira de Psicanálise de São Paulo, 22 maio 2003.

Braga, J. C. (2003b). Comunicação verbal. In Preparação para Bion 2004, Sociedade Brasileira de Psicanálise de São Paulo. 20 set. 2003.

Freud, S. (1976). Além do princípio do prazer. In S. Freud, *Edição Standard Brasileira das Obras Psicológicas Completas de Sigmund Freud* (Vol. 18). Rio de Janeiro: Imago. (Trabalho original publicado em 1920)

Mora, J. F. (1977). *Dicionário de filosofia.* Lisboa: Publicações Dom Quixote.

Rezze, C. J. (2003). A fresta. In Sandler, P. C. e Haudenschild, T. R. L. (Orgs.), *Panorama.* São Paulo: Departamento de Publicações SBPSP. (Trabalho original apresentado em 1997)

Rezze, C. J. (2004). *Invariância, transformações e experiência emocional.* Trabalho apresentado em Bion 2004, Sociedade Brasileira de Psicanálise de São Paulo.

3. Experiência emocional: um olhar diferente[1]

Vamos vivendo, aprendendo e lendo muitas coisas, sendo que, dessas últimas, dúvidas ficam no nosso espírito, embora por esta ou aquela razão elas vão passando sem que as esclareçamos.

Em *Os elementos da psicanálise*, Bion (1963/1966b) introduz a sigla I, que diz se referir a "ideias" e que no meu espírito ficou como sendo "Ideia"[2] no significado que Platão desenvolve. Depois, em *Transformações* (1965/1983), esclarece que vai usar as teorias de Platão sobre as Formas, declarando-as equivalentes às pré-concepções.

---

1 Uma versão anterior deste artigo foi publicada em: *Afinal, o que é experiência emocional em Psicanálise?* (São Paulo: Primavera Editorial, 2012, pp. 39-62). Trabalho apresentado na Jornada Bion – Afinal, o que é experiência emocional em Psicanálise? Sociedade Brasileira de Psicanálise de São Paulo, 2011.

2 Convém uma referência a Ideia, Forma e Essência. Ideia é a transliteração da palavra grega *Idea* ou *eidos*, uso mais tradicional. A moderna crítica inglesa prefere dizer Forma (*form*). A definição mais rigorosa do termo talvez seja: "Ao elemento de realidade que seu espírito [de Platão] descobria ou supunha em toda parte, por trás das aparências e alterações que a sensação nos mostra, deu o nome de forma" (Pereira, 2007, p. XXVI). Essência é uma Ideia específica que corresponde a um determinado objeto.

Para viajar por estas plagas, seria boa a companhia das três ale-gorias – do Sol, da linha dividida e da caverna –, que aparecem nos livros VI e VII de *A República* (Platão, 2007), nas quais procura-se aclarar quais as qualidades necessárias aos guardiões que dirigirão o Estado.

Alegoria do Sol

Para podermos reconhecer os objetos necessitamos de nossos sentidos. Para ver temos os olhos, que podem nos permitir ver muitas coisas belas e boas, tanto mais quanto iluminadas pelo Sol. Mas para a visão não bastam os olhos e o Sol, é necessária a *luz*, pois, quando estamos na escuridão, as *imagens* que vemos serão precárias e distorcidas. A alma, quando se fixa em um objeto ilu-minado pela *verdade*, equivalente à luz, conhece-o, compreende-o e parece inteligente.

É correto considerar a ciência e a verdade semelhantes ao Bem, mas não está certo tomá-las pelo Bem. Temos que formar um con-ceito ainda mais elevado do que seja o Bem, ou seja, a ideia ou essência do Bem.

Alegoria da linha dividida

Platão, para elucidar a diferença entre o sensível e o inteligível, su-gere uma linha que será dividida em duas partes desiguais, e estas, por sua vez, o serão em outras duas, também desiguais. Embora no texto de *A República* exista somente a descrição verbal desta linha, há a possibilidade de desenvolvê-la graficamente ou mediante uma linha, ou mediante uma grade ou tabela.

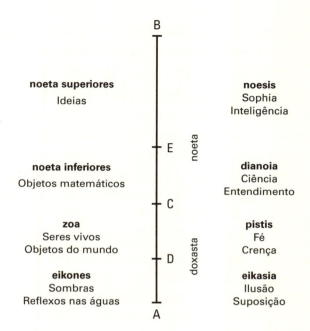

Figura 3.1 Linha dividida. Fonte: adaptada de Pereira (2007).

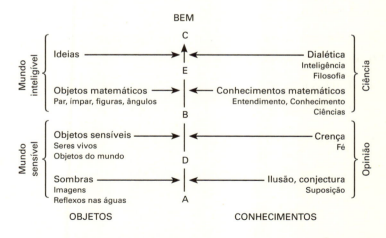

Figura 3.2 Escalada da ideia do Bem. Fonte: adaptada de Pessanha (2002).

A leitura a seguir ficará mais clara se for acompanhada pelo gráfico da linha dividida e pela grade da escalada do conhecimento (Figuras 3.1 e 3.2).

Na linha dividida, no segmento inferior (AD), temos no mundo visível (*doxasta*) a secção de imagens (*eikones*) que são em primeiro lugar as sombras e depois os reflexos nas águas e aqueles que se formam em todos os corpos compactos, lisos e brilhantes. Agora, outra secção, DC, abrange a nós, seres vivos, a todas as plantas e toda espécie de artefatos. O conhecimento se dá pela ilusão ou suposição (*eikasia*) quanto às imagens e pela crença ou fé (*pistis*) correspondente aos seres vivos e objetos do mundo sensível.

No segmento superior, correspondente ao mundo inteligível (*noeta*), o conhecimento (CE) se dá pelo entendimento (*dianoia*) por meio das ciências, que inclui os conhecimentos matemáticos. O nível superior do conhecimento é o da inteligência (*noesis*), atingido pela filosofia. Correspondentemente, os objetos do conhecimento que são conhecidos pelas ciências incluem os objetos matemáticos, e os da filosofia correspondem às ideias, que no seu ápice é a ideia do Bem.

Se observarmos o lado do mundo inteligível, podemos organizar o conhecimento na escalada:

- Inteligência
- Entendimento
- Crença
- Ilusão

Alegoria da caverna

Suponhamos homens que estão desde a infância em uma caverna, algemados de pernas e pescoço, de tal maneira que só podem permanecer no mesmo lugar e olhar em frente. Serve-lhes de iluminação uma fogueira que está em uma eminência ao longe, e entre esta e os prisioneiros construiu-se um pequeno muro ao longo do qual homens transportam todo tipo de objetos, que o ultrapassam em altura: estatuetas de homens e animais, de pedra e madeira, de toda espécie de lavor; como é natural dos que os transportam, uns falam e outros seguem calados.

Nessas condições, tais homens, de si mesmos e dos outros, só poderiam ver as sombras projetadas na parede e acreditariam que as vozes que ouviam se originavam das sombras que viam. Se um desses homens fosse dali arrancado à força e obrigado a subir o caminho em direção à luz do Sol, não seria natural que ele ficasse com os olhos deslumbrados e não pudesse ver nada do que dizemos que são os verdadeiros objetos?

A subida em direção ao Sol é comparada aos íngremes caminhos do mundo inteligível por meio da escalada do conhecimento em direção à ideia do Bem, por meio da dialética, que é a ciência superior a todas as outras e pela qual podemos separar a essência do Bem, que é a ideia que ao Bem se refere e é diferente de todas as demais ideias.

Platão, de início, usa na filosofia o método da matemática, que parte de hipóteses. Mas, diferentemente desta, que fica restrita pela finalidade, prossegue pela dialética até atingir a *essência* de cada objeto, ou seja, a ideia ou forma que lhe é correspondente. A dialética é o método de fazer perguntas e ir obtendo respostas sempre com o propósito de elevá-las a ideias de nível mais alto, sendo a culminância a ideia do Bem. Ideias ou formas não são representações mentais do homem, são entidades eternas que cumpre alcançar. Isto pretende aquele que tem um vínculo de amor com a verdade e o conhecimento: o filósofo.

Na escalada do conhecimento partimos do objeto dos sentidos e prosseguimos pelo árduo caminho das ciências, das quais a mais importante é a matemática para o conhecimento da filosofia, atingindo, assim, a essência do Bem. Essa escalada atribula estudiosos e pensadores, quando partimos dos sentidos e do mundo físico que nos cerca.

Assim, Freud (1905/1976, p. 171, grifo meu) nos diz: "Por instinto deve-se entender o *representante* psíquico de uma fonte endossomática e contínua de excitação"...

Comento que Freud introduz como parte do mundo das sensações não somente aquelas vindas de fora, como Platão o faz, mas aquelas excitações provindas do próprio corpo. Introduz que estas foram transformadas em *representações*, portanto o mundo da alma ou mente, e logo adiante descreve como isso ocorre.

> *O conceito de instinto é assim um dos que se situam na fronteira entre o psíquico e o físico . . . no que concerne à vida psíquica deve ser apenas considerado como uma medida de* exigência de trabalho feita à mente. *(Freud, 1905/1976, p. 171, grifos meus)*

Na mudança de uma qualidade do mundo sensível para o mundo das representações, Freud salienta a *exigência de trabalho feita à mente*. Platão nos fala de um árduo trabalho que evolve pela ciência, matemática e verdade para o desenvolvimento do mundo sensível para o mundo inteligível.

Um dos temas centrais em psicanálise é a mudança da qualidade sensorial para a qualidade psíquica, esta sendo o campo em que pode haver o desenvolvimento psicanalítico e do indivíduo – *Atenção e interpretação* (Bion, 1970/1973).

Mas não estamos mais em 1970, e a inquietude e criatividade de Bion o levaram muito longe, com uma produção tão extensa como *Uma memória do futuro* (1975/1989, 1977/1996a, 1979/ 1996b). Graças a Francesca Bion, obras inéditas ainda são publicadas, como *Cogitações* (1992/2000), em que muitas reflexões de obras anteriores são esclarecidas, como o trabalho de sonho alfa que evolveu para função alfa na experiência emocional.

Ao tratar o nosso tema – "Afinal, o que é experiência emocional em Psicanálise" –, dificilmente poderíamos considerar o termo "experiência emocional" com a sua significação inicial, já que ela estará tintada com os desenvolvimentos do próprio Bion e com a contribuição dos psicanalistas que povoarão de significados novos esse conceito, que é tão rico e que permanece como recurso aberto a novas contribuições.

Experiência emocional é parte integrante da vida humana e, portanto, aspecto fundamental da psicanálise examinado em suas múltiplas faces. A inovação, introduzida por Bion, é o aprender com a experiência emocional, o que implica o desenvolvimento da teoria das funções e, particularmente, da função alfa e a passagem da qualidade do mundo sensível para o mundo da qualidade psíquica no qual se destaca o *conhecimento*, ou seja, o mundo inteligível do qual nos falava Platão.

> *Uma* experiência emocional *vivida durante o sono . . .*
> *não difere da que se experimenta durante a vigília no*
> *ponto em que as percepções da experiência emocional*

114 EXPERIÊNCIA EMOCIONAL: UM OLHAR DIFERENTE

têm que ser trabalhadas [worked upon] *pela função-
-alfa antes que se possam utilizar como pensamentos
oníricos.*

A função-alfa atua sobre as impressões sensoriais,
quaisquer que sejam, e sobre as emoções, *quaisquer
que sejam, que o paciente* percebe [is aware]. *Na medida em que a função-alfa tem êxito, produzem-se
elementos-alfa suscetíveis de se armazenarem e de corresponderem aos requisitos de pensamentos oníricos. Se
a função-alfa se perturba e, por conseguinte, não atua,
as* impressões sensoriais *que o paciente* percebe, *e as
emoções que* experimenta, *permanecem inalteradas.
Darei a elas o nome de elementos-beta. Ao contrário
dos elementos-alfa, os elementos-beta não se sentem
como fenômenos, mas como coisas em si. As* emoções
igualmente são objetos sensoriais. *(Bion, 1962/1966a,
p. 22, grifos meus).*

Nas Figuras 3.3 e 3.4, temos as grades de Bion e a escalada
do conhecimento, em que podemos notar uma proximidade nos
conceitos apresentados entre mundo sensível e mundo inteligível.
Elas não são paralelas nem superponíveis, mas evocam grande
proximidade.

Assim, o eixo de usos nos coloca próximos ao movimento de
conhecer por meio da passagem das impressões despertadas pelos
objetos para os modos de conhecimento. Por sua vez, os modos
de conhecimento e suas relações permitem a seguinte escalada:
ilusão, crença, entendimento e inteligência, que sugere muito de
perto o eixo vertical – genético – da grade de Bion.

	Hipóteses definidoras 1	ψ 2	Notação 3	Atenção 4	Indagação 5	Ação 6	... n
A Elementos β	A1	A2				A6	... An
B Elementos α	B1	B2	B3	B4	B5	B6	... Bn
C Pensamentos oníricos, sonhos, mitos	C1	C2	C3	C4	C5	C6	... Cn
D Pré-concepção	D1	D2	D3	D4	D5	D6	... Dn
E Concepção	E1	E2	E3	E4	E5	E6	... En
F Conceito	F1	F2	F3	F4	F5	F6	... Fn
G Sistema dedutivo científico		G2					
H Cálculo algébrico							

Figura 3.3 A grade. Fonte: Bion (1963/1966b).

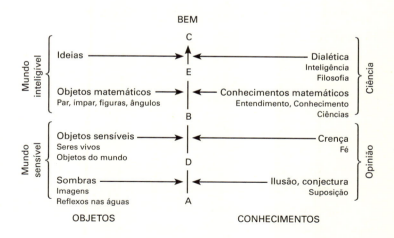

Figura 3.4 Escalada do conhecimento. Fonte: adaptada de Pessanha (2002).

Importante na escalada do conhecimento são as ciências, e delas a mais significativa a matemática, que também se destaca na grade de Bion, e mais ainda se o nosso olhar for para o todo da obra, com destaque para os conceitos de função e fatores, transformações (e seu complemento invariante), fato selecionado etc.

Com estas poucas citações estamos nos deparando com grandes saltos das ideias da humanidade, preocupações que assolam a mente de filósofos desde a Antiguidade e que ficaram sempre pendentes – e, no entanto, o psicanalista com elas se depara no seu dia a dia.

Adentrar o campo da filosofia me dá arrepios, pois me confronta com minha vasta ignorância a respeito, além da vastidão do que se apresenta nas mais variadas direções, em escolas sucessivas de pensamento, as quais, frequentemente, são divergentes.

A história da filosofia é um campo fascinante e desconcertante, e acrescente-se a isso que o conhecimento dela nos leva a um conhecimento informativo quase ilimitado, embora o verdadeiro valor esteja em o indivíduo ter o pensamento filosófico, ou seja, estar aberto à curiosidade e à indagação. Talvez este seja o escopo fundamental da obra de Bion.

Experiência emocional

Primórdios: um só indivíduo

O aprender com a experiência emocional se refere às impressões sensoriais e às emoções que, se não trabalhadas pela função alfa, serão os elementos beta, equivalentes aos objetos sensoriais (dos sentidos). Portanto, nesses inícios a experiência emocional considerada é aquela que se refere à percepção de impressões sensoriais e emoções de qualquer natureza, presumivelmente primitivas.

Complicações: um só indivíduo

Se examinarmos um menino aprendendo a andar, consideramos a experiência de aprender como sendo possível, quando os elementos alfa atuam permitindo que o aprendido seja relegado ao inconsciente e, portanto, permitindo a automatização da atividade. Fica implícito que isso ocorre (aprender) ou deixará de ocorrer (não aprender) quando houver uma experiência emocional para que a função alfa possa ou não operar.

Primórdios: a mãe

Se considerarmos o bebê que vive uma ameaça de aniquilação que o assoberba com angústias insuportáveis, como poderá sobreviver a tal situação? Possivelmente, se a mãe for capaz de *rêverie* (sonho acordado ou devaneio), ela poderá receber amplamente estes estímulos e, por meio da função alfa, transformá-los em elementos alfa que agora podem permitir o desenvolvimento de elementos alfa trabalhados pelo bebê. Assim, a *rêverie* pode ser considerada um fator da função alfa.

Ao examinar o fracasso da função alfa, Bion se restringe a dois fatores: a inveja e a rivalidade.

Essas considerações tomam a relação da mãe com o bebê como o protótipo da experiência emocional que agora coloca um indivíduo na relação com outro, introduzindo as emoções primordiais nas nossas relações com o mundo.

Complicação: o desaprender

Pode haver uma reversão de função quando o ódio e outros fatores estão operantes. Os elementos alfa já conseguidos vão sofrer uma fragmentação e dispersão e perdem suas características quanto à qualidade psíquica. Tornam-se os elementos beta.

Neste acontecer temos o surgimento de um fato importante, ou seja, a experiência emocional é o campo onde se dá o *não aprender*, o *aprender* e o *desaprender*, introduzindo emoções que se relacionam tanto com o próprio indivíduo quanto com o outro.

Na sala de análise

A experiência emocional será de uma pessoa em relação à outra ou em relação a um ser animado ou inanimado. "Portanto a experiência emocional não pode ser concebida isolada de uma relação" (Bion, 1962/1966a, p. 59).

Na experiência emocional, ao considerarmos as emoções básicas, estas serão as de amor e ódio ligadas pelos vínculos A (L) e O (H). Logo a seguir, Bion (1962/1966a, p. 42) assinala: "As relações básicas que postulo são: (1) X ama Y; (2) X odeia Y; e (3) X conhece Y".

Na experiência emocional a relação dar-se-á de acordo com os vínculos positivos de amor, ódio e conhecimento (A, O e C ou L, H e K) ou vínculos negativos (–A, –O e –C), o que significa vivências de anulação, vazio, isolamento, alheamento em relação ao analista ou deste em relação ao cliente, estados de dispersão de cliente e analista, e outros estados semelhantes que são parte da experiência emocional.

Em complemento ao que foi dito, qualquer manifestação do cliente ou do analista, em qualquer momento do encontro, será alvo da atenção do analista.

Experiência emocional e desenvolvimentos posteriores

Talvez seja importante ressaltar a independência que o analista possa sentir quando está em seu mister clínico, dando andamento a seus elementos criativos. Seguindo nesta direção, tentei fazer a descrição do campo no qual trabalho e daí criei um instrumento que me foi útil (Rezze, 2010, 2011).

A partir de minha experiência, cunhei o termo "teorias fracas" para designar as formulações do analista que não estão lastreadas pelas teorias fortes como as de Freud, Klein, Winnicott, Bion, Lacan e outros da mesma importância. Considero fracas as teorias frequentes na sala de análise, que passam despercebidas ao próprio analista e que se originam do bom senso (prefiro enfatizar este termo em vez de senso comum, tão salientado na obra de Bion), de certos conceitos da vida cotidiana, de opiniões várias, da comunicação de sensações e impressões sentidas pelo analista e outros fatos da mesma natureza, que compõem o todo de uma situação de análise. Em outro viés, se poderia dizer que este é o aspecto descritivo de uma experiência emocional.

As ideias de Bion sobre transformações em O levam-nos a pontos controversos. Assim, se considerarmos as três transformações "clínicas" sugeridas pelo autor – transformações em movimento rígido, projetivas e em alucinose –, estas podem, por meio da análise, evoluir para transformações em conhecimento (K) e caminhar para as transformações em O, com a representação TK →

TO. Porém, podemos estar em acordo com O ou "sê-lo", à maneira de alguns místicos, o que nos põe à margem de K, ou seja, nestas conjecturas passaríamos à margem de *aprender* com a experiência?

Experiência emocional é o leito que acolhe o ponto fundamental da psicanálise: a oportunidade de que analista e analisando possam viver uma experiência que nunca foi vivida anteriormente, ou seja, criar algo ainda não criado ou permitir que nasça a semente que não germinou anteriormente. Além do inevitável aceite da dor, há que ocorrer o aceite da satisfação genuína, do prazer genuíno, o que dá graça à vida, à existência.

Assim, considero a experiência emocional como representação, o que ocorre quando estou comentando a seu respeito, como o que está escrito neste texto. É diferente quando a experiência emocional está sendo vivida, como a de quando apresentei este trabalho e a dos colegas ao ouvir-me.

Conversa com outros autores, ou algumas ideias e impressões que o ouvinte já teve

Fiz um levantamento bibliográfico sobre o tema da experiência emocional, porém o que se mostrou mais produtivo foi tomar os trabalhos publicados nos livros das Jornadas Bion 2008, 2009 e 2010, além de alguns autores que já me acompanham há muito tempo.

Ao garimpar a expressão "experiência emocional", fiquei surpreso pelo inusitado das conexões ou significados que o termo adquire. Assim, sugeriria aos leitores que pudessem observar como muitos destes caminhos já foram percorridos por eles mesmos. Outros surgem e pode-se estabelecer um colóquio entre nós. Não se segue um apanhado bibliográfico, mas uma sequência de temas que nutrirão nosso trabalho. Acompanhá-los é conversar com os colegas.

Indagações sobre a experiência emocional propriamente dita

Braga (2009) se aventura nestas indagações, usando com intencionalidade conceitos de transformações. Então citemos:

> *A sequência proposta por Bion, de reconhecermos a existência de uma experiência emocional que é inacessível em si mesma ("O"), de sua contraparte fenomênica ("T"), com seus processos de transformação ("Tα") e sua resultante final ("Tβ")... (Braga, 2009, p. 184)*

Ao considerarmos experiência emocional como incognoscível, ou como O, teremos que as "impressões sensoriais e emoções quaisquer que elas sejam" (contraparte de fenômenos) já são um produto Tβ, ficando em aberto qual a invariante implicada.

Quando é possível o aprender com a experiência emocional por meio da ação da função alfa, passando para elementos alfa e sucessivamente sonho, pensamento onírico de vigília, pré-concepção e demais elementos do eixo vertical da grade, teremos tido um segundo ciclo de transformações, com a invariante função alfa e cujo O é o Tβ (impressões sensoriais e emoções) do primeiro ciclo.

Substituição e o desconhecido

Ao trabalhar com uma supervisão na qual há situações dramáticas descritas na sessão, e que se tornam mais calmas quando o supervisando relaciona estas aflições com o fato já conhecido de que ele cancelara as duas sessões anteriores, Isaias Kirschbaum comenta:

O psicanalista tem uma teoria a respeito de sua paciente e a "aplica" com o intuito de explicar o que se passa ali, naquele momento, com a mesma; substitui, assim, a experiência emocional desconhecida que está sendo vivenciada pelo par, pelo conhecimento que tem a respeito da mesma. (Kirschbaum, 2009, p. 166)

Há várias alternativas a considerar:

- que está em pauta algo que aparece na coluna 2 da grade, ou seja, a falsificação que ocorre quando uma emoção não suportada é substituída por outra; obstrui-se o salto para o desconhecido;

- em sentido mais amplo podemos considerar outro viés, agora com as tinturas de transformações. Assim, qualquer que seja o significado obtido, este sempre terá aprisionado as manifestações da experiência emocional pelo movimento infinito → finito, ou O → K;

- lembrando-nos de Julio Frochtengarten (2011, p. 299) – "Psicanálise é uma experiência emocional, e ela mesma provoca uma experiência emocional" –, podemos considerar que a interação sequente da dupla pode restabelecer o equilíbrio infinito ↔ finito, ou O ↔ K, nos movimentos sucessivos do crescimento mental.

No entanto, temos a considerar que o psicanalista ter uma teoria a respeito de seu paciente e aplicá-la com o intuito de explicar o que se passa ali também é uma experiência emocional a ser focada pelo analista, se ele obtiver uma "fresta" (Rezze, 1997/2003) para poder operar.

Direção

Creio que, na experiência emocional evolvendo durante a sessão, o importante é a sua direção rumo às situações alucinatórias ou à realidade. (Brasiliano, 2011, p. 88)

Fica colocada a direção para a realidade ou para o campo do alucinatório. Estamos em considerações sobre a experiência emocional no campo da teoria das funções, implícita a função alfa e seus fatores. Creio que temos excelente mote para fazer conexão com a teoria de transformações.

Para a teoria das funções, o que determina o fracasso da função alfa são os fatores de inveja e rivalidade. Para a teoria de transformações, as invariantes para transformações em alucinose são inveja, rivalidade... Ou seja, aproximadamente os mesmos elementos. Nesse viés, *temos um paralelismo surpreendente.*

Transferência e contratransferência

Não nos esqueçamos que transferência e contratransferência são conceitos ou teorias psicanalíticas fortes, inserindo-se em conceitos amplos da teoria psicanalítica geral (Rezze, 1997).

Stela Maris Loureiro (2009) faz extensas indagações a respeito, transitando pelos conceitos em Freud, Klein, Bion, Paula Heimann, Money-Kyrle e Joseph e assinalando que os três primeiros consideram que a transferência do analista – sua contratransferência – lhe seja inacessível por ser inconsciente. A citação a seguir da autora nos parece uma síntese para nossas finalidades: "4. As transferências e as contratransferências podem ser categorizadas como experiências emocionais em +K?" (Loureiro, 2009, p. 280).

124 EXPERIÊNCIA EMOCIONAL: UM OLHAR DIFERENTE

Com a introdução do uso de contratransferência, como o faz Paula Heimann (1950), estamos na área de +K (vínculo +K, transformação em K), porque são os sentimentos conscientes do analista que são considerados em relação ao cliente.

Para a transferência, não nos esqueçamos que é ao produto do analisando Taβ (T analisando β) que o analista atribui a repetição de algo do passado. Cabe a referência a Bion de que a transformação em movimento rígido implica ideias e sentimentos que passam de uma área de aplicabilidade a outra, o que inclui o conceito de transferência.

Disso resulta que, para mim, na atividade clínica, não é necessário o binômio transferência-contratransferência, bastando o conceito de experiência emocional e sua vivência.

Epílogo

Experiência emocional prende-se ao aprender com a experiência – vínculo conhecimento – C (K).

O conceito de experiência emocional ampliou-se. A vivência de analisando e analista pode ser alcançada pelo conceito de experiência emocional, que é o Tβ (transformação final) da coisa em si, a incognoscível experiência emocional. Na clínica estamos diante do inefável e abertos a qualquer manifestação que surja no campo.

Experiência emocional – vivência e conceito – foi-me extremamente útil, permitindo me libertar do uso de conceitos valiosos (por exemplo, transferência-contratransferência), que, no entanto, estavam aprisionando meu espírito. Tenho procurado ficar mais livre e, então, caminhei para as teorias fracas (Rezze, 2011), estudadas de forma mais ampla no capítulo seguinte, "O dia a dia de um psicanalista: teorias fracas, teorias fortes".

Referências

Bion, W. R. (1966a). O aprender com a experiência. In W. R. Bion, *Os elementos da psicanálise*. Rio de Janeiro: Zahar. (Trabalho original publicado em 1962)

Bion, W. R. (1966b). *Os elementos da psicanálise*. Rio de Janeiro: Zahar. (Trabalho original publicado em 1963)

Bion, W. R. (1983). *Transformações: mudança do aprendizado ao crescimento*. Rio de Janeiro: Imago. (Trabalho original publicado em 1965)

Bion, W. R. (1973). *Atenção e interpretação*. Rio de Janeiro: Imago. (Trabalho original publicado em 1970)

Bion, W. R. (1989). *Uma memória do futuro* (Vol. 1: O sonho). São Paulo: Martins Fontes. (Trabalho original publicado em 1975)

Bion, W. R. (1996a). *Uma memória do futuro* (Vol. 2: O passado apresentado). Rio de Janeiro: Imago. (Trabalho original publicado em 1977)

Bion, W. R. (1996b). *Uma memória do futuro* (Vol. 3: A aurora do esquecimento). Rio de Janeiro: Imago. (Trabalho original publicado em 1979)

Bion, W. R. (2000). *Cogitações*. Rio de Janeiro: Imago. (Trabalho original publicado em 1992)

Braga, J. C. (2009). Enriquecer pelo fracasso – vicissitudes de transformações. In C. J. Rezze, E. S. Marra, & M. Petricciani (Orgs.), *Psicanálise: Bion – transformações e desdobramentos*. São Paulo: Casa do Psicólogo.

Braga, J. C. (2011). Às vezes penso, às vezes sou. In C. J. Rezze, E. S. Marra, & M. Petricciani (Orgs.), *Psicanálise: Bion. Clínica – Teoria*. São Paulo: Vetor.

126 EXPERIÊNCIA EMOCIONAL: UM OLHAR DIFERENTE

Brasiliano, C. J. C. (2011). Vertiginosos instantes: aproximações Bion/Bérgson. In C. J. Rezze, E. S. Marra, & M. Petricciani (Orgs.), *Psicanálise: Bion. Clínica – Teoria*. São Paulo: Vetor.

Freud, S. (1976). Três ensaios sobre a teoria da sexualidade. In *Edição Standard Brasileira das Obras Psicológicas Completas de Sigmund Freud* (Vol. 7). Rio de Janeiro: Imago (Trabalho original publicado em 1905)

Frochtengarten, J. (2011). Clínica: a teoria encarnada no analista. In C. J. Rezze, E. S. Marra, & M. Petricciani (Orgs.), *Psicanálise: Bion. Clínica – Teoria*. São Paulo: Vetor.

Heimann, P. (1995). Sobre a contratransferência. *Rev. Psicanál. Porto Alegre, 2*(1), 171-176. (Trabalho original publicado em 1950)

Kirschbaum, I. (2009). A complementaridade e a clínica. In C. J. Rezze, E. S. Marra, & M. Petricciani (Orgs.), *Psicanálise: Bion – transformações e desdobramentos*. São Paulo: Casa do Psicólogo.

Loureiro, S. M. G. (2009). Da transferência e contratransferência à experiência emocional em "transformações". In C. J. Rezze, E. S. Marra, & M. Petricciani (Orgs.), *Psicanálise: Bion – transformações e desdobramentos*. São Paulo: Casa do Psicólogo.

Pereira, H. R. P. (2007). Introdução. In Platão, *A República*. Lisboa: Fundação Calouste Gulbenkian.

Pessanha, J. A. M. (2002). Platão e as ideias. In A. Rezende, *Curso de Filosofia*. Rio de Janeiro: Zahar.

Platão (2007). *A República*. Lisboa: Fundação Calouste Gulbenkian.

Rezze, C. J. (1997). Transferência: rastreamento do conceito e relação com transformações em alucinose. *Rev. Bras. Psicanál.* *31*(1), 137-66.

Rezze, C. J. (2003). A fresta. In P. C. Sandler, & T. R. L. Haudenschild (Orgs.), *Panorama*. São Paulo: Departamento de Publicações SBPSP. (Trabalho original apresentado em 1997)

Rezze, C. J. (2010). O dia a dia de um psicanalista. Teorias fracas. Teorias fortes. *Rev. Bras. Psicanál.*, *44*(3), 127-144.

Rezze, C. J. (2011). Teorias fracas e o cotidiano de um psicanalista. In C. J. Rezze, E. S. Marra, & M. Petricciani (Orgs.), *Psicanálise: Bion. Clínica – Teoria*. São Paulo: Vetor.

4. O dia a dia de um psicanalista: teorias fracas, teorias fortes[1]

Ao começar o trabalho senti-me na situação de quem estivesse tentando escrever uma história. Isso porque vinham a minha mente lembranças de sessões que me remetiam a situações comuns da vida e como elas são encaradas no cotidiano.

Assim, fui me dando conta de inúmeras observações que fazemos no decorrer da conversa que temos com o analisando e que constituem um campo enorme de falas, observações, comentários, exemplos de certas situações, ditados, máximas etc. por parte do analista e outro tanto do cliente, que ainda acrescenta inúmeros fatos de sua vida, de outras pessoas, sonhos, tudo isso permeado de emoções de variada qualidade e intensidade.

---

1 Trabalho apresentado em reunião científica da Sociedade Brasileira de Psicanálise de São Paulo, tendo como comentador Julio Frochtengarten, 12 dez. 2009. Uma versão anterior deste artigo foi publicada com o título "O dia a dia de um psicanalista. Teorias fracas. Teorias fortes" em: *Rev. Bras. Psicanál*, 44(3), 127-144.

É de conhecimento de todos que, quando algo desta natureza é levado a reuniões clínicas, seminários, grupos de estudo, em geral, forma-se uma imensa Babel, onde as mais variadas e respeitáveis teorias analíticas são usadas, dificilmente desfazendo o tumulto. Isso ocorre até mesmo quando os participantes pertencem a uma mesma escola de pensamento.

Tenho participado de diversas dessas reuniões e noto que, muitas vezes, o fato é destacado. Considera-se, então, que existe uma profunda diferença entre as teorias psicanalíticas e sua possibilidade de aplicação clínica, dando a sensação, a muitos colegas, de uma situação intransponível, gerando uma impressão de falsificação e desconforto. Às teorias psicanalíticas disponíveis chamarei de teorias fortes, como as da transferência, do complexo de Édipo, do instinto ou pulsão, da identificação projetiva, da cisão, da foraclusão, do *holding*, e outras. De forma sintética, creio que a definição citada por Mora (1977, p. 394) dá-nos algo satisfatório a esse respeito: "Uma teoria é um sistema dedutivo no qual certas conseqüências observáveis se seguem da conjunção entre fatos observados e a série das hipóteses fundamentais do sistema".

Assim, para o mundo físico, a lei da atração universal de Newton nos dá um exemplo acabado e completo, além de a abstração da teoria poder ser apresentada em sua fórmula matemática elegante e sintética:

$$F = G \frac{m_1 \times m_2}{d^2}$$

Podemos ainda descrevê-la como: matéria atrai matéria na razão direta das massas e na razão inversa do quadrado da distância. Assim se explica que, na força de atração da gravidade, a pequena massa de nosso corpo seja poderosamente atraída pela enorme massa da Terra na distância mínima que nos separa dela.

As teorias psicanalíticas terão características mais complexas, embora possamos considerá-las ainda como inclusas na definição de Mora fornecida há pouco. Consideremos a teoria da transferência:

> É obrigado [o cliente] a repetir o material reprimido como se fosse uma experiência contemporânea, em vez de, como o médico preferiria ver, recordá-lo como pertencente ao passado. Estas reproduções, que surgem com tal exatidão indesejada, sempre têm como tema alguma parte da vida sexual infantil, isto é, do complexo de Édipo e seus derivativos, que são invariavelmente atuados (acted out) na esfera da transferência, da relação do cliente com o médico. (Freud, 1920/ 1976a, p. 31)

Essa teoria partiu da experiência e introduziu relações fundamentais e definidas: as relações com o analista e que são atuadas e não recordadas. Ainda introduz um fragmento do mito de Édipo, que já fora introduzido numa teoria anterior, que é a do complexo de Édipo. Portanto, algo da antiga Grécia, provavelmente de Sófocles, embora este mito já tivesse sido citado na Ilíada, de Homero. Considere-se a elegância e a síntese do texto; embora tenhamos perdido a característica abstrata e matemática da teoria da atração universal, ganhamos em riqueza humanística.

Ganhamos em riqueza humanística, mas perdemos em precisão. E o que dizer quando nos deslocamos para o cotidiano do trabalho analítico?

Teorias fracas – cotidiano de um psicanalista

A

Este dia analítico começa no anterior, quando tenho uma reunião de grupo de estudos à noite. Daí me organizar para não dormir muito tarde, pois começo a trabalhar às 7h10 da manhã.

Procuro chegar com folga e, antes de receber o cliente e iniciar o trabalho, tomo uma xícara pequena de café fresco. Tenho um lugar físico confortável e que me agrada. Mentalmente procuro estar disponível para o que se inicia.

Tomadas estas medidas, passo a esperar o cliente. Começa o meu dia psicanalítico propriamente dito.

Essa descrição contém teorias implícitas. Uma é a de que o analista deve providenciar uma condição física que atenda às suas necessidades de conforto; outra, que deve cuidar de seu estado físico e mental para estar disponível para a análise.

Já estou na sala de análise e consulto o relógio. Bem, há algum atraso. Já se passam cinco minutos do combinado. Reparo que espontaneamente me tranquilizo: ela às vezes se atrasa um pouco. Fico ali com uma ideia ou outra no espírito. Ideias fugidias, algo do encontro com o grupo... Dou-me conta de que já se passaram mais sete ou oito minutos.

Há uma teoria que explica o atraso: o hábito que ela tem, às vezes, de se atrasar. Parece que essa teoria surge em função de atenuar sentimentos desconfortáveis no analista – outra teoria.

Bem, lá começam certas inquietudes: às vezes ela se atrasa até de dez a quinze minutos, é meio imprevisível. Difícil dizer o que a leva a se atrasar, pouco provável é ser o trânsito, pois ela mora mais ou menos proximamente. Também, difícil saber o que a move. Estou ali à espera. Vem? Não vem?

As teorias são descartadas com as dúvidas: Vem? Não vem?

Já estamos com alguns minutos mais. Talvez não venha.

Ela falta às vezes. Pode ocorrer após sessões turbulentas em que ela se vê ameaçada e atacada. Às vezes, ocorre após o fim de semana (ela vem quatro vezes, de segunda a quinta). A quinta-feira passada foi de alguma proximidade, e no após sessão pode ter havido mudanças, ou mesmo pela separação do fim de semana. O fato é que elementos que são vividos com proximidade e compreensão podem se tornar terrivelmente hostis e ela pode iniciar a sessão apavorada com minha presença.

"Talvez não venha"; "Ela falta às vezes". Isto leva a supor teorias causais que justificam a ausência hoje. Seriam faltas como reação a: sessões anteriores turbulentas; sessões nas quais houve maior proximidade e compreensão, mas que a ausência de fim de semana transforma em elementos contrários – hostis e apavorantes.

Vou devaneando.

Procuro explicitar meu estado mental: é um devaneio, e não algum outro estado que poderia ser temido.

Ontem tivemos um dos dias mais produtivos de nossa jornada que já dura dois anos, com diversas ameaças de interrupção.

Há uma avaliação, por parte do analista, sobre a produtividade da dupla. Está implícita uma teoria sobre como opera a psicanálise, ou seja, com produtividade – fato avaliável pelo analista.

O tempo vai passando, e eu estou realmente esperando.

Agora reflito um pouco: preenchi sua ausência com memórias de sua presença. Bem, isto me leva a pensar que eu não sei nada, a não ser que ela não está. Inclusive acontecimentos alheios a ela podem tê-la impedido de comparecer.

A sessão vai chegando ao fim. Estive trabalhando todo o tempo com um parceiro ausente sobre o qual nada fiquei sabendo.

Avalio esta passagem como sendo uma atividade em que o fim do tempo disponível e a privação da cliente levam-me a reflexões a que eu considero como uma teoria – a do pensar.

Só pude devanear e agora tomar mais contato com o estar só. Uma preciosa parte de minha vida foi utilizada nesta tarefa que me propus a fazer: psicanálise.

Há uma teoria sobre mim e sobre psicanálise, incluindo uma afirmação de uso ou perda da própria vida. Creio que isto condiz com outra teoria, que aprecio muito, e que coloco em forma de narrativa. A vida é como a areia que existe em uma ampulheta, cuja quantidade não podemos avaliar. Quando a ampulheta é virada – e isso ocorre uma vez apenas –, a areia se escoa pelo buraquinho da ampulheta, cujo diâmetro também não se sabe. Terminada a operação, terminou a vida.

B

Está na sala de espera. Recebo-a e dirigimo-nos à sala de análise. Ao entrar ela acende a lâmpada central, embora já haja uma iluminação de apoio acesa. Deita-se.

A providência de acender a luz, que fica em seu olho, sugere alguma necessidade que não é propriamente de iluminar o ambiente, parece-me. No entanto não tento nenhuma exploração a respeito. O próprio ato sugere um anúncio luminoso que diz: perigo!

Tendo a indagar sobre uma premonição do analista, intuição, ou temor. O fato adverte, por parte da analisanda, uma resposta possivelmente assustada, violenta, intimidada? Não é nada disso? Creio que me movo no que eu chamo de prudência, é o que me ocorre e me permite ficar em silêncio, aguardando.

Prudência é uma teoria? Pelo menos é o substrato com que me situo e posso operar.

Diz que estava cansada pelo fim de semana.

Faço algum comentário do qual não me lembro.

Fica em silêncio.

Passa a narrar sobre eventos que se passaram no fim de semana usando uma forma descritiva muito rica, quer quanto aos fatos e acontecimentos, quer quanto aos sentimentos que foram vividos.

A narrativa vai introduzindo um clima mental de bem-estar. Embora os momentos anteriores tenham sido nomeados por mim como de prudência, agora poderiam ser ditos como de prazer ou entretenimento. Seus dotes sugerem uma escritora. Não tenho propriamente o que falar diante do que parece ser o despontar de uma atividade criativa. Sendo o despontar da criatividade do cliente na sessão algo essencial ao trabalho analítico, cabe ao analista a função de deixá-lo fluir livremente.

Apesar dessas observações, não fico propriamente tranquilo; poderia ela estar me hipnotizando a fim de que eu não possa testemunhar outros estados de espírito que poderiam ser sentidos como insuportáveis?

Quase no fim da sessão eu tomo uma pequena pausa para comentar o que me havia chamado a atenção: que ela estava extremamente feliz por viver essas experiências e que também estava feliz naquele momento, e que nunca a vira assim antes.

Vê-se qual foi a direção que segui, quanto às cogitações sobre criatividade e hipnotismo.

Porém, devo acrescentar que subjaz aí uma outra teoria – a que se deve dar conhecimento ao cliente dos seus estados de bem-estar, felicidade, criatividade durante o encontro. Isso porque, embora ela os viva, habitualmente não os reconhece e nomeia e, assim, fica sem poder reconhecê-los ao longo de sua análise ou vida.

> Ao sair, olha-me de lado com um sorriso discreto de satisfação. Parece algo de cumplicidade, entendimento...

C

> Relembra que veio me procurar três anos atrás, mas não pôde iniciar a análise por motivos econômicos. Agora foi possível (fala em tom satisfeito). Estende-se um pouco mais a respeito.

> Isto evoca em mim a lembrança da sessão anterior e como ele a viveu com sentimentos de participação e colaboração.

Essa situação me parece importante, ou seja, o analista poder avaliar qual o sentimento que preside o início do encontro, em que clima mental a dupla começa a se mover. Pareceu-me que a descrição dele de bem-estar e a minha lembrança dizem respeito a certo estado de conforto espiritual ou mental.

São feitos vários movimentos, e os afetos, que tinham uma direção de aproximação mais amorosa, parecem caminhar para a desconfiança.

Em virtude das fortes emoções envolvidas torna--se difícil prosseguir na descrição do ocorrido, mas vamos continuar.

Falo algo sobre estas impressões, e ele faz alguns comentários.

A seguir toma uma manta que deixo em cima de uma mesinha para o uso dos clientes. Eles raramente a usam, e, quando o fazem, cobrem parte do corpo e menos frequentemente todo o corpo, quando, em geral, tiram os sapatos ou estendem a manta somente até a canela. Noto que o cliente cobre também os sapatos, de maneira que a manta entra em contato com a sola de seu sapato.

Nada falo, mas estes fatos me chamam a atenção. Penso que ele pôde servir-se da manta.

Acomoda-se com a manta, cobrindo-se todo.

No clima emocional que se desenrolava, achei oportuno, embora com certa dúvida, fazer um comentário sobre ele aceitar a manta e poder cobrir-se.

Passa a dizer que a manta tem mau cheiro e que ela é usada por todos os clientes.

O tom é de irritação e violência, e ele vai aumentando a intensidade da voz.

Diz que o cheiro é muito ruim e que está é com cheiro de merda, e o que eu (o analista) quero é torná-lo uma merda.

A ideia de que o cliente está alucinando permite certo distanciamento. Até este momento as emoções podem ser contidas nas palavras e no divã, onde permanece deitado.

> Vai num crescendo, fica enfurecido, diz que eu sou um merda, levanta-se e sai.

A ação tornou-se necessária.

> Ao transcrever a sessão, sinto dificuldade, porque parece que há algum estopim, uma palavra que eu digo, uma entonação de voz, o ritmo da fala, enfim, algo que eu não localizo, e aparentemente ele também não, e que faz uma viragem e desencadeia uma avalanche de sentimentos violentos. Também fico na dúvida se isto é assim ou somente um pretexto, pois, quando existe uma sessão em que ele se aproxima afetivamente, como a passada, parece que ele volta com algo já engatilhado para um desastre.

Quanto ao estopim, entramos em outra teoria fraca e que vai adquirir um caráter narrativo. Acredito que o cliente localiza em mim alguma característica, alguma idiossincrasia na qual se apoia para fazer a viragem de sentimentos. Se eu pudesse localizar o que é, talvez pudesse participar mais livremente da vivência naquele momento. Difícil colocar em palavras, mas creio que, se eu suportar a intensidade da convivência, acredito que esta pessoa possa iluminar aspectos de mim a que ela tem acesso e eu não. Isso pode parecer óbvio, porém a vivência que tive deste fato foi muito forte, como o clarão de um raio que tudo ilumina numa noite escura.

Quanto a ele voltar com algo engatilhado para o desastre, é uma afirmação do analista que pode ser investigada em outra direção. Em termos de sua sobrevivência e na forma como o cliente opera, talvez este "engatilhado" seja uma forma de se organizar complexamente, pois não tenho o sentimento de ser agredido, mas o de ver uma pessoa em intensa dor. A vivência é desconcertante. Fica-se sem graça e sem saber o que fazer.

Fatos assim nesta forma e intensidade são infrequentes na sala de análise. Quando ocorrem, talvez nos levem a refletir sobre quais as possibilidades de duas pessoas de fato se relacionarem.

D

Está no horário, na sala de espera.

"Bom dia", cumprimenta-me, dando a mão.

Entramos na sala de análise.

Breve silêncio.

Queixa-se de que não dormiu bem, parte, talvez, pelo seu jeito de ser que fica remoendo as coisas.

A ex-mulher fica fazendo exigências e ele não sabe o que fazer; não dá um basta. Se o carro quebra, ela "cai em cima" do escritório para dar um jeito. Aí não pagou seguro e nem IPVA. Se comenta, ela diz que não enviaram o boleto e que o automóvel é usado para levar os filhos dele. São sempre exigências, mais dinheiro e, logo, briga. "Por que suporto isto? Por que não dou um basta?".

"Também falei com meu filho que me mostrou a redação que fez para o cursinho. Estava regular. Eu disse a ele que não podia escrever de supetão. Tinha que escrever, ler, refletir. Ele reage dizendo que no exame é na hora que você escreve. Usei até o exemplo do futebol em que você treina os passes, os chutes a gol. Ele diz que é para eu parar, que estou pegando no pé."

O tio é quem cuida de tudo, manda em tudo, não consulta ninguém, é arrogante, e o cliente descreve detidamente certas divergências familiares.

Tenho a impressão de que me cabe ouvir e que, sem dúvida, eu estou do lado dele contra este permanente abuso a que ele está submetido e ao qual ele não reage.

Não vejo o que dizer.

Ele prossegue.

"Fico com tudo isto na cabeça, não durmo direito, parece um mata-borrão que vai absorvendo tudo."

A referência ao mata-borrão é como se soasse uma campainha em minha mente, anunciando algo, e eu não sei o quê. Mas é muito importante.

Creio que devo falar algo, além do que ele parece esperar que eu o faça.

Comento que ele me tem como uma pessoa que está a favor dele e que vai ajudar a dar um basta na situação. Mas que a situação não é clara porque na verdade fica um borrão.

Continuo atento à imagem do mata-borrão.

Ele prossegue: "é, o mata-borrão era usado porque quando se escrevia com pena, ficava um excesso de tinta e ele tirava o excesso. Também se tinha um borrão, caía tinta, ele servia para limpar".

Ele se interessou. Começamos a conversar como numa prosa comum.

Digo: "é, usando o mata-borrão a escrita fica preservada e vai ficando uma impressão no mata-borrão".

Ele: "é, o mata-borrão até tem uma forma arredondada a fim de que você passe de um lado para o outro".

Eu: "é, e a primeira vez que você passa fica a escrita no mata-borrão".

Ele: "é, mas fica invertida".

A conversa prossegue espontânea e livremente, e eu me pergunto o que é aquilo. Psicanálise? Talvez.

Eu: "com o uso a escrita vai se superpondo, e aí fica tudo borrado no mata-borrão. Então, parece que são elementos diferentes. A escrita fica clara e preservada, e o mata-borrão fica com tudo acumulado e superposto".

Ele: "é como eu fico, tudo fica superposto na minha cabeça e eu não distingo nada".

Bem, agora me pareceu que tudo se juntava, e que a história do mata-borrão, que foi se desenvolvendo espontaneamente, fazia sentido.

Então digo: "agora estou pensando no que você me falou no início da sessão. Parece que cada pessoa define a escrita dela: a ex-mulher, o tio, o filho. Com o filho, no início, você até faz a escrita, com o exemplo do futebol e os fundamentos como o passe, o chute a gol e assim por diante. Mas depois fica o mata-borrão".

Ele, de pronto: "mas você pensa que é fácil. Eu fico aqui ouvindo você falar com toda esta dureza comigo" (fala sentido).

Eu: "pô! Agora você inverteu. A escrita era sua: a do mata-borrão que eu desenvolvi com você. Agora que você pode lê-la, você não quer saber, passou a escrita para mim e você ficou o mata-borrão".

Ele fica surpreso e ri intensamente: "É mesmo!".

O tempo se esgotou, ele se levanta, dá-me a mão com um sorriso afetuoso e satisfeito.

Vou fazer outros comentários mais à frente.

Reflexões sobre as teorias fracas

Ganhei recentemente um livro – *Carta a D.: história de um amor* – em que o autor (Gorz, 2008, p. 41), um filósofo, fala aos 82 anos do amor atual e antigo pela sua mulher, da mesma idade, e da maravilhosa capacidade de intuição dela:

> *Eu necessitava de teoria para estruturar meu pensamento, e argumentava com você que um pensamento não estruturado sempre ameaça naufragar no empirismo e na insignificância. Você respondia que a teoria sempre ameaça se tornar um constrangimento que nos impede de perceber a complexidade movediça da realidade.*

Atendendo a minhas necessidades de comunicação, cunhei o termo teorias fracas, e agora posso verificar a que isto corresponde nas vivências experimentadas com o cliente e como posso refletir sobre elas.

Com as narrativas de situações com os clientes e mais os comentários, vou constituindo um universo que, à medida que escrevo, vai se expandindo livremente, permitindo ao leitor inserir-se nele com a liberdade que lhe for possível. O que ocorreu parece semelhante ao que certos escritores nos confidenciam: que seus personagens vão ganhando vida e que eles é que passam a dirigir os acontecimentos. Então, estamos próximos a uma narrativa, uma história que se desenrola. Nela, os nossos personagens são as teorias fracas que vão se materializando continuamente.

Mas, semelhantemente ao romance no qual os personagens são ambíguos, contraditórios, mutáveis, instáveis, variáveis, constantes, e que podem se alterar na trama, também as nossas teorias fracas imitam a literatura. Elas surgem e desaparecem; são mutáveis e, às vezes, constantes; apresentam-se como pressupostos e, às vezes, como crenças; parecem narrativas curtas ou longas.

Como fazer um exame para que possamos constituir algo minimamente estruturado, mas de modo que a teoria não se torne "um constrangimento que nos impede de perceber a complexidade movediça da realidade", como escreve o nosso homem apaixonado?

A

A primeira aparição não costuma frequentar as páginas psicanalíticas: trata-se da convivência com o cliente ausente. Semelhante ao livro citado (Gorz, 2008), o estilo literário é o do monólogo; o narrador conta a sua relação personificando o interlocutor ausente.

Este fato introduz uma teoria fraca, em geral não suspeitada pelos analistas, ou seja, quer o cliente avise sobre sua ausência, quer não o faça, o analista vive uma experiência com ele. Ela pode ser escamoteada por ler um livro, escrever algo, tomar providências no consultório, telefonar etc. Cada manifestação dessas implica as emoções que o analista vive de acordo com sua personalidade. Em nossa imprevista aparição surge o monólogo (figura literária) para atender às nossas necessidades.

Monólogo pode ser uma teoria fraca para aplicar-se à situação. Contra-argumentando, se poderia dizer que monólogo é um método. Deixo em aberto.

Além do monólogo, vejamos as teorias que surgiram e as dificuldades de caracterização implícitas. Essas teorias ou pressupostos surgem de início quando o analista propõe uma série de providências para favorecer a disponibilidade para o trabalho.

Teorias causais – *"ela às vezes se atrasa um pouco"* – levam a outra teoria: uma teoria pode estar a serviço de aliviar a angústia.

As teorias causais podem ser complexas, como a que relaciona estados de aproximação com comportamentos violentos.

Teorias podem ser descartadas, como em: "Vem? Não vem?". Aí se introduziu a dúvida. Dúvida é a base na qual o analista trabalha ou, melhor dizendo, na qual ele vive na sessão.

Teorias que estimam produtividade e fazem avaliação perpassam o trabalho com muita frequência.

A teoria do pensar surge em função de eu concluir que estive trabalhando com um parceiro ausente, implícita a privação.

Teorias e pressupostos em forma narrativa surgem ao considerar que parte preciosa da vida foi consumida na tarefa da análise e sua explicitação pela metáfora da ampulheta.

B

Prudência implica a premonição para certos estados mentais e a disponibilidade do analista para o amplo aparecimento deles. A forma descritiva da premonição pode ser: um anúncio luminoso – perigo! Premonição implica estados que podem ser de terror, pavor ou bem-estar, satisfação... A premonição diz respeito a uma possibilidade de antecipar, e é tanto mais valiosa quando nos ajuda a perceber dor no cliente, mesmo antes que ele a comunique.

Prudência e premonição são teorias fracas e precariamente articuladas.

A teoria do despontar da criatividade é algo central em psicanálise. A função do analista é permitir que a dupla se transforme em um par, e daí nascer algo nunca existente anteriormente ou ter acesso ao que anteriormente nunca emergiu.

Teoria do hipnotismo implica que certas emoções estão sendo usadas em lugar de outras, que talvez fossem insuportáveis.

A descrição de como a cliente sai da sala de análise – *"com um discreto sorriso de satisfação"* – é uma sequência descritiva, mas creio que seja importante estar atento a estas manifestações, pois elas podem nos conduzir diretamente ao âmago das emoções em curso. Essa afirmação não contradiz o dito popular de que "quem vê cara não vê coração". Mantendo as duas afirmações juntas creio termos uma figura de linguagem, que é o oxímoro.

C

Até aqui estive descrevendo as teorias fracas como faria o escritor de um romance ao desejar caracterizar os personagens, com receio de que o leitor os perdesse ou não os discriminasse claramente. Mas, agora, vou deixar o leitor livre e sujeito à sua própria sorte, só me permitindo os lembretes: fortes emoções; alucinação; já engatilhado para um desastre; fica-se sem graça e sem saber o que fazer; a vivência é desconcertante; fatos infrequentes; quais as possibilidades de duas pessoas de fato se relacionarem.

D

Creio que a teoria do mata-borrão seja uma excelente aproximação para o que denominei uma teoria fraca. A expressão "mata-borrão" surge espontaneamente no decurso da vivência da dupla. Tem uma característica pregnante, ou seja, permite um aumento crescente de significados que surgem na vivência do par. Refere-se a uma possibilidade crescente e variada de experiências emocionais que vão se desenvolvendo. Permite um desenvolvimento evolutivo que pode culminar com uma aproximação da pessoa a si mesma, como parece indicar a relação com o cliente na situação proposta. Última qualidade: é fugaz.

Conclusão

A conclusão é de que não podemos concluir conforme os cânones das teorias fortes, pois corremos o risco de que "a teoria sempre ameaça se tornar um constrangimento que nos impede de perceber a complexidade movediça da realidade". Assim, a conclusão só pode ser a apresentação de todo o trabalho e o significado fica a cargo do leitor.

148   O DIA A DIA DE UM PSICANALISTA

A relação entre teorias fracas e fortes

Para fazer a relação, de início, explicitarei uma teoria forte – transformação em alucinose –, complementada por outras teorias ou partes delas. A seguir considerarei o uso que se faz das teorias fortes e a relação com o uso que estou fazendo das teorias fracas.

Bion (1970/1973, p. 40) assinala que o analista, por meio da denudação de memória e desejo e do "ato de fé", pode "estar-de-acordo" com a alucinação do cliente, e que "para apreciar a alucinação o analista precisa participar do estado de alucinose". Neste viés "a alucinose não será um estado patológico ou mesmo normal exacerbado, mas um estado acessível e sempre presente que é revestido por outros fenômenos que o ocultam". Isso abre uma ampla perspectiva de exploração dos estados psíquicos na clínica, o que tenho feito ao longo de diversos trabalhos (Rezze, 1995, 1997a, 1997b, 1997c, 1997/2003, 2006, 2009).

Ao examinar os trabalhos que produzi, cogito que a forma como tenho utilizado o conceito extravasa aquele dado por Bion. Vejamos.

Em alucinose (Bion, 1965/1983) podemos destacar dois termos: ação e rivalidade. No primeiro, o lema do cliente é que "ações falam mais alto que palavras". Já a rivalidade aí se insere como disputa entre os métodos do cliente e do analista, em que qualquer resultado implica superioridade, ora do cliente, ora do analista, o que colocaria a análise num "*acting-out* de rivalidade".

Na mesma linha de pensamento, Bion (1965/1983, p. 162) faz uma descrição estilizada de uma situação clínica e que podemos considerar como superponível ao descrito para o cliente que usou a manta:

O quadro geral que o paciente apresenta é o de uma pessoa ansiosa para demonstrar sua independência de qualquer coisa além de suas próprias criações. Estas criações são o resultado de sua suposta habilidade para usar seus sentidos como órgãos de evacuação que estão aptos a envolvê-lo com um universo que foi gerado por ele próprio; a função dos sentidos e sua contraparte mental é criar o mundo perfeito do paciente. A evidência de imperfeição é ipso facto *evidência para a intervenção de forças hostis invejosas. Graças à capacidade do paciente em satisfazer todas as suas necessidades a partir de suas próprias criações, ele é inteiramente independente de qualquer pessoa ou de qualquer coisa que não sejam seus produtos e, portanto, está além de rivalidade, inveja, avidez, mesquinharia, amor ou ódio; mas a evidência dos sentidos desmente suas pré--determinações;* ele não está *satisfeito (grifos meus).*

O que descrevi para o cliente que usou a manta permitiria considerar a "intervenção de forças hostis e invejosas", conforme o texto anterior, e ainda: "Rivalidade, inveja, avidez, roubo, juntamente com o seu sentido de ser inocente, merecem consideração como *invariantes* sob alucinose" (Bion, 1965/1983, p. 157, grifo meu). Portanto, tomando essas características, as transformações em alucinose se inserem, a meu ver, no que Bion chama de vínculo de ódio, ficando à parte os vínculos de amor e conhecimento.

Posso dizer que a situação clínica por mim apresentada satisfaz a todos estes quesitos e, portanto, permite a realização do conceito de alucinose. Porém, surgem aqui situações específicas que as teorias fracas nos ajudariam a elucidar.

Assim, temos a teoria fraca do estopim e do algo engatilhado para um desastre. Na primeira considera-se a possibilidade de o cliente iluminar algo sobre mim e, consequentemente, da relação entre nós; na segunda não há o sentimento de eu ser agredido, mas a experiência de viver com alguém em intensa dor. Também, no episódio da manta, no qual "fica-se sem graça e sem saber o que fazer", desencadeia-se uma situação de perplexidade, dor, mas não de desintegração e estímulo a uma "atuação" por parte do analista.

Portanto, estamos em uma situação que está *aquém* ou *além* do conceito de transformação em alucinose. Isso porque, em minha observação, tudo o que Bion descreve acho válido, porém o estado de alucinose, quando há a denudação de outros fatores que o ocultam, mostra um espectro mais amplo em que se incluem os vínculos de ódio, amor e conhecimento, usando os conceitos de Bion. Digamos que é uma área em que estamos fora da razão e fora do que se conceitua como inconsciente, numa personalidade relativamente conservada.

Vínculos de conhecimento e amor

Creio poder prosseguir a investigação levando em conta os vínculos de conhecimento e amor.

Quanto ao vínculo de conhecimento, sugiro, em trabalho anterior, usar uma "fresta" (Rezze, 1997/2003) que implicaria, para o cliente, um reconhecimento de seu estado mental antes que se tente qualquer tipo de interpretação, pois estas serão imediatamente assimiladas pelas transformações em que o resultado é alucinose. Sendo possível haver uma fresta, o cliente pode fazer uso do pensamento, e assim caminharmos para transformações em conhecimento (K) e progredirmos, possivelmente, para transformações em O. Estes estudos se deram no que chamo de teorias fortes, porém a fresta é uma teoria fraca.

Quanto ao vínculo de amor, tomemos dois fatos ocorridos. O primeiro é o da manta, em que, apesar da violência manifesta e evidente, o analista aproxima-se da compaixão em relação ao que está acontecendo, portanto, do vínculo de amor que tem origem no analisando. No segundo, seguindo as teorias fracas, quando suspeito do efeito hipnótico em B, teríamos manifestações que não são aparentemente agressivas, até pelo contrário: por meio de rica narrativa sugerem a criatividade, mas sob o viés que estou seguindo também podem sugerir transformação em alucinose, pois não há praticamente espaço para a participação do analista, só lhe restando, na maior parte do tempo, a possibilidade de ouvir.

Segundo estes desenvolvimentos, chegamos à conclusão de que estamos trabalhando de forma tal que as invariantes assinaladas por Bion (rivalidade, inveja, avidez, roubo, junto com o seu sentido de ser inocente) não são suficientes, e teríamos de acrescentar outras que supostamente ampliariam o campo. Creio que isso não é possível, pois criaríamos contradições internas na teoria original e, então, estaríamos mais próximos de um monstrengo do que de uma contribuição científica. Mais adequado manter as diferenças sem falsos acordos.

Acréscimos ou modificações de teorias

Sugestões de modificações podem gerar conjecturas interessantes. Assim, a *grade* (Bion, 1962/1966a) sugeriu: extensão para uma grade de elementos beta (Korbivcher, 1999) e um desenvolvimento no eixo negativo (Braga, 2003; Chuster & Conte, 2003; Meltzer, 1987; Sanders, 2002; Rezze, 2005, 2008). As dificuldade de acréscimos ou modificações de teorias surgem já no título do trabalho

"*Turbulência* nos conceitos ao tentar criar uma grade em –K (menos conhecimento)" (Rezze, 2005), e prosseguem no estudo do aparecimento do conceito de transformações em alucinose com "Aprender com a experiência emocional. E depois? *Turbulência!*" (Capítulo 2). A *turbulência* é o termo-chave nesta investigação.

Porém, pontuemos a expansão do campo conforme estou investigando e a não inclusão dos achados conforme o manto protetor das teorias de Bion. Isso nos abre o campo para duas considerações. A primeira é a inclusão de situações novas em conceitos que já não suportam acréscimos e que tornam as teorias tão abrangentes que perdem o significado. A segunda é a proliferação e a vastidão das teorias. Isso nos leva ao número de teorias que vão surgindo e, em cada uma, um novo objeto de observação com uma nova nomenclatura, exigindo enorme esforço de cada analista para tão somente situar-se no campo. Creio impossível um psicanalista moderno poder dar conta de tal extensão de conhecimento e ter a realização da experiência que provém do infinito do acontecer entre analisando e analista. Podemos conjecturar, sobretudo com o auxílio de computadores, que poderíamos encontrar os pontos comuns entre os principais leitos psicanalíticos e uni-los em um único referencial teórico. Tal hercúleo feito teria perdido em seu âmago a essência: a vida analisando-analista.

Fator probabilístico

Importante é o fator probabilidade, tanto no dia a dia do psicanalista quanto nas teorias que formam o corpo da psicanálise. Assim, no convívio, a presentificação do cliente vai depender de inúmeros fatores pelos quais sua alma transita (memórias, experiência, vivência do momento, crenças etc.). Somente alguns deles terão a possibilidade de emergir no contato com o analista. Este, por sua vez, na vivência vai ter a possibilidade de algumas percepções e conexões dentre os inúmeros fatores que compõem a sua personalidade. Dentro dessas probabilidades há o emergir de algo apreensível, eventualmente comunicável por parte do analista.

Algo semelhante ocorre no campo das teorias psicanalíticas. Estas se situam em um campo vasto de conhecimento que é influenciado pelas culturas; pelas situações geográficas dos povos envolvidos e da língua, que no momento predominantemente é a inglesa; dos novos conhecimentos emergentes, como os da física, da teoria do caos, da teoria da complexidade e das neurociências. Por outro lado, os analistas vão ter a possibilidade, no correr de suas vidas, de entrar em contato com apenas algumas correntes do pensamento analítico, o que vai depender, além dos fatores já mencionados, daqueles inerentes à Sociedade de Psicanálise na qual fez sua formação, da política predominante na direção da instituição, da orientação do grupo quanto à sobrevivência, especialmente onde a psicanálise depende do seguro-saúde do Estado (Kernberg, 2008; Dreher, 2008). Por último, porém mais importante, vem a personalidade do analista. Ele tomará uma direção possível neste vasto campo de probabilidades.

Epílogo

Estou considerando que as teorias fortes surgiram das teorias fracas. Assim, proponho pensar nos gênios ou místicos (Bion, 1970/1973) da psicanálise não como tais, mas como um de nós, analistas, no cotidiano, vivendo como nós as suas dificuldades com os seus clientes. Ao escrever eles têm dúvidas; vão por vias diversas; algumas abandonadas. A necessidade de ordenação é, sobretudo, dos póstumos que tentam traçar uma linha evolutiva e compreensiva. Temos de considerar que o trabalho dos autores foi feito em dúvida e sem que se soubesse aonde iria parar. Seguindo os trabalhos de Freud, seria imprevisível anteciparmos a chegada ao instinto (pulsão, *drive* ou *Trieb*) de morte (Freud, 1920/1976a). Aliás, ele próprio e os póstumos não conseguem assimilar o conceito (Freud, 1937/1976b). Cita-se Melanie Klein como exceção, mas creio que as pulsões de morte para ela têm um significado diferente do que em Freud (Hinshelwood, 1992).

Assim, as teorias fracas formam a base do desenvolvimento das teorias fortes, que serão o resultado da intervenção da personalidade do analista sobre as teorias fracas. A posteridade é que deu às suas teorias o caráter de teorias fortes ou consagradas.

A afirmação frequente da assimilação ou introjeção bem-sucedida das teorias, por parte do analista, pode corresponder a uma afirmação de corrupção da personalidade do psicanalista. O indivíduo cresce se ele puder dizer: "isto que eu vejo de tal ou qual forma talvez corresponda de alguma maneira ao que tal autor, consagrado ou não, descreveu de tal ou qual forma". Isso não acontecendo, ocorre um curto-circuito em que a produção científica pode ser enorme, consolidando ainda mais um viés psicanalítico consagrado. Em maior ou menor intensidade ninguém se livra disso.

Enfim, a conclusão é sobre o indivíduo e o que ele usa na relação com o outro, no caso, o analisando. Esta matéria-prima será transformada por diferentes analistas, produzindo, conforme suas mentes, diversas teorias. Tornar uma teoria forte depende de publicação e aceitação. Será contingente à língua, ao povo, ao momento histórico, à política predominante no meio psicanalítico, e muitos outros fatores. Consequentemente, os produtos serão diversos, e, em virtude das limitações humanas, o que se produz é de imenso valor, tanto para quem produz, que em geral levou uma vida inteira nesta produção, como para quem aprende e usa, que também levou uma vida inteira neste mister.

Assim, tenta-se manter uma unidade na psicanálise, com frequência buscando ater-se a Freud. Este seria um possível *common ground* (Dreher, 2008), como se vê em congressos em que se usa um tema original de Freud como uma motivação que seria pertinente a todos os psicanalistas e à contribuição destes.

Penso que o peso está no que chamei de teorias fracas. Se puder ter em mente que todas as teorias fortes psicanalíticas delas derivam, teremos um denominador comum em psicanálise.

O risco de dispersão e pluralidade pode acentuar-se tanto que a psicanálise, como a conhecemos hoje, desapareça. Por enquanto, ainda temos, na pluralidade, uma unidade.

Pós-escrito

Considero este trabalho como pesquisa realizada na clínica, metodologia e teoria psicanalíticas, e que se dá no referencial da metapsicologia, porém não apenas no sentido freudiano do termo.

Afirmo ter feito uma pesquisa psicanalítica. Mas em que campo? A psicanálise é uma ciência?

Em *Controvérsias psicanalíticas*, Green (2005, p. 632) afirma: "Do meu ponto de vista, a psicanálise não é nem ciência e nem hermenêutica. É uma prática baseada em pensamento clínico e que leva a hipóteses teóricas". Já Wallerstein (2005a), que defende a procura de uma base comum (*common ground*) no pluralismo contemporâneo da psicanálise atual, é de opinião diversa da de Green, considerando a psicanálise como disciplina independente "baseada na investigação dos processos mentais inconscientes, mas com interfaces . . . variando desde a filosofia e a linguística em uma extremidade do espectro à psicologia cognitivista e à moderna neurociência na outra extremidade" (Wallerstein, 2005b, p. 635).

Nesta sintética afirmação, palavras condensam situações de dimensões incomensuráveis, como: que filosofia? Quais escolas linguísticas? E como utilizar o que se chama de neurociência, mas que tangencia a neuropsicologia, neurofisiologia, neuropsiquiatria, neurocirurgia, neurofarmacologia etc.? Não bastasse isso, como relacionar com a pluralidade das teorias psicanalíticas, para as quais a procura de um suposto *common ground* é tão rebatida por Green? Essas questões têm um encaminhamento dado por Anna Ursula Dreher sobre a pesquisa em psicanálise, especialmente a conceitual, em interessante artigo publicado pela *Revista Brasileira de Psicanálise*: "Pluralismo na teoria e na pesquisa: e agora?" (Dreher, 2008).

Creio que contribuições das diversas áreas do saber humano fazem parte das teorias psicanalíticas de forma implícita ou explícita, como podemos ver na obra de Bion, na qual se entrelaçam as luzes da filosofia, matemática, poesia, prosa, física e outras disciplinas, relativas à pessoa de acervo cultural incomum.

Assim, tomando a citação de Wallerstein, deixarei de lado os aspectos filosóficos e linguísticos, já explorados por diversas escolas psicanalíticas. Sem dúvida o aceno à neurociência é promissor. Alguns autores têm dado contribuição notável, e entre os psicanalistas alguns me são acessíveis.

Assim, Doin (2003) e Soussumi (2005), entre nós, apresentam extensas aproximações entre conceitos psicanalíticos e as variadas e heterogêneas contribuições das neurociências.

Soussumi (2003), de maneira criativa, relaciona sua peculiar forma de trabalhar psicanaliticamente com conceitos oriundos das neurociências, fazendo uma tessitura pessoal quanto aos conceitos empregados.

Mancia (2001), a propósito dos achados relativos ao sonho, reflete sobre o fato de que os investigadores tenham ideias discordantes mesmo quando o meio de investigação seja comum, como o eletroencefalográfico.

Em outro trabalho (Mancia, 2006), com mais de 110 citações bibliográficas, tece um fio valioso no qual as diversas contribuições se ajustam a um uso que combina com suas visões teóricas e práticas da psicanálise. Creio que é um trabalho notável porque um psicanalista comum dificilmente chega a conhecer a estrutura do sistema nervoso central a fundo. Os analistas que utilizam as neurociências se servem do conhecimento das várias estruturas cerebrais, como os núcleos, a substância cinzenta de vários giros, suas conexões e riqueza sináptica, que faz sentido junto às conexões neuronais (axônicas) que ligam tais estruturas, podendo formar, a meu ver, um novo tipo de localizacionismo: o dinâmico ou funcional.

Além disso, Mancia (2006) nos apresenta rica teorização, na qual se serve de referências de diversas fontes das neurociências, mesclando-as com as investigações cognitivas. Examina a memória explícita, que relaciona com a memória consciente e com o inconsciente reprimido, na acepção de Freud; a memória implícita na sua equivalência com o inconsciente, não o dinâmico ou reprimido conceituado por Freud. Na memória implícita são registradas as vivências primitivas, mesmo as pré-natais. A linha de pensamento do autor estabelece ligação destes complexos conhecimentos com as relações primitivas entre mãe e bebê, relacionando estes dados com a situação em sala de análise.

Os conhecimentos das neurociências são amplos, heterogêneos e em grande número, sendo que Ramachandran (2003) nos fala em 10 mil apresentações anuais na área. Alguns autores apresentam trabalhos que contêm uma linha estrutural, formando um todo teórico.

Assim, Damásio (1994) propõe uma contraposição ao dualismo cartesiano (*res cogitans, res extensa*) – *O erro de Descartes* –, desenvolvendo um *continuum* corpo-mente, envolvendo num todo o corpo e o sistema nervoso.

Edelman (1992) parte de noções de Darwin da seleção na evolução; suas investigações sobre o sistema imunológico lhe renderam o Prêmio Nobel. Na teoria dos grupos neurais seletores (TNGS) considera placas neurais chamadas mapas que têm a função seletora neuronal. Assim, o autor constitui um todo coerente para explorar a mente.

Ramachandran (2007) parte de casos particulares de patologia neurológica, como a dor em membros que foram amputados, membros fantasmas, e chega a uma visão ampla e geral na conexão do sistema nervoso com as produções humanas no campo da percepção, das artes, da criatividade, explorando até mesmo a origem da vivência de Deus.

Apesar da possibilidade de ampliar os conhecimentos psicanalíticos com estas vastas contribuições, ainda vale a pena citar Doin (2003): "Creio que a maioria dos neurocientistas consultados não acompanha a psicanálise na valorização dos mecanismos inconscientes". Vejo algo a complementar.

Fico com a impressão de que os conhecimentos adquiridos pelas neurociências nos dão uma visão macroscópica em relação aos afetos, às emoções e à mente. Isso difere das vivências com as quais os analistas lidam na sessão, nas quais conflitos, vínculos, *insights*, realizações etc. são microscopicamente delineados, usando a metáfora médica. Embora as vinculações estabelecidas com as neurociências pareçam "naturais" para os autores considerados, para o psicanalista comum elas parecem um tanto forçadas.

Diante da fragilidade de qualquer teoria para alcançar a extensão do ser humano, estas teorias provêm um novo campo que se estrutura e que pode servir de apoio, assim como todas as outras teorias, na pluralidade em que vivemos. Porém, seguindo nossa investigação, essas teorias aumentam a pluralidade do campo, e algumas bem poderiam ser consideradas fortíssimas.

Concluímos que as teorias fracas são a base comum, tanto para o analista praticante como para aquele que queira refletir sobre as teorias psicanalíticas, e de outras áreas, no que concerne ao aprender e investigar em nosso sempre nascente campo de trabalho.

Referências

Bion, W. R. (1966a). O aprender com a experiência. In W. R. Bion, *Os elementos da psicanálise*. Rio de Janeiro: Zahar. (Trabalho original de 1962)

Bion, W. R. (1966b). *Os elementos da psicanálise*. Rio de Janeiro: Zahar. (Trabalho original de 1963)

Bion, W. R. (1973). *Atenção e interpretação*. Rio de Janeiro: Imago. (Trabalho original de 1970)

Bion, W. R. (1983). *Transformações: mudança do aprendizado ao crescimento*. Rio de Janeiro: Imago. (Trabalho original de 1965)

Braga, J. C. (2003). *Uma grade ampliada para examinar o âmbito do alucinatório*. Trabalho não publicado.

Chuster, A., & Conte, J. (2003). Uma grade negativa. In A. Chuster et al., *W. R. Bion, novas leituras* (Vol. 2: A psicanálise: dos princípios ético-estéticos à clínica). Rio de Janeiro: Companhia de Freud.

Damásio, A. (1994). *Descartes's error*. New York: Grosset-Putnam.

Doin, C. (2003). Psicanálise e neurociência: uma questão de interesse prático. *Rev. Bras. Psicanál., 37*(2/3), 547-572.

Dreher, A. U. (2008). Pluralismo na teoria e na pesquisa: e agora? *Rev. Bras. Psicanál., 42*(2), 131-153.

Edelman, G. (1992). *Bright air, brilliant fire: on the matter of the mind.* New York: Basic Books.

Freud, S. (1976a). Além do princípio do prazer. In S. Freud, *Edição Standard Brasileira das Obras Psicológicas Completas de Sigmund Freud* (Vol. 18). Rio de Janeiro: Imago. (Trabalho original publicado em 1920)

Freud, S. (1976b). Análise terminável e interminável. In S. Freud, *Edição Standard Brasileira das Obras Psicológicas Completas de Sigmund Freud* (Vol. 23). Rio de Janeiro: Imago. (Trabalho original publicado em 1937)

Gorz, A. (2008). *Carta a D.: história de um amor.* São Paulo: Cosac Naify.

Green, A. (2005). The illusion of common ground and mythical pluralism. *Int. J. Psychoanal., 86,* 627-632.

Hinshelwood, R. D. (1992). *Dicionário do pensamento kleiniano.* Porto Alegre: Artes Médicas.

Korbivcher, C. F. (1999). Mente primitiva e pensamento. *Rev. Bras. Psicanal., 33*(4), 687-707.

Kernberg, O. (2008). A necessidade de ampliar a pesquisa na e sobre psicanálise. *Livro Anual de Psicanálise, 22,* 25-30.

Mancia, M. (2001). A psicanálise e as neurociências: um debate os sonhos. *Livro anual de Psicanálise, XIV,* 273-280.

Mancia, M. (2006). Implicit memory and unrepressed unconscious. *Int. J. Psychoanal. 87,* 83-104.

Meltzer, D. (1987). Il modelo della mente secondo Bion: note su funzione alfa, inversione della funzione alfa e griglia negativa. In C. Neri et al., *Letture Bioniane.* Roma: Borla.

Mora, J. F. (1977). *Dicionário de filosofia*. Lisboa: Dom Quixote.

Ramachandran, V. S. (2003). O futuro da pesquisa sobre o cérebro. *Revista Cérebro e Mente* [online], (17).

Ramachandran, V. S. (2007). 3 dicas para entender seu cérebro. Recuperado de https://www.ted.com/talks/vs_ramachandran__ 3_clues_to_understanding_your_brain.

Rezze, C. J. (1995). *Estudo de uma Sessão Analítica: Identificação e Rastreamento na Clínica dos Conceitos de Inconsciente, Sexualidade, Recalcamento e Transferência*. Trabalho apresentado em Fórum Temático, Sociedade Brasileira de Psicanálise de São Paulo. 30 ago. 1995.

Rezze, C. J. (1997a). Transferência: rastreamento do conceito e relação com transformações em alucinose. *Rev. Bras. Psicanál, 31*(1), 137-166.

Rezze, C. J. (1997b). Interpretação: revelação ou criação? Formulação psicanalítica. In M. O. de A. F. França (Org.), *Bion em São Paulo: ressonâncias*. São Paulo: SBPSP/Imprensa Oficial do Estado/PUC. (Trabalho apresentado no Simpósio Bion em São Paulo: Ressonâncias. São Paulo, 14-15 nov. 1997).

Rezze, C. J. (1997c). Édipo: as múltiplas faces da sexualidade. *Alter: Jornal de Estudos Psicodinâmicos, 16*(1), 67-84.

Rezze, C. J. (2003). A fresta. In P. C. Sandler, & T. R. L. Haudenschil (Org.), *Panorama*. São Paulo: Departamento de Publicações SBPSP. (Trabalho original apresentado em 1997)

Rezze, C. J. (2005). *Turbulência nos conceitos ao tentar criar uma grade em -K (menos conhecimento)*. Trabalho apresentado em Reunião Científica da Sociedade Brasileira de Psicanálise de São Paulo. 21 maio 2005.

Rezze, C. J. (2006). Aprender com a experiência emocional: e depois? Turbulência! *Rev. Bras. Psicanál, 39*(4), 133-147.

Rezze, C. J. (2008). Tentativo di creare una griglia in -K (meno conoscenza). In S. Marinelli, *Studi ed esperienze a partire da Bion.* Roma: Borla.

Rezze, C. J. (2009). Turbulências: do aprender com a experiência emocional ao pensamento selvagem. In C. J. Rezze, E. S. Marra, & M. Petricciani (Orgs.), *Psicanálise: Bion: transformações e desdobramentos.* São Paulo: Casa do Psicólogo.

Sanders, K. (2002). *Modificaciones de Meltzer a la Tabla de Bion.* Trabalho apresentado no Encontro Comemorativo aos 80 Anos de Donald Meltzer, Barcelona.

Soussumi, Y. (2003). Uma experiência prática de psicanálise fundamentada pela neuro-psicanálise. *Rev. Bras. Psicanál., 37*(2/3), 573-596.

Soussumi, Y. (2005) As neurociências e psicanálise. *Rev. Bras. Psicanál. 39*, 129-134.

Wallerstein, R. S. (2005a). Will psychoanalytic pluralism be an enduring state of our discipline? *Int. J. Psychoanal, 86*, 623-626.

Wallerstein, R. S. (2005b). Dialogue or illusion? How do we go from here? *Int. J. Psicanal., 86*, 633-638.

5. Domando emoções selvagens[1]

O que vou lhes apresentar não é uma palestra ou conferência, são conjecturas imaginativas ou conjecturas racionais.

Um colega – Renzo Birolini – fez uma tradução do livro *Seminari italiani* (1983), de Wilfred R. Bion, e pediu-me que eu fizesse uma revisão do português e da gramática, já que eu era um estudioso do autor. Encantei-me. Resultado para o Renzo: frustração! Pois, em vez de fazer a dita correção, eu me empolguei e passei a mostrar-lhe os vários aspectos novos que eram desenvolvidos, salientando pensamentos selvagens, conjecturas imaginativas e conjecturas racionais, sendo as duas últimas consideradas como instrumentos adequados para uma investigação científica, como Bion considerava a psicanálise.

Há uma consideração de Bion (1977/2017) de que as razões especulativas, bem como as imaginações especulativas, são criaturas

---

1 Trabalho apresentado no pré-congresso alusivo ao Congresso Internacional de Bion de Ribeirão Preto, realizado pelo Grupo Psicanalítico de Curitiba com o tema Pensamento Selvagem (25 nov. 2017). Uma versão anterior deste artigo foi publicada em: *Berggasse 19, VIII*(2), 53-68.

frágeis, facilmente destrutíveis. Uma conjectura imaginativa ou racional é a do pensamento selvagem.

Bion estava se preparando para os seminários que realizaria em Roma em 1977 e gravou duas fitas que, posteriormente à sua morte (1979), foram editadas com o título de *Taming wild thoughts*, por Francesca Bion. Logo no início da primeira fita – de 28 de maio de 1977 – Bion (2016) nos apresenta os pensamentos extraviados e os pensamentos selvagens, dizendo que, quanto a estes, o que podemos fazer é domesticá-los. Usou o verbo *"domesticate"* em inglês no texto, e Francesca usou *"tame"* no título da edição do livro.

Se um pensamento sem pensador aparece, pode tratar-se de "um pensamento extraviado", com o nome e endereço do proprietário colado nele, ou pode ser um simples pensamento selvagem. O problema diante do brotar de um tal pensamento é o que fazer com ele: o certo, se for realmente selvagem, seria domesticá-lo (Bion, 2016).

Logo de início, temos três afirmações distintas: "pensamento sem pensador", "pensamento extraviado" e "pensamento selvagem". Vamos prosseguir deixando momentaneamente essas afirmações, e vejamos que uso Bion faz delas nos seminários proferidos na Itália, em 1977 (Bion, 1977/2017), e no Brasil, em 1978 (Bion, 1992):

> *Assim, vou começar imaginando, de forma especulativa, algo que não é um fato. Mas, é um fato imaginário. Há muitos indivíduos aqui: portanto há também muitos pensamentos sem pensador. Esses pensamentos-sem-pensador estão flutuando, em algum lugar. Proponho a ideia de que estejam procurando por um pensador. Espero que alguns de vocês estejam preparados para permitir-lhes hospedagem em suas mentes ou*

personalidades. Estou ciente de que isto é pedir demais porque esses pensamentos-sem-pensador, esses pensamentos que estão vagando estão sob risco de serem também pensamentos selvagens e ninguém gosta de acolher pensamentos selvagens que passam então a ser chamados de seus pensamentos. Nós todos gostamos que nossos pensamentos sejam domesticados, gostamos que sejam pensamentos civilizados, bem treinados e racionais. No entanto por mais selvagens e irracionais que esses pensamentos possam ser, tenho a esperança que vocês possam ousar dar-lhes alojamento temporário e que possam dar-lhes roupagem verbal adequada para expressá-los publicamente e que possam ser ventilados, mesmo que pareçam não ser muito adequados.
(Bion, 1992, pp. 181-183)

Parece-me que Bion está convidando os participantes dos seminários a expor o que é deles, o que pensam e sentem, correndo o risco de não terem ideias claras, mas que participem correndo este risco. Esta atitude era frequente nos seminários clínicos que ele deu em São Paulo, em alguns dos quais estive presente, mas a adesão à sua sugestão era escassa. O texto citado creio que é esclarecedor deste fato.

O que referimos faz um pano de fundo pelo qual se infere a importância do pensamento selvagem nas atividades que Bion estava desenvolvendo, também ampliando sua obra com amplas conjecturas imaginativas e racionais. Neste momento da elaboração deste trabalho, surgiu-me a indagação de se Bion não estaria investigando os seus próprios pensamentos selvagens, os quais ele estivera domando ao longo de toda a sua existência. Corroborando esta ideia, cito Bion no final do "Nono seminário italiano", quando responde aos agradecimentos finais de Francesco Corrao:

> *Agradeço por expressar sua gratidão. Espero não parecer indelicado ao comparar sua descrição das minhas contribuições com um fato do qual estou ciente – e que não gosto muito deste fato. A imagem mais próxima que posso utilizar é a de uma árvore com uma folha caindo – ninguém sabe qual será o lado da folha que vai aterrissar. (Bion, 1977/2017, p. 151)*

De fato, acompanhando suas palestras e as questões apresentadas, nunca se sabe quais veredas o pensamento criador de Bion vivificará.

A primeira citação – em que Bion sugere aos participantes dos Seminários Italianos que expressem seus pensamentos selvagens na atmosfera de pensamentos sem pensador que flutuam na sala – traz de volta a consideração dos três elementos que destacamos, logo de início: pensamento sem pensador, pensamento extraviado e pensamento selvagem.

Pensamento sem pensador

O primeiro – pensamento sem pensador – nos leva a refletir sobre o pensamento em Bion, o qual desenvolve rica teoria sobre o pensamento e o pensar, na qual se opõe à ideia comum de que o pensamento é gerado pelo pensar. Propõe que o pensamento precede epistemologicamente o pensar e, assim, desenvolvemos um aparelho de pensar, para que possamos pensar os pensamentos.

Uma referência filosófica dessa direção é dada por Mora:

Para distinguir rigorosamente entre aquilo que pertence ao campo da psicologia e aquilo que pertence ao campo da lógica, há que separar pensar por um lado e o pensamento por outro. Este último é uma entidade intemporal e inespacial: invariável e, portanto, não psíquica, pois embora o apreendamos mediante o ato psíquico do pensar, não pode confundir-se com este. (Mora, 1977, p. 305)

Prosseguindo, na minha leitura, pensamento extraviado difere de pensamento selvagem, embora em diversos momentos Bion pareça não diferenciá-los – como em São Paulo, em 1978 (Bion, 1992), e em *Taming wild thoughts* (Bion, 1997), quando, ao investigar as origens do pensamento extraviado, mais parece que o está fazendo sobre pensamento selvagem, propondo *boxes* (caixas), como veremos à frente.

Pensamentos extraviados

A investigação prossegue com o "pensamento extraviado" com o qual se fazem diversas conjecturas: conhecendo-se o endereço podemos devolvê-lo, furtá-lo, tomá-lo como seu, ou, então, adestrá-lo e assimilá-lo ou fazê-lo servir à comunidade a que você pertence. Temos um exemplo disso nas muitas teorias que usamos e que já nem percebemos ou de cujos autores nem nos lembramos, quer nas atividades psicanalíticas, quer nos trabalhos que publicamos. Parece-me que Bion está, também, acompanhando nossos pensamentos no cotidiano, sobretudo nos momentos atuais em que, pelos múltiplos meios de comunicação, temos uma pletora de informações, cuja origem e cujo autor muitas vezes desconhecemos, e, no entanto, vamos tendo de usá-las, agora como nossas. No caso, até mesmo sem saber da fidedignidade das notícias que temos.

Assim, após momentos de "ociosidade", Bion (2016) vai procurar verificar os produtos de sua "pescaria", naturalmente usando as redes de uma vasta cultura de formação inglesa, em que, para ele e outros que foram educados da mesma forma, Shakespeare é uma figura obrigatória e vastamente conhecida ou ignorada, como em nossa cultura temos Camões, também de conhecimento obrigatório. Introduz uma expressão presente na tragédia *Cymbeline* e, para isso, de forma semelhante ao parágrafo anterior e com um toque de humor, ele procuraria o autor – Shakespeare – na sua residência e por fim, como ele já está morto, tomaria para si a expressão "Até rapazes e moças iluminados estão fadados, como os limpadores de chaminé, a virar pó" (*Cymbeline*, ato IV, 2, citada por Bion, 2016, p. 45).

Tenho a impressão de que Bion, a seguir, passa a se referir a um significado evidente da expressão utilizada por Shakespeare – a morte. Indaga como será possível, diante de expressões banalizadas, quando pessoas dizem "eu sei, eu sei", abrir um espaço, para que ele possa ser ouvido. O que nos leva diretamente à clínica, quando uma observação do analista faz o cliente manifestar que já sabe do que se trata, por ter ouvido de outra pessoa, de um psiquiatra, já leu nos livros e, possivelmente, nos dias de hoje diria que já foi informado pela internet. Esta é a nossa faina diária: como apresentar a quem nos procura uma visão da vivência que está em curso, em que ela possa conhecer ou reconhecer algo novo em sua pessoa, quer seja uma enterrada sabedoria ou um manancial de afetos que usa de forma tão escassa.

Para essa exploração arqueológica, Bion propõe desde pás até bomba atômica, mas em virtude da delicadeza do objeto a ser explorado, propõe mesmo um pincel de pelo de camelo, embora o achado de uma nesga de sabedoria pareça tão intimidante que as pessoas sentem uma quase impossibilidade de que se possa chegar lá. Sem duvidar da observação de Bion, quanto à sabedoria e ao pensamento, devo confessar que acompanho, nesses aspectos, tanto o cliente que atendo quanto as ideias assinaladas, no entanto, tomo os afetos envolvidos como sendo os guias de minha sensibilidade para acompanhar a tarefa psicanalítica.

Continuo estudando os *pensamentos extraviados*.

"Até rapazes e moças iluminados estão fadados, como os limpadores de chaminé, a virar pó". Provavelmente, a descrição "eu sei" de Bion (2016) está ligada ao significado direto desta expressão de Shakespeare que todos conhecem, naturalmente na cultura inglesa. *No entanto*, outro significado foi descoberto por Hugh Kenner, quando acidentalmente ouviu de uma camponesa – "os rapazes e moças iluminados" – que a expressão poderia representar a flor dente-de-leão, que, quando da queda de suas pétalas, fica parecendo com a vassoura de um limpador de chaminé.

Penso que esse é um exemplo sofisticado de "pensamento extraviado", com relação ao qual após centenas de anos outro significado é encontrado e devidamente devolvido a seu dono, tendo permanecido encoberto até que pudesse ser descoberto por Hugh Kenner, agudíssimo observador.

O episódio me fez lembrar Maria, mineira, analfabeta, nossa preciosa ajudante na praia, que, usando um linguajar arrevesado, divertia a todos com o inesperado de suas observações. Prestando mais atenção, fui achando que suas observações eram sofisticadas, não sabia bem o porquê. Investigando um pouco mais, descobri que suas palavras tinham um toque delicioso de palavras arcaicas que ficaram conservadas em uma cidadezinha obscura, no interior de Minas Gerais.

Minha intenção, até o momento, foi caracterizar o pensamento extraviado como próximo ao pensamento ou pensamento-sem--pensador, o qual parece estar próximo do pensamento, conforme delineado por Mora anteriormente.

A seguir, prossigamos com o pensamento selvagem.

Pensamento selvagem

Ao examinar o pensamento selvagem, Bion não parece separá-lo do pensamento extraviado, como no texto de 28 de maio de 1997 ou nos seminários de 1978, em São Paulo (Bion, 1980, p. 84): "Imaginemos que quando pessoas estão juntas, como agora, existem *pensamentos extraviados* flutuando ao redor tentando encontrar uma mente para acolhê-los. Será que podemos, como indivíduos, apanhar um destes pensamentos selvagens . . .".

No entanto, assinala (Bion, 2016) que, diante dos pensamentos selvagens, vemo-los surgir, emaranhados em nossos métodos habituais de pensamentos ou sonhos, mas não temos condições de vislumbrar algo de sua "genealogia". Não obstante, continua a sua indagação; para contê-los, pelo menos provisoriamente, cogita de certas categorias que vai chamar de caixas (*boxes*) (Bion, 2016). A primeira delas refere-se a algo tão efêmero que nem parece que se pode considerar um pensamento, pois está mais na categoria do que podemos considerar como algo físico, daí chamá-la de "elemento beta", muito embora não se saiba do que se trata, mas também não se pode ignorar o seu surgimento.

Considera que há algo mais sofisticado que se origina igualmente das dimensões físicas, mas que desperta sentimentos e pensamentos embrionários, algo que está mais próximo ao mundo mental, daí chamá-los de "elemento alfa". Exemplifica com uma referência pessoal, após um acidente, em que esteve agitado e virando na cama, tendo sido encaminhado à enfermaria da escola. Com bom humor, descreve que a sua moral cresceu diante dos colegas por ter estado "gravemente doente".

Aqui, nestas novas circunstâncias, Bion retorna à grade (*grid*) em *Os elementos da psicanálise*, em que ressalta que elemento alfa é uma abstração para compreender certas situações clínicas, da qual, no entanto, não temos uma realização. Porém, no exemplo do acidente, mencionado há pouco, nos dá uma versão mais consistente de elemento alfa.

Até este momento Bion examinou duas caixas – elemento beta e elemento alfa. A seguir, propõe outras caixas (*boxes*), nas quais sugere de forma sucinta os demais elementos da grade:

> *Talvez fosse melhor neste momento se eu tomasse a precaução de retornar a números, chamando elementos- -beta de 1, elementos-alfa de 2, as imagens pictóricas e assim por diante eu poderia colocar na categoria 3, ou C. Poderia ser A, B, C, 1, 2, 3, e então D4, E5, F, G, H . . . (Bion, 1997, p. 30)*

Bion gostaria de oferecer as "caixas" (*boxes*) às mesmas criaturas anteriormente descritas, porém, em uma comparação matemática, como visões negativas: –E, –F, –G, –H. Portanto, está nos introduzindo à grade (*grid*) e à grade negativa (Rezze, 2008).

Se tomarmos em conta a expressão "pensamento selvagem" e seguirmos a sugestão de examiná-la com a grade, podemos fazer o jogo psicanalítico, como sugerido por Bion (1963/1966).

Pensamento selvagem, na linha A, já nos foi apresentado e caberia como A1 e A2, por exemplo, alguém que entrasse com ideias

172 DOMANDO EMOÇÕES SELVAGENS

desarticuladas; A6 caberia se agisse de forma transtornada. Algo desta natureza já ocorreu com um participante, em uma das apresentações de Bion.

Na linha B, elementos alfa, eu ficaria com a ideia de que não há uma realização acessível deste conceito (Bion, 1963/1966). No texto apresentado anteriormente, Bion, diferentemente, nos dá uma realização de elemento alfa que, talvez, possa servir de modelo para alcançar pensamento selvagem. O elemento alfa surgido pela ação da função alfa permite a operação da barreira de contato que nos lança na próxima linha, C, da grade.

	Hipóteses definidoras 1	ψ 2	Notação 3	Atenção 4	Indagação 5	Ação 6	... n
A Elementos β	A1	A2				A6	... An
B Elementos α	B1	B2	B3	B4	B5	B6	... Bn
C Pensamentos oníricos, sonhos, mitos	C1	C2	C3	C4	C5	C6	... Cn
D Pré-concepção	D1	D2	D3	D4	D5	D6	... Dn
E Concepção	E1	E2	E3	E4	E5	E6	... En
F Conceito	F1	F2	F3	F4	F5	F6	... Fn
G Sistema dedutivo científico		G2					
H Cálculo algébrico							

Figura 5.1 A grade. Fonte: Bion (1963/1966).

Na linha C – pensamentos oníricos, sonhos, mitos – é onde podemos considerar a conjectura imaginativa ou racional de pensamento selvagem, de acordo com a seguinte afirmação: "Assim, vou começar imaginando, de forma especulativa, algo que *não* é um fato. Mas, é um fato imaginário".

Tendo delimitado a categoria C, passemos a considerar os diversos usos que podem ser investigados. Para isso, poderíamos tomar a "afirmativa-convite" citada no início do capítulo como um todo ou selecionar uma parte dela, para podermos trabalhar de forma mais limitada. Escolhemos selecionar (Bion, 1977/2017, p. 75): "esses pensamentos-sem-pensador, esses pensamentos que estão vagando estão sob risco de serem também pensamentos selvagens e ninguém gosta de acolher pensamentos selvagens".

- C em 1 – hipótese definidora – explicita que existem pensamentos-sem-pensador que vagam na sala e que podem também ser pensamentos selvagens e, neste caso, ninguém gosta de acolhê-los.

- C em 3 – notação – é feito o registro citado disponível para uso.

- C em 4 – atenção – coloca a afirmação citada para nossa investigação sobre o que são pensamentos sem pensador que possam vagar na sala, que possam também ser pensamentos selvagens os quais não se quer acolher.

- C em 5 – indagação – o fragmento selecionado, como uma conjunção constante, nos permite conjecturar sobre as características de continente contido, uma teoria psicanalítica ligada à identificação projetiva.

- C em 6 – ação – permite duas linhas de abordagem. Numa será a explicitação da ideia – o que está ocorrendo – e a ação de contê-la. Noutra, expulsá-la, em linguagem mais técnica, evacuá-la.

Deixei a coluna 2 (Ψ) propositalmente por último, por ela ser diferente das anteriores. Na grade, a coluna 2 visa negar uma emoção que se acredita que não seja suportada. Podíamos conjecturar que toda a formulação de Bion visaria negar que a sua participação, nos seminários, poderia provocar emoções insuportáveis, como indagaremos mais à frente.

Podemos tomar as demais categorias do eixo genético – D, pré-concepção; F, concepção; G, conceito; F, teoria científica; com exceção de H, cálculo algébrico – como capazes de conter o fragmento selecionado para fazer o mesmo jogo psicanalítico. Tal será também válido se considerarmos a "citação-convite" como um todo.

A conclusão é de que temos uma visão multipolar de pensamento selvagem e pensamento extraviado quando os colocamos nas diversas categorias da grade, considerando-os desde o seu aspecto mais primitivo – elemento β – até categorias mais desenvolvidas que possam culminar em pensamento – concepção, conceito e teoria científica.

Até este momento estivemos estudando o pensamento selvagem e o pensamento extraviado, tendo como fulcro o pensamento. Proponho mudar a direção e colocar como centro da investigação a emoção.

Emoções selvagens

Como introdução tomo a citação de Bion nos *Seminários italianos* (1977/2017):

O nosso problema aqui envolve não apenas ser capaz de pensar intelectualmente, mas também se podemos ser capazes de sentir emocionalmente. Vou colocar a questão novamente: a quais pensamentos selvagens e a quais sentimentos selvagens vocês estão dispostos a ousar darem guarida? (Bion, 1977/2017, p. 113)

Aqui não somente se consideram os pensamentos selvagens, mas se inauguram os aparecimentos de sentimentos selvagens.

O *Cambridge International Dictionary of English* (1996) registra: "Tame: It's hard to tame a tiger" – "É difícil domar um tigre" – e "He'll need to tame (=control) his temper if he wants to succeed" – "Ele precisará domar (=controlar) seu temperamento se ele quiser ter sucesso".

O verbo *"tame"* traduzi livremente por domar, que corresponde a duas acepções, pelo menos, conforme demonstra o parágrafo anterior. A primeira considera que se doma um animal selvagem. Levando em conta o título do livro de Bion – *Taming wild thoughts* –, o sentido é o de domar uma força animal como a de um tigre. Concretizando, veremos a proposta de um risco factual de se enfrentar um pensamento selvagem como equivalente a um tigre, algo de selvagem no animal humano que pode colocar nossa vida em risco. A segunda acepção considera os sentimentos que precisam ser domados (controlados) e a situação igualmente perigosa de lidar com a alma, espírito ou mente, quando as emoções são selvagens.

Quanto aos pensamentos selvagens, escolhi um trecho do livro *Seminari italiani*, que vem a ser uma pergunta que um dos participantes faz justamente sobre o tema. Creio que a pergunta e o que se segue permitem a realização do conceito.

A abertura do discurso de ontem do Dr. Bion me pareceu muito bonita como imagem; poderíamos ver os pensamentos selvagens passeando pela sala; mas depois eu me perguntei: estes pensamentos são uma emanação do Espírito Santo, ou se não, o que está nos dizendo o Dr. Bion? Esperei então que nos resolvesse o mistério do início do evangelho de São João, que nos dissesse onde estava o verbum *e que nos ajudasse a entender como ele se havia feito carne; mas todo o resto do discurso não me ajudou muito nisso e, sobretudo, a longa e meticulosa investigação sobre a trabalhosa aquisição da linguagem pelo homem, a partir do grunhido, me desorientou. Pareceu-me contraditório aquele início: em suma, Deus, ou o que seja, grunhe ou fala? (Bion, 1983, p. 77, tradução de Renzo Birolini)*

Outro participante tenta falar, mas fica a meio do caminho, porque "há muitos ruídos na sala". Bion, após algum tempo, começa a responder e assinala algo ligado a "tanto barulho na sala" (Rezze, 2006, 2009).

Podemos considerar a fala do participante descrito como expressando um pensamento selvagem. Se considerarmos a indagação exasperada que surge no grupo com a consequente fragmentação momentânea deste, podemos supô-lo operando não como um grupo de trabalho, mas sob o pressuposto de luta e fuga (Bion, 1970).

Quanto ao vínculo operante na situação escolhida, podemos considerar que há uma fragmentação do vínculo conhecimento e o surgimento de intensas vivências de ameaça, violência, agressividade e atuação franca, determinando perplexidade e confusão entre os elementos do grupo.

Podemos considerar o episódio como sendo fruto da intervenção de um pensamento selvagem, mas creio que o determinante foi a emoção do participante que sentiu a intervenção de Bion como um pensamento selvagem, avassalador, ameaçador, violento, agressivo, destrutivo, determinando uma resposta violenta que paralisou o grupo de trabalho. Não houve propriamente o tempo para haver um pensamento e sim para a reação emocional, embora a sua colocação em termos verbais tivesse consistência e clareza.

Bion, principalmente em suas supervisões, encarece a importância do pensamento selvagem, possivelmente como fonte original de criatividade, e convida os presentes a participarem, externando seus pensamentos selvagens, pelo menos como eu creio que ocorria, embora, a meu ver, raramente o seu convite surtisse o efeito desejado, talvez pelo que estou considerando, ou seja, a emoção selvagem. Suponho que em situações como estas, em que se está em contato com o grande mestre – Bion –, emoções violentas como as do temor reverencial, o receio de se intervir com sentimentos e ideias que possam ser consideradas como insignificantes levam os presentes a considerarem sua participação, como o que, na terminologia de Bion, seria o temor à mudança catastrófica.

Faço uma fantasia, não sei se Bion chamaria de conjectura imaginativa, de que a sra. Francesca Bion, estando presente ao seminário por mim referido ou tendo notícias dele, pelo seu marido dr. Bion, tenha ficado horrorizada, e daí o nome que deu ao livro. Estou supondo que ela ouviu o mesmo que eu e interpretou da mesma forma, daí ter dado o título ao livro de *Domando [Taming] pensamentos selvagens*, não utilizando o verbo *"domesticate"*, que consta do texto de Bion e ao qual ela se refere na introdução. Reitero que é uma fantasia de minha parte.

Considero que, na psicanálise, houve um magnífico desenvolvimento de teorias sobre a personalidade, com Freud, Klein, outros autores e seus continuadores. Em Bion, temos uma original teoria do pensamento que subverte os conhecimentos tradicionais, que nos coloca sob o impacto de pensar os pensamentos, desenvolvendo um aparelho psíquico para fazê-lo.

No entanto, devo considerar que não dispomos de uma teoria que trate da emoção e do sentimento, embora todos os autores a eles se refiram, como Bion, que propõe uma grade (*grid*) em emoções. Ainda assim, em seu livro *Os elementos da psicanálise* (Bion, 1963/1966), que possui vinte capítulos, somente em dois o autor propõe que a grade em conhecimento se preste às emoções, porém de forma tênue, se considerarmos a consistência dada ao pensamento, quando trata do conhecimento.

Tenho tentado pensar a respeito e verifico que a emoção ou sentimento que é comum que seja tratado na psicanálise é a dor. Bion acentua que esta é imprescindível à psicanálise, não porque haja qualquer virtude em viver a dor, mas porque ela é inerente ao ser humano. Subvertendo esta ordem, sem contradizê-la, tenho acentuado a imprescindibilidade do prazer, na especificidade do "prazer autêntico" (Rezze, 2011, 2012, 2014, 2015, 2016; Rezze & Braga, 2014).

Referências

Bion, W. R. (1966). *Os elementos da psicanálise*. Rio de Janeiro: Zahar. (Trabalho original publicado em 1963)

Bion, W. R. (1970). *Experiências com grupos*. Rio de Janeiro: Imago.

Bion, W. R. (1980). *Bion in New York and São Paulo*. Pertshire: Clunie Press.

Bion, W. R. (1983). *Seminari italiani*. Roma: Borla. Tradução em português de Renzo Birolini, não publicada.

Bion, W. R. (1992). *Conversando com Bion*. Rio de Janeiro: Imago.

Bion, W. R. (1997). *Taming wild thoughts*. Francesca Bion, Ed. London: Karnac Books.

Bion, W. R. (2016). *Domesticando pensamentos selvagens*. São Paulo: Blucher.

Bion, W. R. (2017). *Seminários italianos*. São Paulo: Blucher. (Trabalho original publicado em 1977)

Cambridge International Dictionary of English. (1996). London: Cambridge University Press.

Mora, J. F. (1977). *Dicionário de filosofia*. Lisboa: Dom Quixote.

Rezze, C. J. (2006). Aprender com a experiência emocional. E depois? Turbulência! *Rev. Bras. Psicanál.*, 39(4), 133-147.

Rezze, C. J. (2008). Tentativo di creare una griglia in -K (meno conoscenza). In S. Marinelli, *Studi ed esperienze a partire da Bion*. Roma: Borla.

Rezze, C. J. (2009). Turbulências: do aprender com a experiência emocional ao pensamento selvagem. In C. J. Rezze, E. S. Marra, & M. Petricciani (Orgs.), *Psicanálise: Bion: transformações e desdobramentos*. São Paulo: Casa do Psicólogo.

Rezze, C. J. (2011). *Limites: prazer e realidade. Objetivos da análise: prazer possível? Realidade possível?* Trabalho apresentado no XXIII Congresso Brasileiro de Psicanálise, Ribeirão Preto, set. 2011.

Rezze, C. J. (2012). *Prazer autêntico: mudança de paradigma?* Trabalho apresentado no Painel "Prazer Autêntico: Prazer –

Amor – Psicanálise?", no XXIX Congresso Latino-Americano de Psicanálise, São Paulo, 10-13 out. 2012.

Rezze, C. J. (2014). *Prazer autêntico – o belo – estesia. Ideias embrionárias.* Trabalho apresentado em reunião científica da Sociedade Brasileira de Psicanálise de Ribeirão Preto, 8 ago. 2014.

Rezze, C. J. (2015, 2016). *Prazer autêntico: a fratura.* Trabalho apresentado no XXV Congresso Brasileiro de Psicanálise, São Paulo, 28 out. 2015, e na Sociedade Brasileira de Psicanálise de São Paulo, em painel intitulado "Além dos limites da representação: comunhão, fruição estética e prazer autêntico", 13 fev. 2016.

Rezze, C. J. E., & Braga, J. C. (2014). *Authentic pleasure capture of moments of unison with reality.* Trabalho apresentado no evento Bion 2014 International Conference, Los Angeles, out. 2014.

PARTE II
Clínica psicanalítica

Introdução

Para o capítulo "Estudo de uma sessão analítica: identificação e rastreamento na clínica dos conceitos de inconsciente, sexualidade, recalcamento, transferência e transformações", escolho uma sessão de supervisão na qual a candidata estabelece comigo uma relação bastante livre e espontânea, tendo me apresentado oralmente e sem apontamentos uma sessão de análise. Proponho seguir o trabalho: eu anotando a sessão, conforme a tinha percebido, e apresentando à candidata no encontro subsequente. Quando retorna, ela me apresenta a sessão anterior por escrito e com detalhes que não existiam em sua apresentação oral. Isso propicia que comparemos os dois textos, e, por minha solicitação, ela apresenta alguns dados da história de sua cliente. Estes quatro itens são chamados de "Relatos", e sobre cada um deles passo a fazer apreciações sob uma vertente clínica na qual se destaca o *ponto nodal* nas considerações que estamos fazendo.

O *ponto nodal* é aquele em que a analista dá uma interpretação, portanto no nível simbólico, em que operaria a função alfa e os desdobramentos que correspondem ao inconsciente, repressão,

184   INTRODUÇÃO

sexualidade e transferência, conforme o tema proposto. A cliente reage em um nível de atuação em que não há o desenvolvimento do eixo genético da grade.

O trabalho prossegue usando o *ponto nodal* para examinar: em Freud, os quatro conceitos em estudo; em Melanie Klein, a evolução até a transferência total; em Bion, aprender com a experiência emocional e transformações.

Termino com uma conclusão que também é pertinente para outros trabalhos apresentados: "Cremos que é muito importante observar as invariantes em cada sistema teórico, para que estas sejam respeitadas. Caso contrário, podemos forjar um grande litígio, causando dor, sofrimento, grande desperdício de energia e, quiçá, de talento".

A mudança de consultório será um fato quase inevitável quando se trabalha há muitos anos, então, creio que será possível a muitos colegas acompanharem-me nesta jornada. Mudei-me inesperadamente, pois tinha me submetido a uma operação cirúrgica, mas esperava voltar a meu consultório. Não foi possível. Com uma perna engessada, passei a receber em minha casa, em sala apropriada, com o *hall* social transformado em sala de espera, mas em continuidade com as salas de jantar e estar.

O cliente se surpreendeu pelo contraste entre o meu consultório, sempre bem cuidado, porém muito simples, pobre mesmo, com a casa, em que destacava os jardins, o bairro, sentindo-se enganado por mim, que tinha muito dinheiro, ganho de forma aproveitadora de meus clientes. Assim, foi fazendo muitas críticas.

O cliente era dos mais antigos, vinha cinco vezes por semana, de início muito me atacando, sentindo que eu tinha mulher e filhos e ele não. No decorrer dos anos conseguira maior aproximação comigo, mas numa situação desigual, em que ele era um homem viajado e cosmopolita, e eu, um caipira, que de vez em quando aparecia com cor de quem tomou sol em praia, algo "extremamente vulgar".

Os acontecimentos narrados fizeram com que o cliente passasse por situações de muito sofrimento, espelhadas nas suas atitudes de ataque a mim e meus recursos.

Refletindo sobre o tema do trabalho – "Preservação e alteração do *setting* na análise" –, pude verificar que a alteração física do *setting* alterou profundamente o *setting* mental do cliente, fazendo com que tornasse a situações muito profundas de seu ser. O analista também teve que se haver com a mudança do *setting* físico em dois níveis: o da casa e o de seu corpo com a perna engessada após cirurgia. Do seu *setting* mental pôde verificar suas restrições, mas sobretudo compreender que as manifestações do cliente colocavam vida na relação, embora a aparência fosse em contrário.

Fato inusitado, as transformações nos levam a conviver com os fantasmas e seus lençóis.

Isto ocorreu quando, convivendo com o cliente, ele diz que discorda de algo que eu havia dito. Isso evolui e creio que elementos de sua formulação pareciam ser tomados como sendo não uma hipótese a respeito de si próprio, mas como sendo "*si próprio*". Aí foi que surgiu a menção aos fantasmas. Referi que o problema dele, meu, enfim, de qualquer pessoa, é o mesmo que o dos fantasmas. Para que eles sejam acessíveis aos seres humanos é necessário que usem os lençóis. Em geral são lençóis brancos, que sinalizam sua presença e, assim, os concomitantes de medo, pavor, terror, e assim por diante. Sem os lençóis, rangidos de portas, murmúrios, não temos acesso aos fantasmas. O trabalho prossegue em elaboração, o que permitiu o título "Fantasmas e psicanálise: digressão em torno de transformações em O".

"Minha experiência clínica na apreensão do objeto psicanalítico" se desenvolve considerando dois clientes que se atrasam para a sessão: o primeiro por cerca de trinta minutos – após o afastamento do analista por uma semana –, com voz monótona informa ter passado bem na sua ausência, tendo vivido uma vida "arroz com feijão"; a segunda por cerca de vinte minutos, diz que por vontade própria se atrasou e, a seguir, mostra-se reticente, parando a conversa por aí. A partir destes dados, pudemos conjeturar a ausência e a presença do objeto psicanalítico.

O primeiro cliente se estende mais, dentro do mesmo tema e com falta de ressonância afetiva. A cliente, após breve silêncio, acrescenta, em termos definitivos, que ela estava numa boa e que o analista ia dizer-lhe coisas horríveis e acabar com seu bem estar. O analista vai explorar esta fala, sugerindo que ela está dizendo algo muito importante. A cliente toma-se de curiosidade. Este é um momento sutil de mudança emocional no cenário da sessão. A seguir o analista pode considerar que as associações e interpretações no prolongamento nos domínios dos sentidos, do mito e das paixões fazem parte do objeto psicanalítico, correspondendo a três elementos da grade em B, C e G.

6. Estudo de uma sessão analítica: identificação e rastreamento na clínica dos conceitos de inconsciente, sexualidade, recalcamento, transferência e transformações[1]

Ao usar o conceito de transformações na clínica, nos vemos diante de uma situação em que há imbricação com muitos outros conceitos, formando uma rede à qual teremos de nos ater. Isso nos aproxima de sistemas de teorias que mantêm uma certa coerência conceitual interna, porém tal não ocorre ao considerá-los operando em conjunto.

Para dar sustentação ao que pretendemos desenvolver, utilizamos situações clínicas provenientes de uma sessão de supervisão.

Consideramos que estamos trabalhando com transformações que se originaram da experiência de supervisão, que por sua vez provieram da *experiência emocional* transcorrida entre candidata e cliente.

---

1 Trabalho apresentado no Fórum Temático "Estudo de uma Sessão Analítica: Identificação e Rastreamento na Clínica dos Conceitos de Inconsciente, Sexualidade, Recalcamento, Transferência e Transformações". Sociedade Brasileira de Psicanálise de São Paulo, 30 ago. 1995. Agradeço à dr.ª Vânia Medina Vieira de Freitas pela autorização para publicação de contribuição clínica e por sua valiosa participação pessoal.

188   ESTUDO DE UMA SESSÃO ANALÍTICA

Embora possa parecer repetitivo, transcrevemos as observações do supervisor, da candidata, a relação entre elas e dados clínicos. Dessa maneira pudemos observar os *vértices* usados pelo supervisor, pela candidata e pela cliente e verificar se algumas invariantes foram mantidas nos relatos. Elementos, assim coligidos, permitiram que emergissem *fatos selecionados* com os quais trabalhamos.

Assim, pudemos confrontar as teorias que emergiram, e isso nos levou a considerar pelo menos quatro conceitos fundamentais da psicanálise: inconsciente, recalcamento, sexualidade e transferência na esfera freudiana. Ainda outros conceitos se fizeram presentes, oriundos de Klein e Lacan. Isso nos possibilitou a discussão sobre pontos de convergência e divergência dos conceitos psicanalíticos, conforme vínhamos já esboçando no primeiro parágrafo.

Relatos

Estes relatos compõem-se de quatro partes: A. uma sessão de supervisão, anotada pelo supervisor após esta; B. sessão da terça-feira, escrita pela candidata após a sessão de supervisão, na qual os elementos foram apresentados oralmente sem o auxílio de anotações; C. algumas considerações após a candidata e supervisor terem trocado suas respectivas transcrições; D. alguns dados sobre a cliente, fornecidos pela analista.

A. Sessão de supervisão anotada pelo supervisor

O relato é aquele que mais se aproxima (nas minhas possibilidades) da qualidade emocional envolvida. Os termos *eu, supervisor* e *comigo* referem-se ao supervisor; *colega, candidata* e *analista* referem-se à candidata; *cliente*, *paciente* e *analisanda* referem-se à analisanda.

Eu havia solicitado que a candidata encontrasse, nos seus apontamentos, uma determinada sessão. A especificação fora feita em função de que na sessão por mim referida a candidata fizera algumas intervenções que revelavam intuição e a oportunidade de mostrar uma forma própria de trabalhar.

Diz-me que procurou, mas que não tem escrito as sessões e não sabe a que eu me referia. A seguir diz, com ar desolado, que isto não foi o pior. Tem pilhas de sessões escritas (acompanha a cliente há oito anos) e, quando foi lê-las, as falas da paciente não diziam nada a ela e, pior ainda, nem as suas. No entanto, acrescenta que qualquer situação que aparecesse, provavelmente, me seria útil.

Aliás, a candidata "não sabe bem por que tomou esta cliente em análise e se soubesse [o que viria] *jamais* teria feito isto, *jamais! Jamais!*" (e um lápis, com extremidade de borracha, oscila enfaticamente diante de meu rosto). "Você quer ver? Vou trazer duas sessões. Ela entrou e deitou-se. Eu disse-lhe que na próxima semana (quando do feriado da quinta-feira) eu também não poderia atendê-la na quarta."

A cliente diz que já há algum tempo havia marcado dentista na segunda-feira, no mesmo horário da sessão (a cliente vem às segundas, terças, quartas e quintas) e, portanto, não viria.

A candidata comenta isso comigo como sendo algo característico desta cliente, esta espécie de ocultação dos fatos, pois já há algum tempo havia marcado consulta ao dentista. Atribui ao fato um sentido de agressão. Expressão da candidata, "toma lá, dá cá" (um não atendimento, uma falta). Mas ela não entra no jogo e dá uma ideia para a paciente.

"Você poderia trocar o horário de segunda pela quarta."

Eu não entendi de pronto o que havia dito, pois pensei que tivesse oferecido alguma alternativa dela (candidata), mas explicou-me que ofereceu uma sugestão (a de que a analisanda mudasse o horário do dentista de segunda para quarta feira). "A cliente entendeu, aquiesceu e ficou em silêncio."

Assim se passaram dez minutos.

A candidata manifesta aqui o que torna difícil o trabalho: não se sabe nada, não se pode fazer ideia alguma, não se tem o que fazer, o que falar...

Ao fim deste tempo a cliente fala.

"Veja, estou em silêncio este tempo todo, mas é que para mim não há nada de interessante a ser dito." Logo depois, como se corrigindo: "e também nada que não seja interessante". No entender da candidata não havia nada interessante e nada não interessante, portanto, nada.

A candidata expressa ao supervisor a situação de encurralamento em que fica.

Manifesto a opinião de que logo após a fala da cliente eu diria algo como que a minha opinião era diferente da dela e faria alguma descrição, relacionada aos acontecimentos da sessão, enfatizando as emoções.

Passam-se mais silenciosos dez minutos.

A candidata decide interferir numa linha semelhante a que me ocorrera e assinala que ela devia saber pelo menos o que não era interessante.

A cliente começa a esclarecer que aí reside a dificuldade, pois se ela começa a considerar o que não é importante, então, ela não pode...

A analista pondera ao supervisor que a cliente faz uma formulação que vai se tornando inacessível ("isto ocorre muitas vezes") e já "aprendeu" que a conversa deve se tornar mais acessível. Assim, intervém com a cliente.

"Você poderia dar um exemplo?"

A cliente aceita de pronto e prossegue.

"Veja, é o caso dos peixes. Foi um custo levar os peixes para casa. Saí da repartição, fui a outro lugar, peguei o ônibus, demorei três horas e dei os peixes para minha mãe e aí ela diz: tainha, outra vez!?"

A colega aí se surpreende, pois a cliente cria peixes e a analista já tinha em mente que ela adquirira mais alguns espécimes, porém não precisa intervir, a cliente prossegue.

"O meu chefe deu os peixes. Ele foi pescar no mar e trouxe os peixes que ele dá aos funcionários. Desta vez trouxe porque ele cria os peixes, mas um jacaré grande (a cliente se interessa pelo jacaré), com patas amarelas (se interessa pelas patas) comeu a maior parte e ele deu para nós."

Não fica claro e a analista intervém.

"As que sobraram (tainhas)?"

"Sim. Minha mãe disse que havia uns pequenos buracos num dos peixes e talvez fosse a boca do jacaré. Mas este é o ponto. Minha mãe me ignora. Ela não gosta de mim. Ela não toma conhecimento de minha pessoa."

A colega pondera que, se a mãe até observou os buracos no peixe, deveria estar dando atenção à história dela. A cliente prossegue.

"No dia seguinte minha mãe fez a tainha e serviu no almoço. Aí ela disse que minha irmã havia trazido um vinagre puro, delicioso e com ele preparara a salada de pepino e tomates. É sempre assim. Ela não me liga a mínima. A minha irmã que é a boa: estudou, casou, tem filhos... Eu, então, disse que o vinagre era horrível e o pepino estava sujo e preto."

A analista acha oportuno intervir e faz o comentário: "aí eu interpreto".

"Aí está o jacaré."

A cliente para um instante e continua a falar mais ou menos no mesmo tom e no mesmo assunto. Um pouco mais, termina a sessão.

A analista manifesta dúvida, não sabe se a cliente ouviu ou não o que ela havia dito. A seguir informa que, na sessão seguinte, a cliente não diz uma palavra durante os cinquenta minutos.

Procuro esclarecer a fala da analista sobre o jacaré e que, me parece, não "ecoou" para a cliente.

A colega diz referir-se ao ciúme da cliente em relação à irmã e que esta (cliente) atacou a mãe, semelhantemente ao jacaré que atacara as tainhas.

Coloco que a minha visão é diferente quanto à interpretação. A analista estava de fato interpretando, assinalando para a paciente que o móvel de sua ação era o ciúme. Porém, este tipo de atividade mental é algo que a analista pode realizar, e a cliente, possivelmente, não. Ela vive uma situação em si, aquilo já é. O que em certas pessoas corresponderia a um desejo inconsciente, aqui já é conscientemente uma situação que move a ação.

Detalhei um pouco mais.

A situação narrada com a mãe e aquela que ocorre na sessão mantêm um paralelismo. Começando com a sessão desde o início. A cliente não "vê" nada de "interessante" em uma sessão que se inicia de forma especial, com a analista informando sobre o seu *não* atendimento por dois dos quatro dias que ela frequenta, tendo a cliente assinalado mais, ou seja, três ausências em uma semana de quatro dias.

A analista supõe que haja um revide: "toma lá, dá cá". Porém, não sabemos.

No episódio das tainhas a analista pondera que a mãe até nota os buracos no peixe e levanta a hipótese de mordida do jacaré. A cliente não toma isto em conta (como evidenciando alguma manifestação do interesse da mãe para com ela). A analista também comenta que as tainhas precisam ser limpas. Eu comento que sim, que é preciso descamá-las e tainha é difícil de preparar, precisa ser assada e mesmo assim não atende ao gosto de muita gente.

Essas considerações de senso comum não aparecem nas apreciações da cliente.

O problema que ela esclarece e destaca é o seu ressentimento pela mãe "não gostar dela", ignorá-la.

Vejamos a semelhança na relação com a analista.

A cliente não percebe os cuidados da analista: avisando com antecedência sua ausência; sugerindo ficarem mais tempo juntas; que responde a sua fala e cuida de algo que possa uni-las.

A sessão prossegue, e ela, recebendo a atenção da analista, coopera e se propõe a dar um exemplo, que se torna uma participação animada, uma narrativa vívida que até parece vivida ali naquele instante. Parece que este instrumento da emoção, que assinala o que se passa entre elas, não ganha a percepção dela. Porém, a cliente se serve fartamente da presença, atenção e emoção da analista, absorvendo-as em si.

A narrativa é desta mãe que não gosta dela e a ignora; a ação é de estar se servindo vasta e incorporativamente desta mulher presente que a assiste e a acompanha.

Parece faltar à cliente a qualidade mental "mãe", que evolvendo daria a abstração mãe e o símbolo mãe. O que ela tem na ausência daquela (qualidade mental) é esta mãe (elemento concreto) que a ignora.

A analista na supervisão espontaneamente atalha: "que ela ataca" (a cliente ataca).

Fico meio desarrumado. Não é bem assim.

A analista tem esta qualidade emocional que lhe permite esta versão, esta impressão.

A cliente não está atacando a mãe, quer por ser uma narrativa ou, talvez, nem na realidade. Vive a mãe sentida como concreta, ignorando-a, e na sessão a vivência da paciente é de ignorar a atenção da analista para com ela. A cliente não ataca propriamente, alucina.

Falta-lhe a qualidade emocional que lhe permita encontrar a atenção da analista na sessão; na narrativa, o amor da mãe (embora da mãe real nós nada saibamos). Ela sente-se atacada por esta falta na sessão; sentindo a falta de amor seu ou da analista em outro tempo e espaço (o de sua narrativa, vivida como algo ocorrendo naquele momento).

B. Sessão anotada pela candidata após a supervisão

Chega no horário (como sempre), coloca sua bolsa sobre a cadeira (sempre a mesma) e se deita no divã. Fica em silêncio alguns minutos. Digo a ela que na próxima semana temos um feriado na quinta-feira e que não vou poder atendê-la também na quarta.

P. "Está bem." Seu tom é de alguém que ouviu uma informação que deve ser registrada. Neutro. Permanece em silêncio por mais ou menos dois minutos e diz:

P. "Na segunda-feira eu marquei hora no dentista às 18h." Já havíamos conversado sobre este dentista, e ela estava tendo dificuldades em encontrar um horário depois de seu expediente e que não coincidisse com o horário da análise. Nosso horário é às 18h45. O tom em que me comunica que na segunda-feira não viria é frio, e minha primeira hipótese é que estava revidando – já que me tira uma sessão, eu cancelo a outra. Prefiro não entrar neste jogo – o da rivalidade – e penso em oferecer-lhe uma alternativa, uma vez que de fato eu a estava privando de uma sessão.

A. "Se pedir para a dentista transferir sua hora para quarta-feira (quando não poderei atendê-la) e ela puder fazê-lo, você poderá vir na segunda."

P. "É, boa ideia." Seu tom é frio e eficiente. Faz uma pequena pausa e a seguir diz:

P. "Não tenho nada de muito interessante para falar... nem nada que não seja interessante." Neste ponto termina seu discurso de maneira decidida, como se dissesse: "o papo acabou!". Fica aproximadamente cinco minutos em silêncio, imóvel, com pernas e braços cruzados. Digo-lhe então que, ao vê-la em silêncio, havia pensado se nossa conversa sobre as sessões da semana que vem (quando não poderia atendê-la) tinha alguma coisa a ver com seu silêncio, mas que aquilo era só uma hipótese e que só ela poderia saber o que de fato estava se passando em sua cabeça. Responde imediatamente:

P. "Eu não pensei isso." Isso é dito em tom firme, quase de briga, assim: "você está louca, eu não pensei, logo não existe".

A. "Eu sei que você não pensou isso. Eu é que pensei, mas posso estar enganada. Pode ser que você já tenha chegado aqui sem ter nada para dizer, foi só uma ideia que me ocorreu".

P. "Eu não sou assim, meu ritmo é outro. As pessoas podem pensar – já que não vai dar tempo, vamos aproveitar o que tem e andar mais rápido. Eu não sou assim, não penso assim. Tava aqui pensando umas banalidades."

A. "Banalidades!"

P. "É, banalidades, coisas soltas..."

A. "Daria para dar um exemplo do que você chama de banalidades?"

P. "Feito uma conversa que tive ontem com minha mãe. Eu passei três horas carregando uns peixes pra levar pra minha casa." Neste ponto minha memória me confunde, pois há alguns dias vem falando sobres suas dificuldades com os peixes de seu aquário e eu entendo que estava levando peixes vivos para sua casa. Continua...

P. "Quando eu chego, entrego para ela, e quando ela desembrulha e diz: tainha, outra vez! Eu não gostei, não me incomodo de carregar, só queria que ela gostasse, mas não disse nada. Eu queria que ela ligasse para mim, mas ela não liga. Tentei até contar a história das tainhas, mas ela não se interessa. Contei que as tainhas foram pescadas pelo meu chefe. Ele tem uma casa na praia com um viveiro e nos fins de semana ele pesca e dá pra gente, mas neste fim de semana entrou um jacaré no viveiro que estava comendo os peixes.

Mas nem assim ela se interessou pela minha história, olhou pros peixes e disse: olha aqui estes buracos, pode ser que sejam mordidas de jacaré. Então eu tentei contar mais, disse que o jacaré tinha um papo amarelo e descrevi as patinhas dele." Neste ponto seu relato é aflito, fala rapidamente, quase sem pausar. "Então eu vi uma salada de pepinos e perguntei: o que é isto? Ela disse que minha irmã havia trazido um vinagre especial, muito puro e que ela havia feito uma salada e colocado o vinagre e por isso eles haviam ficado escuros (seu tom agora é cheio de rancor), pareciam pretos, meio sujos."

A. "Quando sua mãe fala da sua irmã é que aparece o jacaré, não é? Você fica mordida de ciúmes."

P. "É claro, eu nunca vou poder dar para ela o que a minha irmã dá – filhos, realização profissional –, minha irmã ela respeita, eu, tudo o que eu trago pra ela não tem valor, ela acha que é por sorte. Aí eu disse que os pepinos pareciam sujos e fui pro meu quarto."

Nosso tempo havia terminado e *eu fiquei ali aturdida, com os peixes, o jacaré, os pepinos e o vinagre, não sabia bem o que fazer com tudo aquilo.* Suas sessões têm tido este clima meio onírico, nunca sei se ouviu, se vai falar; às vezes fica cinquenta minutos em silêncio, às vezes chora, como disse: "seu ritmo é outro".

C. Alguns comentários após a candidata e o supervisor terem trocado suas respectivas transcrições

A candidata anuncia divertidamente que o supervisor havia inventado algumas coisas.

Assim, o supervisor acrescentou tomates à salada, bem como adiou a refeição das tainhas para o almoço do dia seguinte, em vez de terem sido consumidas no jantar do próprio dia.

O supervisor ficara em dúvida sobre estes dados (quando estava fazendo sua transcrição). A retomada deles não permitiu ampliar algo da qualidade psíquica e, então, serão abandonados.

Também a analista assinala que a transcrição da fala da paciente pelo supervisor – "Eu, então, disse que o vinagre era horrível..." – acrescenta uma compreensibilidade que a candidata também acrescentou na supervisão, porém a analisanda somente pronuncia a palavra "horrível" (notar que este termo apareceu no relato do supervisor e agora é confirmado pela analista, porém não consta de sua transcrição).

Esta observação da analista permite melhor notar o nível fragmentado no qual se dá o trabalho, bem como perceber que o "horrível" remete ao infinito. Pode não estar em referência com o que supervisor e candidata inferiram.

Foi omitida uma parte pelo supervisor na sua transcrição (não na supervisão). É o trecho em que o tom da paciente é "quase de briga" ("eu não falei isto, você está louca") e culmina com "meu ritmo é outro".

O ritmo a que ela se refere, aliás, com perspicácia, a ver do supervisor, é que ela opera concretamente, ao passo que a analista está mais livre para imaginar, supor, sonhar, formular, ou seja, outra dimensão da qualidade emocional.

Com relação a estes aspectos, a candidata salienta que suas observações também são mais concisas do que aparece em nossos relatos. Exemplifica com a interpretação na qual tão somente diz "é o jacaré".

A candidata acrescenta um dado que pode passar um tanto despercebido pelas transcrições de analista e supervisor, ou seja, as sessões são turbulentas.

Vale a pena refletir que as relações candidata-supervisor se passam em qualidades emocionais diversas da relação cliente-analista.

Uma última e importante consideração da candidata é que ela pôde organizar suas ideias após a supervisão e, assim, ordenar melhor seu relato. A supervisão fora feita oralmente e sem nenhum apontamento de referência.

Para exemplificar, o termo "banalidades", que aparece na transcrição da candidata (relacionado à inexistência de algo "interessante"), não surgiu na supervisão. A candidata lembrou-se posteriormente do termo ao escrever.

O comentário que isso enseja é que candidata e supervisor se movimentaram com elementos mais *desorganizados e caóticos* do que as transcrições fazem supor, notadamente a da analista, que intencionalmente tentou se ater à memória da sessão.

D. Alguns dados sobre a cliente

A paciente está atualmente com 29 anos, em análise há oito, quatro vezes por semana de segunda a quinta.

Quando procurou análise, queixava-se de muita dificuldade para conversar com as pessoas. Vivia com seus pais, como faz até hoje, e frequentemente passava dias trancada no seu quarto, sem falar com ninguém. Aos poucos a situação de silêncio foi se estabelecendo também entre cliente e analista.

Tem uma irmã mais velha casada e com filhos. Seus pais são aposentados. Trabalha em um órgão público em tempo integral. Sua vida prática se resume em ir para o trabalho, vir para a análise e voltar para casa. Recentemente comprou um aquário, e sua preocupação com os peixes – a temperatura da água que é medida por um termostato – tem sido "causa" de discussão e angústia, pois quando vai trabalhar tem de deixar a mãe encarregada de regular o aparelho e acusa-a de não fazer isso do jeito que ela explicou – "a mãe é uma desastrada".

Apreciação sobre os relatos apresentados

Como sistemática de trabalho, iremos acompanhando os relatos e salientando as teorias que emergem. Algumas bem definidas e outras em evolução face à observação.

Concluiremos no final qual o andamento teórico predominante, mas adiantaremos que, diante da natureza do material, as teorias privilegiam aspectos primitivos da vida mental.

Apreciação sobre A

Inicialmente a candidata se refere a um marco importante, ou seja, que a leitura das anotações das sessões não lhe "diziam mais nada", ou seja, as anotações ficaram sem a *qualidade emocional* que, se espera, elas conservem. Também ela não está anotando mais. Talvez isto se relacione ao evolver da supervisão, pois se o trabalho é feito tendo como base a *experiência emocional*, as anotações das sessões, em geral, permitem o registro da *experiência sensorial* sem as transformações que as façam serem úteis para o trabalho analítico.

Pode-se observar que a candidata está relativamente à vontade no trato com o supervisor.

Ela prossegue enfatizando as dificuldades que enfrenta com a cliente. Assim, ela se manifesta enfaticamente: "jamais! Jamais!" (referindo-se a tomar a cliente em análise).

Estas manifestações não são tomadas como *contratransferências* ou "atuações". Elas são explicitações das *experiências emocionais* que a analista experimenta em relação à cliente e fornecem o guia imprescindível, tanto a ela quanto ao supervisor, para que possam balizar aquilo que ocorre na sessão.

Estas manifestações francas da candidata denotam uma relação de trabalho bastante favorável para a supervisão.

Os primeiros dados da sessão referem-se ao silêncio, que cria uma situação emocional penosa para a candidata, pois o campo se expande para o *infinito* e as possibilidades humanas são *finitas*, como bem mostra a manifestação da candidata. Ela apreende pelas suas emoções algo do que se passa, nomeando claramente este aspecto (expansão para o infinito: desconhecido – silêncio penoso), tornando-o acessível ao supervisor.

Ao fim de cerca de dez minutos a própria cliente rompe o silêncio, nomeando o que está acontecendo. Vale a pena ressaltar estes dois aspectos: ela colabora falando e explicita algo. A sua explicitação de que não havia *"nada interessante"* e, posteriormente, a correção *"nada não interessante"* nos levam a conjecturar a terrível situação que a cliente vive.

O "nada interessante" e o "nada" (na visão da analista) revelam o que poderíamos considerar ou como *escombros* do que se formou ou como *restos* do que nem chegou a se formar. Porém, neste momento não poderíamos chegar a uma conclusão do que de fato ocorreu. Obviamente a candidata está numa situação diversa daquela da cliente. Como sua capacidade de perceber o par (cliente-analista) se mantém, ela pode viver a experiência emocional e, graças à confiança recíproca surgida no trabalho de supervisão, *nomeá-la* e o seu sofrimento concomitante. A cliente, não sentindo assim, não pode nomear. Merecem atenção especial a capacidade de recuperação desta cliente e o impulso à vida, pois a formulação que faz do desastre é notável: "nada interessante" e corrigindo "nada não interessante".

Nesta situação de ataque, que a candidata denota, a cliente não chega a apreender. Se considerássemos as vicissitudes de uma *situação edipiana* nos seus primórdios, nas relações mãe-filha, teríamos os ataques cruéis dos conteúdos maternos até sua aniquilação (bondade da analista, troca de dias etc.). Numa visão mais ligada às teorias de Bion (1966), teríamos um ataque à *pré-concepção edipiana*.

Como assinalei antes, a recuperação da cliente é notável, pois ela ponteia esta situação. A impressão de *encurralamento* da candidata reflete a situação em que a cliente se encontra: sente não ter saída.

Quando a candidata realiza a *discriminação* entre ela e a cliente, pode fazer uma formulação útil. Faz menção ao "não interessante" ocorrido na sessão e que algo ela (cliente) sabia. A nomeação faz com que recobre instrumento operativo seu, e o mesmo ocorre com a cliente, que começa a esclarecer onde reside a dificuldade.

Abre-se uma *fresta* (Rezze, 1997/2003), tanto para a candidata quanto para a cliente. Há uma *cisão* necessária. É preciso que haja o que conversar e com quem fazê-lo.

204　ESTUDO DE UMA SESSÃO ANALÍTICA

Podemos conjecturar que a candidata foi capaz de *intuitivamente* digerir a situação emocional e oferecer algo à paciente. As abstrações mais profundas referem-se à capacidade de "*rêverie*" e uso de *função alfa* por parte da analista. A paciente acaba se servindo disto.

A cliente começa tentando explicar algo, e a analista oferece outro instrumento: "dar um exemplo". Ela aceita a oferta e imerge na narrativa.

Há um momento em que a analista acha oportuno fazer uma interpretação: "Aí está o jacaré". Este *ponto é nodal* nas considerações teóricas que estamos fazendo.

A candidata faz uma *interpretação*. Portanto, uma fala que considera algo do *inconsciente* que estava *recalcado*, algo da *situação edipiana*, particularmente o ciúme, e isso numa situação de *associações livres de ideias*. A interpretação permitiria consciência de elementos recalcados e, portanto, retomada da *cadeia associativa*. Não parece que a cliente esteja operando nesta dimensão, embora a analista sim, pois ela parece se mover onde os *elementos simbólicos* estão disponíveis. A sua fala sobre o jacaré é simbólica, e ela espera que a cliente possa ouvi-la.

A candidata nota que a cliente para "um pouquinho", mas prossegue falando, parecendo não tê-la ouvido. Também cremos que não.

Parece não estarmos na área da aplicabilidade dos conceitos de inconsciente, recalcamento, complexo de Édipo, associações livres de ideias e uso de capacidade simbólica por parte da analisanda. Consequentemente, a interpretação não opera.

Estamos na área das *transformações projetivas* e *em alucinose*.

Vejamos as primeiras. Estas são mais perceptíveis na narrativa das tainhas. Desde o início há um despojamento das qualidades da analista, quer considerando o atendimento, as participações ou as tratativas para ficarem juntas. Sobretudo as qualidades emocionais da analista são lançadas a grande distância, na mãe, a qual a cliente vive como estando despojada de qualquer afeto amoroso em relação a ela. O que a analista oferece não é percebido, bem como o que a própria cliente oferece (presença, rompe o silêncio, informa, aceita sugestão da analista de dar exemplo e participa ativamente da sessão). Creio que, no sentido da observação clínica, é o que Bion (1965) descreve como *hipérbole*.

Em outro ângulo temos as transformações em alucinose. Desde o início ela alucina um mundo de tal *despojamento* (*"roubo"*) em que resulta o *"nada interessante"* e o *"nada"*. No prosseguimento da sessão em que há a narrativa das tainhas, temos um estado de *presentificação dos fatos*. A mãe "é" a analista. Roubo e despojamento feitos pela paciente – tomando para si a atenção, consideração e afeto da analista – são atribuídos à mãe que a rouba no seu afeto, negando-o, ou seja, ignorando a sua oferta de tainhas após os ingentes esforços que fez ao oferecê-las ("outra vez tainhas!?"). Caracterizam-se aí alguns elementos das transformações em alucinose: *roubo* (por parte da analista-mãe de todos seus valores: tainhas, três horas de esforços) e *inocência* (por parte da cliente). A analista e a mãe são a única e a mesma pessoa no mundo mental desta cliente.

Deste viés, a interpretação está fora de lugar. *Falta a representação*. Os elementos emocionais não são reprimidos. O *inconsciente é consciente*. As vivências são *concretas* e *atuais*, sendo o domínio da *alucinose*. Os elementos sensoriais não se transformaram de maneira a serem *sonhos, imaginações, elementos simbólicos, pensamentos oníricos na vigília, pensamentos...*

O *recalcamento* não se realiza, segundo estas nossas reflexões.

Se formos a um nível maior de abstração, podemos considerar a tela beta, eficiente para enredar as emoções do analista, porém não para formar a barreira de contato e permitir a operação do recalcamento na sua função de separar consciente e inconsciente. Cremos que a analista opera nesta área de separação, e a analisanda, não.

Como remate a essas observações: ao tentar observar algo da sexualidade não nos movemos de forma espontânea. É necessário procurar algo. As tainhas nos sugerem uma relação com o chefe e o jacaré predador. Estes elementos, face à observação e ao que vínhamos considerando, não revelam características para desenvolvimento simbólico. O destaque deles leva a uma pergunta: e daí? Por isso optamos por identificar que estamos diante dos *escombros* da *pré-concepção edipiana* do que, de um ponto de vista kleiniano, talvez fosse a fantasia sexual inconsciente.

Apreciação sobre B

As apreciações do item anterior se aplicam também a este relato, e as diferenças ficam mais evidentes em C, que se segue, em que supervisor e candidata fazem comentários após a troca das transcrições. Mas vale a pena destacar alguns elementos.

Ao ler o relato da candidata, salta à vista não só como ele é mais organizado em relação ao do supervisor, como também podemos supor que o nosso encontro facilitou as cadeias associativas, pois acrescentou elementos, alguns não relatados ao supervisor e outros que foram explicitados na supervisão, mas que não entraram nos *fatos selecionados* pelo supervisor.

A candidata salientou o "fim de papo" da cliente quando ela apresenta uma tentativa de apreender algo da qualidade psíquica, sugerindo: "ela me tira uma sessão, eu cancelo a outra". Isto se segue com o seu "ritmo" ser outro. De fato o "meu ritmo é outro", ou seja, a analista transita na área de associações de ideias, percepção de afetos, hipóteses, pensamentos... A personalidade da analista adquiriu qualidades emocionais que permitem evolução para um significado, ou seja, *qualidade simbólica* posta à disposição da cliente. Esta responde "meu ritmo é outro", com falas que se referem ao concreto. Falta-lhe, parece, a dimensão simbólica na qual a analista opera e a cliente, não.

A parte final da narrativa da candidata – "eu fiquei aturdida com os peixes, o jacaré, os pepinos e o vinagre, não sabia bem o que fazer" – nos traz uma apreensão valiosa dos acontecimentos. A cliente lança sobre a analista este maciço de elementos que se ligam a dois possíveis destinos. Um é formar o que talvez seja a realização de uma tela beta com a finalidade de envolver a analista e anular sua capacidade analítica. Outro é verificar se a capacidade de "*rêverie*" da analista poderá permitir que as impressões sensoriais e emoções evolvam no *eixo genético* (vertical na grade de Bion, 1963/1966), permitindo mudanças na situação.

Apreciação sobre C

A candidata anuncia que o supervisor havia inventado algumas coisas, ou seja, as *transformações* do supervisor não foram as mesmas que as *transformações* da candidata, tendo como origem a supervisão.

Alguns dos acréscimos feitos pelo supervisor (tomates, data da refeição) não evolveram para uma qualidade em que pudessem ser tomados para o nosso pensar, isto é, ficaram apenas como informações do mundo narrativo.

208 ESTUDO DE UMA SESSÃO ANALÍTICA

Já a transcrição "eu, então, disse que o vinagre era horrível" acrescentou um dado: compreensibilidade. Esta a analista também acrescenta, pois a cliente só diz "horrível" e a primeira completa o significado, conforme o supervisor também fizera. Temos dois aspectos a considerar. Um é o *nível fragmentado* no qual se dá o trabalho e o possível estímulo a que analista e supervisor preencham o vazio com sua própria angústia, fornecendo a qualidade emocional que falta à cliente. Isto também é compatível com uma *forma rudimentar de comunicação*. Outro aspecto é quanto isso remete não ao conceito de consciente e inconsciente, mas de *finito* e *infinito*, isto porque este "horrível" pode não estar em conexão com o que supervisor e candidato inferiram.

Foi omitida uma parte na transcrição do supervisor (não na supervisão), em que o tom da paciente é "quase de briga", como se dissesse "eu não falei isto, você está louca", e que culmina com "meu ritmo é outro". Já analisamos em tópico anterior o aspecto de *concretude* da cliente *versus simbolização* da analista. Talvez valha a pena acentuar esta "briga", pois se para a cliente é um fato o seu sentir de que a analista quer enfiar-lhe na cabeça as suas concretudes, isso leva-a a tomar os acontecimentos como violência e loucura. Creio que essas conjecturas venham a elucidar um pouco os fatos, particularmente o de a analista ter enfatizado este ponto para o supervisor. Forma-se na relação analista-cliente uma *oposição de vértices* – concretude *versus* simbólico –, em vez de uma *correlação* para determinar outra qualidade. Este é um ponto crucial na presente análise.

A "perspicácia" da afirmação da paciente ("outro ritmo") refere-se a uma área em que ela permite uma fresta na situação e opera de forma a cooperar com a analista.

Um dado vale a pena realçar – a *turbulência emocional*. Este fato também é perceptível pelo estado mental da cliente, pois a concretude também é forma de aniquilar as emoções porque elas podem chegar a níveis não suportáveis. O *continente* parece ter sido suficientemente expansivo para conter os elementos de forma que eles ganhassem a presente expressão.

Uma última consideração da candidata é que ela pôde organizar suas ideias após a supervisão e, assim, ordenar melhor seu relato. Na verdade, pode-se observar que a *transformação* da candidata *na* supervisão e *após* a supervisão são diferentes. Durante a supervisão ela coloca questões, dúvidas, angústias, condizentemente com o trabalho a realizar e, no seu relato da sessão, tenta privilegiar a relação com a cliente. Isto enseja perceber que o supervisor e a candidata se movimentaram com elementos mais desorganizados e caóticos do que as transcrições fazem supor, ou seja, podemos considerar que eles estão constituindo um *continente* que lhes permite trabalhar visando ao *desconhecido*.

Apreciação sobre D

O surgimento de dados sobre a cliente somente no final dos relatos facilita considerar a experiência emocional como guia do trabalho. Evita-se que elementos colhidos na história venham a influir na experiência que se desenrola com o par.

De forma sucinta podemos perceber uma correlação entre os dados dos relatos A, B, C e este. Mais do que isso, as informações sobre a história da analisanda ficariam representadas de forma um tanto descarnada, se não pudéssemos contar com a vida que a experiência da sessão confere ao relato. Parece que assim se procura ilustrar de forma prática como o autor realiza o trabalho com base no *aprender* com a *experiência emocional* (Bion, 1962).

Resumo

Tentando fazer um resumo das principais teorias aqui comentadas, contamos com o que foi chamado um *ponto nodal*. Este é dado pela interpretação da analista, que marca um divisor de águas nas teorias apresentadas.

A interpretação se refere a um *conteúdo simbólico*, considerando o *inconsciente* e tentando trazer à luz algo do *recalcado*, considerando-se a *sexualidade* na *manifestação edipiana* de um terceiro excluído. Esta interpretação surge do que poderia ser chamado de *associações livres de ideias*, já que a *transferência*, no conceito de Freud, não foi invocada pela analista.

Não parece que a cliente possa dar atenção ao que lhe é dito, pois isso implicaria a percepção de um nível simbólico e possível resposta também no nível dessa percepção.

O divisor de águas sugere que possamos usar outra teorização. A movimentação da cliente não se dá em transformações em *movimento rígido*, mas nas *transformações projetivas* e *em alucinose*.

O prosseguimento disso nos leva a considerar a necessidade de expandir o conceito de *consciente-inconsciente* para *finito-infinito*, concomitantemente à restrição ao uso do conceito de recalcamento. Para lidar com as dificuldades ligadas ao desenvolvimento simbólico, usamos o *eixo genético* da grade em Bion e o conceito de *tela beta*. "*Rêverie*" e o desenvolvimento no eixo vertical (genético) da grade completariam este quadro.

Ao lidar com alguns dados informativos sobre a história da cliente, colocamos a importância de *aprender* com a *experiência emocional* (Bion, 1962) e sua aplicação técnica.

Rastreando alguns conceitos psicanalíticos fundamentais

Na seção "Apreciação sobre B...", foram fixados os marcos teóricos fundamentais que se relacionam com o material apresentado. A partir daí tentaremos acompanhar as vicissitudes de alguns conceitos fundamentais e investigar como eles evolveram na teoria analítica.

Às vezes teremos que verificar como os conceitos evolveram na teoria analítica, independentemente das situações clínicas.

Alguns conceitos na teoria

Ao tentar dar o tiro inicial nos vemos com um complicador a ser considerado.

Tomemos o conceito de inconsciente para começar. Vemo-lo profundamente imbricado com os outros três conceitos fundamentais: sexualidade, recalcamento e transferência. Se juntarmos a interpretação, como instrumento correlato, estaremos no campo da primeira teoria tópica da psicanálise.

A ela, Lacan, na escola francesa, dá um particular desenvolvimento no campo das neuroses e desenvolve o conceito de forclusão para o campo das psicoses.

A partir do conceito de instinto de morte, Freud desenvolve uma segunda teoria tópica em "O ego e o id" (1923/1974l), em que o inconsciente passa a ser considerado como uma qualidade ligada às três instâncias da personalidade: id, ego e superego. A polaridade anterior entre pulsões de conservação e sexual cede lugar a pulsões de vida e de morte, sediadas no id, e com a particularidade

212   ESTUDO DE UMA SESSÃO ANALÍTICA

destas últimas serem "silenciosas". Mais à frente, a interpretação será substituída por "construção" (Freud, 1937/1974n). O campo da psicose é investigado de início com o conceito de "psiconeurose narcísica", no qual o narcisismo esclarece as relações do investimento libidinoso no ego. A segunda teoria tópica vai trazer uma mudança no campo das psicoses, levando o conflito entre ego e realidade a caracterizá-las e o conflito entre ego e superego a caracterizar as neuroses narcísicas (melancolia). As investigações de Freud na área (psicoses) ainda vão destacar a importância da projeção, cisão do ego (Freud, 1938/1974o) e negação (Freud, 1925/1976), no sentido da tradução como recusa.

Melanie Klein (1955/1987e) desde o início parte do tratamento com crianças, destacando-se nelas depressão, inibição intelectual, agressividade e mesmo casos de psicose diagnosticada. O campo conceitual inicial é tomado de Freud e Abraham com os conceitos da primeira teoria tópica e fases do desenvolvimento libidinal. Até aqui poderíamos considerar o conceito de inconsciente situado semelhantemente ao da primeira tópica. Creio que a ênfase dada ao sadismo revela um campo original de investigação que lhe permitirá, em "Primeiros estádios do conflito edípico e da formação do superego" (Klein, 1932/1987b), incorporar o conceito de instinto de morte de forma peculiar. Com contribuição de cisão, objeto interno, identificação projetiva e introjetiva, posição esquizoparanoide e depressiva e conceitos correlatos (Klein, 1935/1992b, 1946/1987c), temos mais acesso à mente primitiva, e o analista passa a operar no campo das psicoses, possibilidade sempre negada por Freud como tratamento. Embora evidentemente o inconsciente não possa ser mais considerado como o inconsciente dinâmico da primeira tópica (no qual há o recalcamento das representações), creio que na teoria kleiniana ele (inconsciente) ainda é tópico, ou seja, o lugar onde habitam os objetos internos e tudo o que mais acontece. O inconsciente profundo (Klein, 1958/1987f) creio que corresponde à área em que Freud investiga o instinto de morte.

Em Bion (1963) o conceito de inconsciente tem enorme importância, especialmente na diferenciação consciente-inconsciente. Tendo desenvolvido os conceitos de elemento beta e função alfa, que transformará os primeiros em elementos alfa, atribui a estes ·últimos a possibilidade de formar a barreira de contato que diferenciará consciente e inconsciente, permitindo ao indivíduo contato com a vida de vigília enquanto pode estar permeado inconscientemente pelo pensamento onírico. Aí o recalcamento terá a mesma importância que nas descrições originais de Freud. O desenvolvimento das ideias de Bion impele a não considerar suficiente a diferenciação consciente-inconsciente e propor a de finito-infinito.

Rastreando o conceito de inconsciente com base no material clínico

Iniciemos pelo que, no item "Aprenciação de A...", surgiu como o *ponto nodal*, ou seja, a analista faz uma interpretação ("Aí está o jacaré"), em que tenta dar conhecimento à cliente de algo do inconsciente que estava recalcado, algo da situação edípica, particularmente o ciúme, e isto em uma situação de associações livres de ideias. A interpretação permitiria consciência de elementos recalcados e, portanto, retomada da cadeia associativa. Por outro lado, a analista se move onde os elementos simbólicos estão disponíveis. A sua fala sobre o jacaré é simbólica, e ela espera que a cliente possa ouvi-la.

O inconsciente considerado na interpretação corresponde ao conceito de inconsciente dinâmico. Este, conforme a primeira teoria tópica, é constituído das representações recalcadas, ligadas à sexualidade e ao complexo de Édipo, constituindo o campo em

214 ESTUDO DE UMA SESSÃO ANALÍTICA

que atuam os processos primários (deslocamento, condensação e atemporalidade).

Confrontemos com as teorias por nós usadas em nossas apreciações em relação ao *ponto nodal.*

Consideramos a participação da cliente como evidenciando transformações projetivas e em alucinose (Bion, 1965). Ao darmos valor ao conceito de tela beta, salientamos a não diferenciação entre consciente e inconsciente e o fracasso do recalcamento em suas funções primordiais. O material clínico nos sugere algo de objeto bizarro como evidências de elemento beta. O campo é aquele em que operam mecanismos psicóticos, e seria oportuna a referência a Bion (1967) em "Diferenciação de personalidade psicótica e não psicótica", ao fim da qual salienta que em toda personalidade neurótica devemos dar importância a sua parte psicótica e em toda personalidade psicótica devemos dar importância à parte neurótica, especialmente pelo uso a que esta última pode ficar sujeita pela parte psicótica.

O rastreamento nos leva a considerar o fracasso da diferenciação consciente-inconsciente, o que possivelmente inutilizou a interpretação da analista, e podemos considerar mais ainda. Com a observação da analista de que ela e o supervisor deram compreensibilidade onde só havia o termo "jacaré", é possível que eles tenham tentado elaborar angústia não acessível à cliente. De maneira semelhante, ao considerar a transcrição do supervisor e da candidata da fala da analisanda – "eu então disse que o vinagre era horrível" (quando a analisanda só disse "horrível") –, estamos diante do *desconhecido*; daí a importância do complemento finito-infinito à teoria de inconsciente.

Ao considerarmos "jacaré" e a hipótese da angústia que a analista e o supervisor podem desenvolver, entramos no rastreamento da segunda teoria tópica de Freud. Este material clínico nos mostra a evidência de operação do id nos seus aspectos dos instintos de vida pela exuberância da participação da cliente e o inconsciente como qualidade, como fora destacado por Freud. O "jacaré" e a falta de angústia evidenciam algo de "silencioso", ou seja, a atuação do instinto de morte.

Não tenho familiaridade clínica e nem conceitual com as ideias de Lacan, por isto vou ser parcimonioso a respeito. Penso, porém, que aqui estamos lidando com extensas áreas da analisanda em que a simbolização não pôde ser realizada e, portanto, tendo falhado "a interdição em nome do pai", segundo os conceitos lacanianos, nos veríamos face ao desejo que não tem foro – termo jurídico – onde se instalar, área da psicose, na qual se aplica o conceito de forclusão ou foraclusão – sem foro.

Ainda rastreando conceitos, considerando esta cliente em que predominam manifestações de tipo psicótico, pergunto se seria alguém a quem Freud indicaria análise, pois este se manteve sempre fiel à ideia de que os psicóticos não eram analisáveis. Talvez seja uma maneira eufêmica de perguntar se a análise estaria indicada neste caso. Creio que, se tomarmos a primeira tópica, possivelmente não. Pois somente onde operarem os conceitos de sexualidade, recalcamento e inconsciente pode haver psicanálise.

Esta resposta se modifica se tomarmos a contribuição kleiniana de posição esquizoparanoide e depressiva e a aplicação do conceito de instinto de morte e conceitos correlatos já referidos, particularmente o de cisão em oposição ao de recalcamento. Estamos operando os mecanismos primitivos da mente. Em nossa opinião, em Melanie Klein, o conceito de inconsciente se mantém, como na primeira tópica, como um lugar, porém não contendo as representações recalcadas tão somente, mas, sobretudo, como contendo id, partes de ego e superego, objetos internos, e este é o lugar em que os mecanismos primários atuam. Assim, casos limítrofes e psicóticos podem ser atendidos.

Sexualidade na teoria

Sexualidade é um termo cujo significado se expande de forma ilimitada em psicanálise; sua compreensão implica palmilhar em diferentes direções, nem sempre claras e distintas.

Surge diretamente da teoria das pulsões ou instintos – aí já têm início as infindáveis questões quanto ao melhor termo para traduzir a palavra alemã *Trieb* (Freud, 1915/1974j). Libido é o termo que designa a energia da pulsão sexual.

Sexualidade não se confunde com genitalidade.

O campo inicial de pesquisa foi o da histeria (Freud, 1895/1974a), no qual o sintoma, que é uma situação de compromisso entre o desejo e o recalque, também representa a satisfação do desejo e o seu equivalente simbólico.

O recalcamento vem a ser o conceito fundamental para erigir o edifício da psicanálise. O recalque das representações (ele não incide sobre as pulsões) permite a diferenciação do inconsciente em relação ao consciente (pré).

Neste mesmo campo de ideias se forma a polaridade pulsões do ego ou de conservação *versus* pulsões sexuais, na qual as segundas representam a força ruptora ligada ao processo primário, característica de funcionamento do inconsciente (no qual operam os mecanismos de condensação e deslocamento e os processos são atemporais), e as primeiras – pulsões de conservação – estariam ligadas ao processo secundário concernente à percepção da realidade e desenvolvimento do pensamento.

Em outra linha de ideias e sem desconexão com as anteriores, surge a perspectiva evolutiva em que de início as pulsões sexuais são caóticas e referem-se a partes do corpo, caracterizando o autoerotismo (prazer de órgão). As relações do ego com os objetos vão surgir no conceito de narcisismo (Freud, 1915/1974j), quando há refluxo da carga libidinal para o ego. O investimento libidinoso do ego tem duas consequências importantíssimas. Uma é que este investimento permite o processo de constituição do ego, que não existe desde o começo da vida. Outra é que das vicissitudes do desinvestimento da libido dos objetos e sua inflexão no ego resultará o quadro das psicoses ou das psiconeuroses narcísicas, como foram designadas neste período.

Entretanto, o conceito fundamental a ser considerado é o do complexo de Édipo, ligado ao conceito de castração com características diferentes de desenvolvimento entre meninos e meninas, que nos primeiros em sua dissolução gera o superego, seu herdeiro, que integra figuras parentais e da cultura. O complexo edipiano desenvolve-se na fase fálica, na idade de 3 a 5 anos, no período em que a criança acredita que ambos os sexos possuem pênis. A fase genital poderá ser atingida a partir da puberdade.

As fases pré-genitais oral e anal se desenvolvem a partir do apoio que a pulsão sexual tem nas pulsões de conservação como comer e defecar. Relacionam-se às perversões, e no adulto, também, aos preparativos das relações sexuais.

Todos estes conceitos estão no seio da primeira teoria tópica, em que se inserem os quatro conceitos rastreados. Com "Além do princípio do prazer" (Freud, 1920/1974k) e com a segunda teoria tópica, surgida com o "Ego e o id" (1923/1974l), temos *um cataclismo* à vista.

Os novos e revolucionários conceitos têm pouca acolhida pelos psicanalistas, fato do qual Freud (1937/1974m) se queixa. A meu ver, eles não são suscetíveis de facilmente se integrarem aos conceitos anteriores e mesmo de se harmonizarem no novo campo conceitual.

Muda o significado de inconsciente e consciente, pois agora se tornam *qualidades* aplicáveis às novas instâncias da personalidade id, ego e superego.

Instintos de vida se opõem aos de morte, esta é a nova área de conflito.

Daí que instintos sexuais e instintos de conservação são englobados em instintos de vida.

O elemento ruptor anterior era o desejo ligado à sexualidade. Processo primário se opondo ao secundário e princípio de prazer se opondo ao de realidade. Sonho surge como o protótipo da satisfação de desejo e o campo de estudo dos processos primários que caracterizam o funcionamento do inconsciente.

Com "Além do princípio do prazer" (Freud, 1920/1974k) estudam-se os sonhos traumáticos que não se prestam à satisfação dos desejos; na sua repetição buscam inscrição nas cadeias associativas de representações do inconsciente e a angústia correspondente. Portanto, nessa nova situação, processo primário está a serviço do instinto de vida, princípio de constância que se opõe ao princípio de nirvana (que tenta levar o ser ao estado inanimado), este último a serviço do instinto de morte.

Porém, as áreas conflitivas não se desenvolvem entre pulsões de vida e de morte, mas entre as novas instâncias da personalidade: nas neuroses entre ego e id, nas psicoses entre ego e realidade (esta praticamente considerada como uma instância da personalidade) e nas psiconeuroses narcísicas (melancolia) entre ego e superego, este podendo ser o "caldo de cultura do instinto de morte" (Freud,

1923/1974l). Nessa última situação, graças à ligação do id com o superego, temos uma percepção mais clara de como atua o instinto de morte.

Entretanto, quando tomamos as neuroses, nas quais se considera o conflito entre o ego e o id, surge a questão sobre quais partes se conflitam com o ego. Instintos de vida? Parece que sim! E, aí, as partes inconscientes do ego teriam a função da censura e do recalcamento. Mas o que dizer da parte correlata ao instinto de morte? O recalcamento não tem *status* teórico para aclarar este enigma.

Mesmo considerando que o recalcamento está em ligação com os instintos de vida, forma-se uma incoerência, se não uma incompreensibilidade, pelo que se segue.

Pode-se conceber o recalcamento ligado à sexualidade em relação ao instinto de conservação. Porém, quando os instintos de vida englobam os instintos sexuais e os de conservação, termina a antinomia entre estes dois últimos e perde-se o sentido original do que era o recalcamento. Além disso, torna-se absurda a censura contra impulsos de conservação.

Como vemos, os conceitos ficam bastante desarticulados, e é talvez por isso que os psicanalistas não tenham se aventurado em tal desafio teórico e clínico.

Em Melanie Klein podemos tomar de modo geral a sexualidade do período pré- e pós-pulsão de morte conforme evolveram suas teorias. Nos inícios ela tomou de Freud e Abraham as fases do desenvolvimento sexual e o desenvolvimento da angústia, esta desencadeada pela destrutividade do sadismo. Este mereceu um desenvolvimento intenso nas observações clínicas, o seu estudo esclarecendo aspectos da inibição infantil e, por outro lado, a sua importância no desenvolvimento simbólico (Klein, 1930/1992a).

Embora utilizasse as fases do desenvolvimento libidinal, Klein (1932/1987b) encareceu a contemporaneidade das mesmas, bem como a importância da fase oral como desencadeante do complexo de Édipo, em que os pais são sentidos em cópula oral. Aqui a fase edipiana não é considerada fálica e sim genital, pois se admite que a criança já tenha uma concepção de vagina e pênis, e ela (fase genital) é cada vez mais recuada para os inícios do desenvolvimento.

Após o surgimento da nova polaridade pulsional, Melanie Klein passa a considerar a importância da deflexão de instinto de morte para o objeto. Então, este não é silencioso, como ocorre em Freud, o que me leva a conjeturar que o seu conceito de instinto de morte é diretamente desenvolvido da experiência com o sadismo, levando-a numerosas vezes a encarecer a importância do sadismo máximo. Com o desenvolvimento das posições (Klein, 1935/1992b, 1946/1987c), sucedendo as fases libidinais, o complexo de Édipo surgirá com o aparecimento da posição depressiva, o que ocorre entre o terceiro e sexto mês de vida da criança.

Em Bion, a sexualidade adquire níveis mais amplos de abstração no conceito de continente-contido, representado por ♀♂, signos convencionais de feminino e masculino.

Aqui o mito edípico assume importância peculiar.

Se em Freud e Lacan a superação do complexo de Édipo significa inscrição na civilização e no simbólico, em Bion será tomado com a mesma amplidão, porém com um uso específico, ou seja, o mito corresponderá às diversas categorias do eixo horizontal da grade, abrindo novas perspectivas de uso do mito edípico.

Rastreando o conceito de sexualidade com base no material clínico

O *ponto nodal* onde a analista "interpreta" – "Aí está o jacaré" – nos será de grande utilidade porque ele assinala tanto um ponto de observação da analista como de organização de conceitos.

Assim, a analista tenta dar conhecimento de algo do inconsciente à paciente, ou seja, o que move a sua fúria é o ciúme na predileção da mãe em relação à irmã, em detrimento dela. Teríamos a situação de um terceiro excluído e, portanto, um fragmento da situação edípica. A forma de continuar da paciente, após a interpretação, sugere ao supervisor outra forma de abordagem. Porém, fiquemos por enquanto neste campo. Assim, a forma de continuar da paciente poderia ser considerada como uma forma de resistência, mantendo o mesmo plano conceitual da primeira teoria tópica.

Se assim fosse, poderíamos considerar outras partes do complexo de Édipo. Ao considerar a rivalidade com a irmã, poderia sugerir algo do complexo invertido. Porém, a figura do chefe que oferece tainhas e, assim, a rivalidade com a mãe na disputa do pênis paterno demonstra o complexo direto. Todas estas figurações implicam a ideia de recalcamento, bem como a de desenvolvimento simbólico; isso foi visto tanto na expectativa da analista de que a cliente pudesse acompanhá-la como na sua perplexidade ao final de seu relato, quando fica "aturdida com os peixes, o jacaré, os pepinos e o vinagre...".

Tentando o rastreamento, nas situações clínicas, teremos aí os elementos fundamentais que seriam concernentes ao campo das neuroses e à sexualidade considerada nestes termos, ou seja, relação com a fase fálica do desenvolvimento, não nos parecendo termos elementos para pesquisar fase oral ou anal. O ódio manifesto seria ainda compreendido em termos de suas relações com a libido.

222 ESTUDO DE UMA SESSÃO ANALÍTICA

Também, não parece haver estímulo para reflexões mais aprofundadas para o investimento da libido no ego, ou seja, o narcisismo.

Ao seguir rastreando teríamos elementos que agora se relacionariam com a segunda teoria tópica, mediante duas direções.

A primeira, e a mais difícil, é quanto às pulsões de morte que são "silenciosas". No material a analista insiste que ela e supervisor preencheram parte da fala da paciente quando esta diz somente "horrível", dando a coerência e a compreensão que faltavam. Isso será visto também no capítulo seguinte, "Preservação e alteração do *setting* na análise", relacionado à analista e ao supervisor preencherem parte da angústia que faltava à paciente. Nesse sentido poderíamos ver quase toda a sessão como uma compulsão à repetição, expressão do instinto de morte. Fazem coerência com isto a agressividade verbalizada e a turbulência que permeia a sessão. Todo este parágrafo refere-se a questões conjecturadas, tem caráter especulativo.

Mais consistentemente, poderíamos considerar pulsões de vida que impulsionam o ego desta paciente, por exemplo, ser capaz de descrever um estado mental como "nada interessante" ou "nada".

Ao considerarmos, ainda na segunda teoria tópica, os conflitos entre as instâncias da personalidade, teríamos um campo a investigar.

Considerando o id em relação ao ego, a parte das pulsões de morte já conjecturamos anteriormente. Quanto à sexualidade propriamente dita, estaria incluída nas pulsões de vida, e a possibilidade de considerá-la seria como a parte recalcada no id, sendo os termos mais apropriados aqueles que já usamos anteriormente quando consideramos o complexo de Édipo. Portanto, como assinalei na garimpagem dos conceitos, já começa a haver uma desarmonia ou dificuldade conceitual.

Vamos abandonando o rastreamento no campo freudiano e caminhando para referências em Melanie Klein.

O material apresentado permitiria ser tratado em um referencial kleiniano inicial, em que eu pontuaria o sadismo nas fases oral, anal e genital no confronto com as forças da libido.

Destacam-se de início os ataques feitos ao seio materno no seu despojamento de qualquer sentido de amor e bondade que a mãe pudesse oferecer. A cliente nega que esta possa reconhecer qualquer esforço seu, o que se pode observar quando traz as tainhas fazendo grande empenho ("tainhas, outra vez?"). E mesmo quando insiste em descrever as patinhas e o peito do jacaré, parece como se ela já soubesse por antecipação qual a reação da mãe. O ataque à mãe prossegue quando esta realça as qualidades do vinagre da irmã (a mãe só reconhece as qualidades da irmã que trabalha, é casada e tem filhos), o que determina seu rancor diante "dos pepinos que pareciam pretos e meio sujos", quando diz isto à mãe e retira-se para seu quarto.

Poderíamos considerar ataques orais no estragar o bom leite materno (pepinos) e o pênis paterno incorporado à mãe, ataques anais com as fezes (pepinos pretos e sujos) e genitais no ataque à irmã e ao casal que esta constitui. Temos as fases precoces do desenvolvimento na sua superposição e a evidência precoce do complexo de Édipo caracterizando uma fase genital, diferente da fálica considerada em Freud.

A libido corresponde ao esforço em agradar a mãe por todos os meios que dispõe (leva as tainhas, as carrega por três horas etc.). Além disso, vemos que parte do seu amor é indiretamente deslocada para a figura do chefe, cujas ligações com a situação edípica poderiam se dar por meio de relações parciais de objeto, como as patas do jacaré, o peito, o próprio jacaré, as tainhas que são mordidas etc.

A transferência poderia ser considerada positiva no sentido da libido e negativa considerando o sadismo e seus ataques.

Ao evoluirmos nas teorias kleinianas, teríamos a consideração da deflexão do instinto de morte para o objeto, após a cisão, e teríamos no material elementos relacionados aos objetos parciais que caracterizam mecanismos da posição esquizoparanoide. Nesse viés, as situações clínicas nos levam a considerar que a cliente já atingiu a posição depressiva, difícil de sustentar na integração do objeto total e o desenvolvimento edípico concomitante. Na sessão considerada predominam os processos de identificação projetiva e introjetiva, que aqui são "excessivos" (Klein, 1946/1987c).

Parte da identificação projetiva pode-se ver na relação com a analista, em que a cliente visa levá-la à imobilidade e inoperância, destruindo pela *atuação* sua capacidade psicanalítica. Os processos de identificação introjetiva são igualmente operantes, o que se pode ver na idealização particularmente da analista, que suportaria todos estes ataques.

O conceito adequado neste momento para a transferência seria de "total" (Klein, 1952/1987d).

Nesta etapa do desenvolvimento kleiniano a sexualidade faz parte dos impulsos de vida no seu confronto com os de morte, conflito entre amor e ódio. Os mecanismos mentais são os primitivos da mente, o conceito fundamental é o de cisão em oposição ao de recalcamento, que só mais tarde adentrará a cena.

O rastreamento prossegue deste ponto em que chegamos.

Privilegiamos o vértice da experiência emocional e, no item "Apreciação de A...", as transformações projetivas e em alucinose é que nos pareciam mais de acordo com o material clínico.

A sessão apresentada caracteriza-se por turbulência emocional e uma maciça atuação da cliente, o que reduz muito a possibilidade de operação da analista, chegando esta no final do seu relato a mostrar-se "ali aturdida, com os peixes, o jacaré, os pepinos e o vinagre, não sabendo o que fazer com tudo aquilo".

Vale enfatizar que a analista tem noção das dificuldades e pode nomeá-las ao supervisor. Isto forma um continente que pode suportar a expansão deste contido, o qual tende a aniquilar o continente, nas relações tanto entre analista e supervisor quanto entre analista e cliente.

Essas tendências, que evolveram de um referencial kleiniano, recebem em Bion uma representação bastante expansiva, ou seja, o signo $♀♂$, que já indica a contenção da sexualidade. Mas é ao *ponto nodal* que devemos voltar.

No material clínico temos várias manifestações que poderiam ser consideradas referências sexuais. Elas têm a característica de serem fragmentárias, por exemplo, as referências às patas do jacaré, seu peito, o próprio jacaré, tainhas mordidas, tudo isso envolto em ressentimento, e as referências mais distantes a seu chefe de repartição. Chama a atenção a total ausência de referência ao pai, porém surgindo rivalidade e agressão em relação à irmã quanto ao casamento desta, seus filhos e trabalho.

Nas relações com a analista temos turbulência, elementos de hostilidade e violência mesclados a outros.

Estes fatos nos levam a considerar que estamos frente a um ataque à pré-concepção edípica, ou seja, que estes elementos que assinalamos não são fantasias edipianas, quer num conceito freudiano ou mesmo kleiniano, mas restos de uma situação edípica que não se desenvolveu. Assim, *não* estaríamos frente ao complexo de Édipo e seus problemas correlatos, mas na *ausência* dele e na tentativa

226 ESTUDO DE UMA SESSÃO ANALÍTICA

de desenvolvê-lo. A pré-concepção edípica atacada faz com que a paciente não possa juntar a pré-concepção à experiência com os pais reais, e, assim, desenvolver a concepção edípica, que é essencial para o crescimento mental.

A descoberta do complexo de Édipo foi essencial para que Freud desenvolvesse a psicanálise e a sua conexão sexual dentro do mito edípico. Este valor continua, porém sabemos que a situação edípica como pré-concepção é essencial para que o indivíduo, mediante suas relações iniciais com os pais, estabeleça os vínculos de seus relacionamentos com o mundo, e é nesse contexto que a sexualidade está inscrita.

Rastreando o conceito de recalcamento com base no material clínico

A analista, ao fazer a interpretação ("Aí está o jacaré"), estaria usando este instrumento técnico para trazer à consciência da cliente o ciúme da irmã, que é o representante psíquico de suas pulsões sexuais, que fora recalcado da consciência, tornando-se inconsciente.

É a partir do recalcamento, mecanismo de defesa primeiramente descrito na histeria, que Freud (1915/1974j) erige o edifício da psicanálise. Ao subtrair da consciência o representante psíquico das pulsões, o recalcamento efetuado pela censura determina a constituição do inconsciente, onde estão as cadeias associativas (inconscientes) e cujo funcionamento é regido pelo processo primário (onde operam os mecanismos de condensação e deslocamento e atemporalidade dos processos). O inconsciente (Freud, 1915/1974j) somente nos é acessível por vias indiretas, ou seja, por meio do estudo de sintomas, atos falhos, sonhos, associações livres de ideias...

Embora partindo das neuroses, o recalcamento se estende ao campo do normal, permitindo-nos a compreensão da mente humana, como na interpretação dos sonhos (Freud, 1900/1974b). Ainda, com a dissolução do complexo de Édipo e o surgimento de seu herdeiro, o superego, com a proibição do incesto e a instalação das figuras parentais e seus substitutos nele, temos a inscrição do indivíduo na civilização.

A teoria do recalcamento se completa, em Freud (1915/1974j), com o recalque originário, e, assim, o recalcado seria compreendido não só pela expulsão da consciência, mas também pela atração exercida pelos pontos de fixação derivados do recalque originário.

Todo esse processo se refere à primeira teoria tópica; na segunda, as funções de recalcamento continuam, sendo agora exercidas pela parte inconsciente do ego.

Continuemos com o nosso rastreamento.

Em nossa "Apreciação" sobre o material clínico opinamos que as manifestações da cliente não podem ser apreendidas dentro da primeira teoria tópica, como descrito anteriormente, dados os mecanismos mentais primitivos em que ela opera. Pela mesma razão a segunda tópica não nos seria de valia. Em item anterior fizemos extensa teorização, usando como substrato o referencial kleiniano.

A conclusão importante é que não poderemos usar o conceito de recalcamento, e, em seu lugar, fica valendo o de cisão, o qual, como Freud anteriormente havia descrito, refere-se aos processos de natureza psicótica. A cliente, aliás, cremos, não seria considerada como neurótica mas, possivelmente, como *borderline*, condição em que mecanismos psicóticos estão muito atuantes.

Essas reflexões levam-nos a indagar se não estamos na área do conceito de forclusão de Lacan (Lemaire, 1989). Esse autor, usando conceitos freudianos, como o recalcamento, considera a fundação do inconsciente a partir da separação que a interdição "em nome do Pai" faz da criança em relação à mãe e vice-versa. Ou seja, o desejo que tem a mãe de se continuar com o filho e o deste em não se separar daquela são interditados, fazendo com que se desenvolva o "simbólico", relegando o desejo ao inconsciente, que é assim fundado. A manutenção do estado de continuidade não permite a inscrição no simbólico, permanecendo o significado forcluído ou sem representação: o campo das psicoses.

Tendo em conta o material clínico, podemos considerar que esta cliente clama por um estado de continuidade com sua mãe, o qual lhe é negado pela realidade, contra a qual ela entra em conflito. É sugerido, na sua descrição, que a mãe se interessa pela história que ela conta, até mesmo anotando se os buracos em uma das tainhas não seriam devidos à mordida do jacaré. Aquilo que ela busca não é redutível a nenhuma situação real, pois ela procura a satisfação de um desejo que é a continuidade com a mãe e a analista na própria sessão, uma vez que sua atividade caracteriza-se pela tentativa de incorporação dessa última.

Se essas conjecturas puderem ser consideradas válidas, também neste referencial não poderíamos usar o conceito de recalcamento; o de forclusão seria mais adequado.

Voltemos a rastrear.

Em "Apreciação" consideramos que esta cliente opera predominantemente no concreto. Ela parece não distinguir sensações, sentimentos, pensamentos e fatos separados dela. A sua ação é intensa em relação à analista, e assim consideramos que ela usa a tela beta visando despertar intensas emoções naquela. Opera deficientemente a função alfa, não permitindo o desenvolvimento amplo do eixo genético da grade, ou seja, ficam dificultados sonhos, pensamentos oníricos, devaneios, imaginações, associações livres de ideias, pensamentos... e o desenvolvimento posterior das pré-concepções. Examinamos particularmente a pré-concepção edípica e como o material fragmentário (patas, peito do jacaré, pepinos pretos e sujos, tainhas mordidas...) parece indicar os restos dela, ou seja, estamos mais para uma tentativa de desenvolvimento de uma situação edipiana que não se formou do que na área dos conflitos edípicos.

Neste caso o rastreamento do conceito de recalcamento surge pelo seu negativo. Senão, vejamos. Caso tenhamos a possibilidade, por meio da *rêverie* da analista, de que a função alfa forme elementos alfa que, em sua conjunção, formem a barreira de contato, teremos a possibilidade de separação de consciente e inconsciente, e, assim, a possibilidade de sonhar, situação em que o recalcamento tem a mesma função que na primeira teoria tópica.

Neste material não operamos com o conceito de recalcamento, fizemo-lo com os de transformações projetivas e em alucinose.

Rastreando o conceito de transferência com base no material clínico

Embora a transferência tenha sido considerada em conjunto com os conceitos de inconsciente, sexualidade e recalcamento, ela não tem contemporaneidade conceitual com eles. Tento esclarecer.

O recalcamento é conceito fundante da teoria psicanalítica na função diferenciadora de consciente (pré) e inconsciente, quando remete para este último as representações relacionadas à sexualidade.

A transferência surge desde os inícios da psicanálise, e com a característica de ser uma resistência que, como qualquer outra, cumpre-se eliminar (Freud, 1895/1974a). Com o caso Dora, Freud (1905/1974c) se dá conta de que ela deva ser interpretada

230 ESTUDO DE UMA SESSÃO ANALÍTICA

precocemente, pois atribuiu à falha neste sentido a interrupção do tratamento, porém mantém a significação original, porque as "transferências" devem ser eliminadas uma a uma.

Até aqui o médico interpreta o que ele observa.

No ciclo dos trabalhos sobre técnica (Freud, 1912/1974d, 1912/1974e, 1913/1974f, 1914/1974g, 1915/1974i), o conceito e a importância da transferência mudam, ou seja, agora o cliente repete na experiência com o médico as suas experiências pretéritas, vividas como sendo atuais, o médico estando envolto nas experiências emocionais do paciente. Surge o conceito de amor de transferência. A análise desenvolve-se no campo destas relações intersubjetivas.

Voltemos ao rastreamento no material clínico.

Parece-nos que a analista faz a interpretação ("Aí está o jacaré") em nível *não transferencial*; podemos considerar que ela parte das associações livres de ideias. Mesmo nos inícios da sessão, quando a cliente diz que não tem "nada interessante" e "nada", a analista não toma tais manifestações como sendo transferenciais ou ligadas a ela propriamente, toma-as como ponto de indagação do que ocorre. Facilmente tais manifestações poderiam ser indexadas em transferência negativa, em face da sua intensidade e caráter repetitivo, talvez em reação terapêutica negativa.

A pequenina cogitação do parágrafo anterior determina uma ruptura enorme de conceitos. A transferência negativa nos coloca na primeira teoria tópica com os quatro conceitos considerados; a reação terapêutica negativa nos lança no quadro da compulsão à repetição, que se relaciona aos instintos de morte, e agora flagrantemente estamos no campo da segunda teoria tópica e suas dificuldades conceituais.

Esta mesma área de intensidades agressivas de afetos é que poderíamos relacionar com as possibilidades das teorizações kleinianas que fizemos anteriormente. Teríamos o campo da transferência negativa, se considerássemos o período pré-instinto de morte (na obra de Melanie Klein), em que o desenvolvimento da angústia está relacionado ao sadismo em sua destrutividade. Ao considerarmos o período pós-instinto de morte e o conceito em "As origens da transferência", nós teríamos a transferência de "situações totais transferidas do passado para o presente, bem como em termos de emoções, defesas e relações de objeto" (Klein, 1955/1987e, p. 55).

O importante é levar em conta que o conceito de transferência em Melanie Klein vai considerar os mecanismos primitivos de funcionamento da mente, o conceito de complexo de Édipo em etapa precoce e relacionado à posição depressiva e, fundamentalmente, o mecanismo de cisão em contraposição ao de recalcamento, que ela considerará em etapas posteriores do desenvolvimento da personalidade.

Voltemos o rastreamento para os "Relatos" e a "Apreciação".

A participação da candidata ao narrar as dificuldades em lembrar-se de uma determinada sessão, bem como a maneira dela participar da supervisão, levaram-nos a enfatizar a importância do conceito de experiência emocional. Outrossim, "nada interessante" e "nada", junto com o clima de "briga" quando a candidata intervém, e mais a reação da cliente face à interpretação nos remetem ao mesmo conceito (experiência emocional).

O material clínico foi visto de maneira a propiciar o uso do conceito de transformações, considerando-se como pertinentes ao trabalho as projetivas e em alucinose. Esse ponto é importante porque não foi utilizada a transformação em movimento rígido, correspondente à transferência, em que o cliente:

232 ESTUDO DE UMA SESSÃO ANALÍTICA

É obrigado a repetir o material reprimido como se fosse uma experiência contemporânea, em vez de, como o médico preferiria, recordá-lo como algo pertencente ao passado. Essas reproduções, que surgem com tal exatidão indesejada, sempre têm como tema alguma parte da vida sexual infantil, isto é, do complexo de Édipo, e de seus derivativos, e são invariavelmente atuadas (ac-ted out) na esfera da transferência da relação do médico com o paciente. (Freud, 1920/1974k, p. 31)

A transformação em movimento rígido relativo à transferência, para Bion (1965), diz respeito a um "modelo de movimento de sentimentos e ideias de uma esfera de aplicabilidade a outra" (p. 19), ou seja, enfatizando o "repetir" da definição anterior em Freud.

Convém nos atermos ao fio teórico e verificarmos onde estamos. Tomamos o conceito de transferência de Freud na primeira teoria tópica (citado há pouco), em que ele é pleno e relacionado com os quatro conceitos fundamentais. Caminhamos para as dificuldades conceituais na segunda tópica. Avançamos para a consideração de que em Melanie Klein este conceito muda. Desembarcamos nas contribuições de Bion, em que a área de investigação é diferente da primeira tópica e da contribuição já citada de Klein. Com transformações em movimento rígido ele restaura a posição original da transferência, porém delineando a área onde operam as transformações projetivas e em alucinose. O material clínico *não* foi por nós encarado como em movimento rígido, quando apresentamos "Apreciação".

Antes de finalizar o subtítulo gostaríamos de especificar dois pontos.

O primeiro é quanto às mudanças entre a primeira e a segunda teoria tópica, em que encarecemos as dificuldades conceituais daí resultantes. Parece-nos que, às vezes, certas dúvidas são mais críveis na fala do autor. Então, citemos "Análise terminável e interminável", a nosso ver a maior obra reflexiva de Freud:

> *Se reconhecermos o caso que estamos examinando como expressão do instinto destrutivo ou agressivo, surge imediatamente a questão de saber se essa visão não deve ser estendida a outros exemplos do conflito, e, na verdade, de saber se tudo o que conhecemos do conflito psíquico não deveria ser revisto a partir deste novo ângulo. (Freud, 1937/1974m, p. 278, grifos meus)*

O outro ponto é que se pode considerar que tudo o que ocorre no *setting* está ligado ao eixo transferência-contratransferência, e isso não é assim nas considerações de Freud. Senão, vejamos, em "Esboço de psicanálise", o capítulo "A técnica da psicanálise", um de seus últimos trabalhos:

> *Coletamos o material de nosso trabalho de uma variedade de fontes – do que nos é transmitido pelas informações que nos são dadas pelo paciente e por suas associações livres, do que ele nos mostra nas* transferências, *daquilo a que chegamos pelas interpretações de seus sonhos e do que ele revela através de lapsos ou parapraxias. (Freud, 1938/1974o, p. 205, grifo meu, note-se o termo "transferências" no plural)*

Por fim, ligado ao parágrafo anterior, consideremos que, a nosso ver, o termo contratransferência deveria manter o seu

234 ESTUDO DE UMA SESSÃO ANALÍTICA

significado original: algo inconsciente. Portanto, o trabalho com o analisando seria feito usando os conceitos de *"experiência emocional"* e *"aprender com a experiência"*, conforme desenvolvidos por Bion (1962).

Resumo

O resumo das considerações feitas sobre os quatro conceitos necessariamente obedecerá a um mesmo padrão, ligado à evolução da psicanálise como um todo; entretanto, seguiremos a sistemática de trabalho adotada até aqui, que é a de seguir cada um dos conceitos.

Inconsciente

Originário da ação do recalcamento, que, atuando sobre as representações sexuais, determina a separação do inconsciente em relação ao (pré-)consciente, na primeira teoria tópica. A partir da segunda tópica perde o caráter tópico para ser uma qualidade.

Em Melanie Klein parece manter sempre uma característica tópica, porém em campo conceitual diferente de Freud.

O campo conceitual kleiniano se expande, e em Bion, com os conceitos de elemento (beta e alfa), tela beta e barreira de contato, a diferenciação consciente e inconsciente passa a ser fundamental em relação ao eixo genético da grade, especialmente quanto a sonhos, pensamento onírico, mitos... O recalcamento operará segundo a formulação freudiana original. Em face da importância do desconhecido, o conceito de consciente-inconsciente receberá em Bion um complemento, ou seja, se expande para finito-infinito.

Sexualidade

Quanto ao viés que desemboca em autoerotismo e narcisismo, deixemos anotada somente sua nomeação.

Quanto ao viés que considera as fases pré-edípicas do desenvolvimento, consideremos que elas tiveram desenvolvimento importante com Abraham e Melanie Klein, sendo que esta ressaltou a importância do sadismo (máximo).

Quanto ao viés edípico, sem dúvida de imensa riqueza conceitual, é o que forma o edifício psicanalítico. Complexo de Édipo permite conceito de fase fálica e seus desenvolvimentos. Em Melanie Klein ela será transformada em genital, e o complexo de Édipo sofrerá mudanças conceituais capitais, ocorrendo o seu aparecimento em épocas muito anteriores à preconizada por Freud. Em Bion o conceito será ampliado, se estendendo de modo a permitir melhor percepção do eixo horizontal da grade, bem como a ideia dos ataques à pré-concepção edípica nos fornecerá novo enfoque clínico.

Quanto ao viés instinto de vida em oposição ao de morte, vai levar, em Freud, ao desenvolvimento da segunda teoria tópica e, em Melanie Klein, ao desenvolvimento da teoria das posições esquizoparanoide e depressiva. Em Bion, a teoria de transformações se apoia nesses desenvolvimentos sucessivos.

Recalcamento

Conceito fundante da psicanálise; em relação aos quatro conceitos fundamentais, por nós considerados, forma o campo da primeira teoria tópica.

Na segunda teoria tópica de Freud ele é exercido pela parte inconsciente do ego.

Na fase madura do pensamento kleiniano, o conceito de recalcamento cede lugar ao de cisão, porque o foco de exame deslocou-se para a mente primitiva. O novo instrumental teórico permite adentrar-se ao campo das psicoses.

Em Bion, o recalcamento retém a mesma função que na primeira teoria tópica, ou seja, a diferenciação consciente-inconsciente.

Transferência

De início, uma resistência que cumpre eliminar.

Depois, com o conceito de neurose de transferência, a própria cena em que o conflito se desenvolve e onde será elucidado. Sua definição implica operar em área em que atua o recalcamento, portanto é o terreno da primeira tópica.

O surgimento da segunda teoria tópica não vê, em Freud, uma revisão e atualização do conceito.

Em Melanie Klein, com o conceito de cisão, o significado de transferência muda completamente, sendo considerada como "total".

Em Bion, com transformação em movimento rígido, a transferência mantém o seu estatuto originário, mas não será mais o elemento primordial no trabalho clínico.

Tentativa de reflexão

Ao fazermos o rastreamento dos quatro conceitos fundamentais propostos, fica claro que este é apenas um rastreamento e que outra pessoa poderia desenvolver algo na mesma linha que fosse muito diferente disto.

O nosso trabalho se prende às principais linhas conceituais que são desenvolvidas na Sociedade Brasileira de Psicanálise de São Paulo (SBPSP) e com as quais o autor teve intimidade como analisando, o que, ele percebe, lhe confere sensibilidade, mobilidade e condições de pensar diferente de quando o referencial teórico provém de leituras ou mesmo de outras atividades psicanalíticas, como supervisões, seminários, conferências...

Há diversas correntes de pensamento psicanalítico, quer nas sociedades filiadas à International Psychoanalytical Association (IPA), quer em outras entidades, e vamos nos restringir a algumas considerações sobre as primeiras, às quais pertencemos.

A quantidade de conhecimento, que vai se avolumando no campo da psicanálise, faz com que nos vejamos frente a uma situação que pode ser descrita com o mito da torre de Babel. Fazendo uma distensão lúdica, podemos pensar em uma micro e uma macro Babel.

Comecemos com a primeira; o nosso trabalho a ela se relaciona. Sem termos condições de nos estender sobre a escola francesa, as contribuições de Winnicott, Matte-Blanco e outros, fiquemos apenas nas teorias dos três autores fundamentalmente citados. Só aí já temos o campo de definição da nossa pequena Babel.

Tragamos o comentário e testemunho de um protagonista bastante insuspeito, o próprio Freud, logo após aquela sua observação já citada anteriormente: "se tudo o que conhecemos sobre o conflito psíquico não deveria ser revisto a partir deste novo ângulo" (instintos agressivos). Segue-se na mesma página:

Estou cônscio de que a teoria dualista, segundo a qual um instinto de morte ou destruição ou agressão reivindica iguais direitos como sócio de Eros, tal como este

238   ESTUDO DE UMA SESSÃO ANALÍTICA

se manifesta na libido, encontrou pouca simpatia e na
realidade não foi aceita, *mesmo entre psicanalistas.*
(Freud, 1937/1974m, p. 278, grifo meu).

A nosso ver, dentro da própria teoria freudiana já temos uma Babel. Não só os conceitos da segunda teoria tópica não encontraram um desenvolvimento harmônico com os da primeira, como também Freud estendeu suas investigações no campo das psicoses com os conceitos de identificação, cisão do ego e negação (recusa ou rejeição), esta extensamente usada por Lacan no desenvolvimento do conceito de forclusão.

Na micro Babel surge a contribuição de Melanie Klein, que, embora muitíssimo aceita, desencadeia, como seria de se esperar, variadas leituras. Talvez não seja este o aspecto mais importante. O fundamental é que, embora seja talentosa continuadora da obra de Freud, ela introduz conceitos novos em área nova de pesquisa analítica, ou seja, investigação dos mecanismos primitivos do funcionamento mental com o estudo de crianças e posterior extensão ao campo das psicoses, por ela mesma ou seus discípulos (Rosenfeld, Bion e outros). Isto traz uma situação difícil de apreender, ou seja, o trabalho analítico se relaciona a níveis mais primitivos da mente, mesmo ao se considerar a psicanálise de neuróticos. Só para exemplificar, onde a psicanálise freudiana trabalha com o campo do recalcamento, Melanie Klein opera em área que corresponde ao conceito de cisão. São áreas diferentes de observação. Se houver o desenvolvimento da personalidade, ela considera que será pertinente usar o conceito de recalcamento. A aplicação do conceito de posição esquizoparanoide e depressiva trará nova compreensão ao desenvolvimento normal da personalidade.

No desenvolvimento das duas linhas anteriores surge a contribuição de Bion. Por meio da teoria das transformações e da grade, ele desenvolve interessantes instrumentos para observar e estudar a mente primitiva e elaborar um campo conceitual de seu desenvolvimento. Senão, vejamos. Com a teoria de transformações, especialmente projetivas e em alucinose, ele desenvolve a observação da identificação projetiva e o campo da alucinação, em uma fina observação da área clínica. Com a grade, cria um sistema de observação (eixo horizontal) e um eixo evolutivo (vertical), em que a função alfa, atuando nos elementos mais primitivos, vai permitir a sua evolução para sonhos, pensamento onírico e mitos (área do simbólico) e sua evolução para conceito (área do pensamento) e teoria científica.

Bion consegue a expansão do campo, com grande capacidade de abstração e ao mesmo tempo de síntese, absorvendo muitos dos conceitos de Freud e Melanie Klein.

A integração e a diferenciação dos conceitos destes grandes sistemas teóricos é difícil, pelo menos para nós. Parte da dificuldade é relativa ao campo do pensamento. Porém, talvez haja um desafio maior, que é de poder realizar os conceitos, e isso provavelmente depende da análise que cada um obteve.

Consideremos a grande Babel. Fazer uma apreciação sobre a psicanálise em geral seria uma temeridade. Atrevamo-nos, entretanto, a alguma conjectura.

As leituras de trabalhos atuais nos levam a observar contribuições em variadas linhas. Podemos tentar achar um padrão básico do qual alguns autores são exceção.

Este padrão é dado por uma adesão clara ou velada à primeira teoria tópica, justamente os conceitos propostos neste estudo. Aí vão se introduzindo conceitos originários das mais diversas fontes, quer sejam psicanalíticas, quer sejam outras. De forma nenhuma queremos desrespeitar colegas opinando sobre seus trabalhos, mas, há de se convir, quando existe engenho e arte temos interessantíssimos produtos que alimentam o espírito e estimulam o trabalho clínico; no entanto, quando há penúria vemos a constituição de uma verdadeira colcha de retalhos.

Fiquemos com a referência poética, engenho e arte, e, assim, temos uma imensidão de trabalhos. Cremos que os analistas têm uma enorme tarefa à sua frente: explicitar as invariantes em que operam. Se for possível realizá-la, talvez tenhamos um campo mais claro e delineado à nossa frente.

Conclusão

Cremos que é muito importante observar as invariantes em cada sistema teórico, para que estas sejam respeitadas. Caso contrário, podemos forjar um grande litígio, causando dor, sofrimento, grande desperdício de energia e, quiçá, de talento.

Referências

Bion, W. R. (1962). *Learning from experience*. London: Tavistock Publications.

Bion, W. R. (1965). *Transformations: change from learning to growth*. London: William Heinemann Books.

Bion, W. R. (1966). *Os elementos da psicanálise*. Rio de Janeiro. Zahar. (Trabalho original publicado em 1963)

Bion, W. R. (1967). Differentiation of the psychotic from the non-psychotic personalities. In W. R. Bion, *Second thoughts*. London: William Heinemann Books.

Bion, W. R. (1970). *Attention and interpretation: a scientific approach to insight in psycho-analysis and groups.* London: Tavistock.

Freud, S. (1974a). A psicoterapia da histeria. In S. Freud, *Edição Standard Brasileira das Obras Psicológicas Completas de Sigmund Freud* (Vol. 2). Rio de Janeiro: Imago. (Trabalho original publicado em 1895)

Freud, S. (1974b). A interpretação de sonhos. In S. Freud, *Edição Standard Brasileira das Obras Psicológicas Completas de Sigmund Freud* (Vol. 5). Rio de Janeiro: Imago. (Trabalho original publicado em 1900)

Freud, S. (1974c). Fragmento da análise de um caso de histeria. In S. Freud, *Edição Standard Brasileira das Obras Psicológicas Completas de Sigmund Freud* (Vol. 7). Rio de Janeiro: Imago. (Trabalho original publicado em 1905)

Freud, S. (1974d). A dinâmica da transferência. In S. Freud, *Edição Standard Brasileira das Obras Psicológicas Completas de Sigmund Freud* (Vol. 12). Rio de Janeiro: Imago. (Trabalho original publicado em 1912)

Freud, S. (1974e). Recomendação aos médicos que exercem a psicanálise. In S. Freud, *Edição Standard Brasileira das Obras Psicológicas Completas de Sigmund Freud* (Vol. 12). Rio de Janeiro: Imago. (Trabalho original publicado em 1912)

Freud, S. (1974f). Sobre o início do tratamento (Novas recomendações sobre a técnica da Psicanálise I). In S. Freud, *Edição Standard Brasileira das Obras Psicológicas Completas de Sigmund Freud* (Vol. 12). Rio de Janeiro: Imago. (Trabalho original publicado em 1913)

Freud, S. (1974g). Repetir, recordar e elaborar (Novas recomendações sobre a técnica Psicanalítica II). In S. Freud, *Edição Standard Brasileira das Obras Psicológicas Completas de Sigmund Freud (Vol. 12). Rio de Janeiro: Imago. (Trabalho original publicado em 1914)

Freud, S. (1974h). Sobre o narcisismo: uma introdução. In S. Freud, *Edição Standard Brasileira das Obras Psicológicas Completas de Sigmund Freud* (Vol. 14). Rio de Janeiro: Imago. (Trabalho original publicado em 1914)

Freud, S. (1974i). Observação sobre o amor de transferência (Novas recomendações sobre a técnica da Psicanálise III). In S. Freud, *Edição Standard Brasileira das Obras Psicológicas Completas de Sigmund Freud* (Vol. 12). Rio de Janeiro: Imago. (Trabalho original publicado em 1915)

Freud, S. (1974j). O inconsciente. In S. Freud, *Edição Standard Brasileira das Obras Psicológicas Completas de Sigmund Freud* (Vol. 14). Rio de Janeiro: Imago. (Trabalho original publicado em 1915)

Freud, S. (1974k). Além do princípio do prazer. In S. Freud, *Edição Standard Brasileira das Obras Psicológicas Completas de Sigmund Freud* (Vol. 18). Rio de Janeiro: Imago. (Trabalho original publicado em 1920)

Freud, S. (1974l). O ego e o id. In S. Freud, *Edição Standard Brasileira das Obras Psicológicas Completas de Sigmund Freud* (Vol. 19). Rio de Janeiro: Imago. (Trabalho original publicado em 1923)

Freud, S. (1974m). Análise terminável e interminável. In S. Freud, *Edição Standard Brasileira das Obras Psicológicas Completas de Sigmund Freud* (Vol. 23). Rio de Janeiro: Imago. (Trabalho original publicado em 1937)

Freud, S. (1974n). Construções em psicanálise. In S. Freud, *Edição Standard Brasileira das Obras Psicológicas Completas de Sigmund Freud* (Vol. 23). Rio de Janeiro: Imago. (Trabalho original publicado em 1937)

Freud, S. (1974o). A divisão do ego no processo de defesa. In S. Freud, *Edição Standard Brasileira das Obras Psicológicas Completas de Sigmund Freud* (Vol. 23). Rio de Janeiro: Imago. (Trabalho original publicado em 1938)

Freud, S. (1976). A negativa. In S. Freud, *Edição Standard Brasileira das Obras Psicológicas Completas de Sigmund Freud* (Vol. 23). Rio de Janeiro: Imago. (Trabalho original publicado em 1925)

Klein, M. (1987a). *The psycho-analysis of children.* London: Hogarth Press. (Trabalho original publicado em 1932)

Klein, M. (1987b). Early stages of the Oedipus complex conflict and super-ego formation. In M. Klein, *The psycho-analysis of children.* London: Hogarth Press. (Trabalho original publicado em 1932)

Klein, M. (1987c). Notes on some schizoid mechanisms. In M. Klein, *Envy and gratitude and other works.* London: Hogarth Press. (Trabalho original publicado em 1946)

Klein, M. (1987d). The origins of the transference. In M. Klein, *Envy and gratitude and other works.* London: Hogarth Press. (Trabalho original publicado em 1952)

Klein, M. (1987e). The psycho-analytic play technique: its history and significance. In M. Klein, *Envy and gratitude and other works.* London: Hogarth Press. (Trabalho original publicado em 1955)

Klein, M. (1987f). On the development of mental functioning. In M. Klein, *Envy and gratitude and other works.* London: Hogarth Press. (Trabalho original publicado em 1958)

Klein, M. (1992a). The importance of symbol formation in the development of the ego. In M. Klein, *Love, guilt and reparation and others works*. London: Karnac. (Trabalho original publicado em 1930)

Klein, M. (1992b). A contribution to the psychogenesis of the manic-depressive states. In M. Klein, *Love, guilt and reparation and others works*. London: Karnac. (Trabalho original publicado em 1935)

Lemaire, A. (1989). *Jacques Lacan: uma introdução*. Rio de Janeiro: Campus.

Rezze, C. J. (1990). Minha experiência clínica na apreensão do objeto psicanalítico. *Jornal de psicanálise, 23*(46), 55-60.

Rezze, C. J. (2003). A fresta. In P. C. Sandler, & T. R. L. Haudenschil (Org.), *Panorama*. São Paulo: Departamento de Publicações SBPSP. (Trabalho original apresentado em 1997)

7. Preservação e alteração do *setting* na análise[1]

O tema preservação e alteração do *setting* apareceu-me quando eu estava em franca ebulição mental quanto à situação a seguir.

Acontecimentos de referência

Do ponto de vista factual eu poderia descrever que trabalhava em um mesmo consultório havia doze anos, num prédio de médicos onde abundavam psicanalistas, num conjunto de três salas de decoração singela, pobre mesmo, sempre mantido em condições aceitáveis de conservação, pintura etc. As salas permitiam uma movimentação de pacientes tal que eles não se cruzavam, não se encontravam, dentro das dependências do consultório.

Na época que destaco, tive de me submeter a uma cirurgia e, contrariamente ao que eu esperava e havia marcado, não pude

---

1 Uma versão anterior deste artigo foi publicada em: *Rev. Bras. Psicanál.,* *15*(175), 1981. Trabalho apresentado no 89º Congresso Brasileiro de Psicanálise, Rio de Janeiro, 5-8 jun. 1980.

voltar ao meu consultório, tendo que atender em minha casa, onde existe um escritório convenientemente preparado para esse fim. O lugar é num bairro tranquilo, arborizado; a casa tem jardim, e o *hall* de espera é apenas parcialmente separado das salas de estar e de jantar. Minha ida para casa determinou a mudança dos hábitos familiares, sendo que não se entrava mais pela porta da sala e nem se usavam aquelas dependências nas horas de trabalho, porém, deliberadamente, não introduzi nenhuma outra alteração na casa, no ambiente. Uma empregada passou a auxiliar-me, recebendo os pacientes ou os acompanhando ao portão, e eles passaram a se cruzar, quando anteriormente eu trabalhava sozinho, sem atendente, sendo meus contatos com os pacientes estritamente pessoais.

As descrições apenas têm a intenção de situar um pouco o leitor no universo físico em que vivi, segundo minha descrição pessoal e para os fins desta comunicação.

A importância do *setting* e o seu significado, em nível profundo, surgiram para mim de forma quase explosiva neste período. Talvez o localizar em um ou outro paciente com o relato de "material clínico" facilite o desenvolvimento das ideias.

Algo da pessoa

A. era paciente dos mais antigos; havia onze anos fazia o trabalho comigo, quase todo o tempo cinco vezes por semana. É homem solteiro, de 40 anos, e só muito recentemente refere uma relação pessoal mais estável, com outro homem bem mais jovem que ele. No início de nosso trabalho, A. vivia em pugna frequente comigo, identificava-se a minorias, principalmente homossexuais, e eu era identificado à maioria heterossexual, dos que tinham mulher, filhos e uma série de vantagens. Contrariamente ao que isso possa indicar, sua participação não sugeria um conflito de natureza edipiana. Frequentemente ele entrava em estados que não se poderiam dizer alucinatórios, mas eram talvez seus equivalentes. Percebia-o distante, tinha a impressão de que via ou ouvia algo, e alguns anos depois passou a narrar sua participação em episódios fugidios, em geral agradáveis, cenas de almoço no campo, chupando algum pênis maravilhoso sem, em geral, nenhuma referência à pessoa ou corpo que portasse esse pênis.

A mudança

Comecei em minha casa. Fisicamente eu estava de muletas, uma perna engessada coberta pela calça. O paciente viveu um choque terrível. Indagou um pouco de minha ausência, e tal situação rapidamente esvaneceu-se. Começou a queixar-se da casa e do bairro. Não pensou que eu morasse assim, num lugar para o qual precisasse de tanto dinheiro – "Não é, Cécil?" (acento no é). Seus ataques não eram frontais. Sugeriam que eu ganhava muito dinheiro dos meus clientes. O "ganhar dinheiro" tinha um sentido entre o pejorativo, o desleal, o abuso, o franco roubo, a ambição com nuances e variações, conforme o momento. Pareciam ser ardilosas arapucas destinadas a apanhar em mim o que fosse de fato ambicioso, precisão de bens materiais, sentimentos de abuso ou ações assim, a fim de mergulhar-me em um campo moral de acusações; a finalidade parecia ser despertar violentas autoacusações.

O diálogo ocorria de forma que suas afirmações eram fatuais. Seu conhecimento a respeito do meu dinheiro, da posse da casa, da minha riqueza eram concretos. Desconhecia a reflexão e a ponderação. Não suspeitava, nem ligeiramente, que os fatos por ele apontados podiam se constituir em inferências, hipóteses, que poderiam ter maior ou menor parcela de verdade.

248 PRESERVAÇÃO E ALTERAÇÃO DO *SETTING* NA ANÁLISE

A posse deste saber assegurava-lhe uma superioridade sobre mim que tinha o caráter do absoluto; falava de minhas posses, de eu pertencer a uma classe a que ele não pertencia (com mulher e filhos); eu fazia parte da maioria, morava naquele bairro. Cada afirmação dessas era carregada com uma acusação para que eu sentisse, percebesse a prática de violências perpetradas contra ele.

Essa situação sucedeu a outra, imediatamente anterior, em que o paciente abrigava para comigo sentimentos afetuosos, de maior camaradagem, tendo experiências de cordialidade. As mudanças ocorridas se colocavam em evidência pelo contraste assim formado.

Destacava-se um fosso, uma separação entre mim e ele, a localização de dois seres que nada tinham a ver um com o outro. Estavam em universos distantes, como ele bem descrevia.

Para minha percepção, no entanto, eram nítidos os traços de crueldade. Situando-me em termos materiais, numa exploração mercenária de meu trabalho, ele amputava-me de todo traço de bondade, afeto, amor, dadivosidade. Eu me constituía num ser morto para estes ângulos da existência.

Nele, eu percebia o que nos inícios de nosso trabalho era tão nítido, e naquele então era descrito mais ou menos como se segue. Ele não perdia o horário, não faltava ao compromisso, mas não tinha razão para viver; seu emprego, sua vida eram uma engrenagem que girava; tudo era rotina, sempre igual. Nestas oportunidades suas descrições eram despidas de tonalidades mais vivas. Não eram perceptíveis as manifestações que comumente atribuímos a sentimentos como amor e ódio. Até sua fala nestes momentos era para mim o que a palavra monocórdico bem representava – sentimentos e fala monocórdicos. Havia um acanhamento emocional numa descrição comum, em realidade uma situação violenta, uma bomba de retardamento a explodir em mim, caso houvesse de mim para com ele uma ligação, sobretudo no sentido de que ele pressentisse alguma expectativa a seu respeito.

A mudança do lugar fora preponderante nos estados atuais. A sala de estar que ele percebia ampla, a aparência externa, o jardim cuidado mereciam destaque nas suas invectivas. A sala tinha algo a ver com a sala do apartamento dele, que era bem decorada, segundo ele e, no seu dizer, todas as pessoas que frequentavam sua casa.

O fato de surgir esta sala o decepcionava. A mulher que relacionava a esta sala, evidentemente, não tinha existência para ele. Convém notar que todas estas referências a mulher, filhos, nunca foram prestadas por mim, e ele, praticamente, não tinha informações a respeito. As poucas vezes que viu pessoas em casa, ou com elas cruzou, poderiam fornecer-lhe hipóteses, mas era patente que a mulher e filhos a que ele se referia eram produções concretas de sua mente, embora fossem estímulos poderosos a que eu os confundisse com mulher e filhos, conforme eu os tenho em minha mente.

Toda esta situação confrontava com outra anterior, que pode ser situada onde eu tinha o consultório, nos anos anteriores de tratamento. Aí o paciente formou gradativamente um par comigo, e no decorrer dos anos foram sendo vividas emoções e sentimentos que semelhavam o evolver dos sentimentos numa criança que cresce ou se desenvolve emocionalmente.

As vivências de "rotina", alteradas com estados de tipo alucinatório fugidio, as lutas de minoria contra maioria e o fosso que nos separava foi dando lugar a que outros sentimentos surgissem. Foi se formando um par. As condições da realidade física tinham um destaque para este paciente.

No início, o encontro entre mim e ele parecia se localizar na porta que se abria no horário para ele entrar. Na relação comigo, ele me via e me tratava como um ser desprovido de outros

250 PRESERVAÇÃO E ALTERAÇÃO DO SETTING NA ANÁLISE

pacientes, de familiares, de amigos, de alguma atividade própria. A relação comigo era eu fazendo parte dele (como eu podia ter ideia). Eu era ele mesmo ou um objeto dele. Assim começou a ter mais cordialidade comigo, surgiu a afeição e começou a perceber aflição quando me tratava com mais violência.

Nos últimos anos, quando era acompanhado por mim e sentia-se acolhido, chegava a enternecer-se e a chorar, o que o deixava muito perdido.

O par que foi formando tinha características marcantes. Meu consultório, simples e sem alterações durante aqueles anos, confrontava-se com a sua mudança de um apartamento alugado para a compra de outro e, depois, um terceiro, decorado por ele mesmo e que era alvo da admiração de amigos e convidados. Ele também apreciava sua obra. Nunca criticou meu conjunto, embora fosse óbvia a discrepância entre os dois. A diferença permitia-lhe estar bem comigo. Conversava sobre arte, aquisição de quadros, frequência a espetáculos de arte, notadamente balé. No início de nosso trabalho fazia muitas viagens ao exterior, onde, além de frequentar a ópera e grandes espetáculos em Paris e Nova York, procurava – nesses lugares evoluídos – casas de "sacanagem" onde pudesse encontrar objetos de pornografia. Nestas narrações formava-se outro par, de um viajante cosmopolita cheio destes objetos descritos com um companheiro analista, caipira, tipo brasileiro, que aparecia mais queimado de sol de vez em quando, o que, em sua opinião, era extremamente vulgar.

As narrações do paciente referiam a idas e vindas, visualizações dos espetáculos. Não tinham algo que ficasse como um tema, uma ideia. Não havia abstrações, "encucações". Os autores não levantavam problemas. Suas descrições correspondiam a uma apreciação estética e ao degustar tal situação. Uma vez contou ter visto um espetáculo de ópera no meio do qual uma coadjuvante, no palco, caiu de uma escada. E aí ele notou que a moça estava ou subalimentada ou doente. A visão deste aspecto estragou-lhe toda a noitada.

Suas descrições não incluíam um conjunto de atributos que habitualmente se atribuem a pessoas humanas que fazem uma criação artística. O modelo que encontrei foi o de uma criança engolindo, chupando uma situação maravilhosa. Não fez sentido. Noutra oportunidade o modelo foi de chupar um pinto grande, gostoso, cheinho de esperma. Aderiu ao modelo. Fiquei em dúvida sobre se vislumbrou alguma percepção, ou se concretamente se deleitou gozando com as imagens e os sons que eu forneci. Fico com a segunda hipótese. O modelo serviu para minha realização de uma situação, porém não serviu ao paciente, cujas necessidades e estágio de evolução permitiram relacionar-se comigo segundo a forma descrita.

Este paciente não podia usar minha contribuição em um nível de *insight*, podia usá-la em um nível mental equivalente ao que no campo físico é o alimentar-se.

Preservação e alteração do setting

Propositalmente fiz descrições longas, ora me atendo a dimensões materiais e descrições fatuais, ora ensaiando os sentimentos; uma tentativa de aproximar o leitor dos aspectos mais sutis e sensíveis das emoções envolvidas.

Para cogitar de preservação ou alteração de *setting* vi-me na contingência de caracterizá-lo, encontrar o seu significado por intermédio da minha experiência pessoal.

Nos primórdios de meu trabalho o *setting* estava relacionado às salas, aos horários, ao tempo da sessão, ao divã, ao contrato... As salas eram três, os pacientes não se cruzavam dentro do ambiente do consultório, o tempo era o de psicanálise conforme a convenção, o contrato eu o aprendera inclusive nas aulas de técnica, além da troca de ideias com colegas mais experientes. Havia também a situação analítica da qual o *setting* fazia parte.

No entanto, gostaria de me ater às evoluções do *setting*. O paciente A. dera-me subsídios muito ricos a respeito.

Seus encontros comigo, no início da análise, o colocavam sem muito acesso a perceber, discriminar, albergar, cuidar e desenvolver as emoções. Ele vinha para as sessões matinais às 7h10; já havia acordado há duas ou três horas, como lhe acontecia de hábito.

O que lhe sucedia para acordar tão cedo?

Para ele, o que se passava entre este tempo e o nosso encontro somente lhe sugeria a ideia de um sintoma – dormia mal – e uma obrigação – comprometera-se ao tratamento. O momento do encontro era vivido como de natureza mecânica, o abrir e fechar de portas. O seu bom-dia era arrastado e convencional. Parecia nem precisar olhar-me, pois eu era sempre a mesma coisa. Deitava-se e falava.

Esta situação prolongou-se por anos. A possibilidade de ela manter-se deu-me uma dimensão que, pela visão retrospectiva, tornou-se inusitada.

O encontro comigo permitia a relação em que os movimentos, objetos e pessoas – como objetos descritos – correspondiam a partes de sua personalidade (ao *self*). Ele agia como se partes de sua pessoa se depositassem nestas formas que descrevi. Os objetos, os movimentos, minha própria pessoa na experiência vivida não promoviam o desenvolvimento de símbolos (Klein, 1930/1964a); as palavras também não eram símbolos, e ele tratava concretamente com partes de si mesmo que guardavam a característica já descrita, qual seja, a de objetos concretos, despojados do sentido de vida, ou seja, de emoção.

As tentativas de localizar emoções nestas relações falhavam e punham em dúvida minha sanidade mental, quando eu propunha que elas existissem entre nós, o que para ele não ecoava, não ressoava. Com o evolver do trabalho pude verificar que ações violentas eram referidas fora (como a briga com o amante, depois a procura de pares sexuais em *trottoir*, denotando mesmo situações de perigo físico) e uma opacificação para o que ocorria entre nós.

Foi-se delineando e se formando gradativamente um ambiente físico, como já descrevi, onde ele tinha clara e evidente superioridade sobre mim. Apesar de eu ser "médico" e "psicanalista", também era evidente sua superioridade de pessoa cosmopolita sobre o provinciano e caipira; assim se davam as relações pessoais mais perceptíveis.

Mais frequentemente havia fragmentação e alucinação rápidas e fugidias. No observar pelos anos decorridos pode-se dizer que as emoções se desenvolveram mais e se fixaram em mim. Fui-me tornando um ser um pouco mais com vida e a quem ele podia dirigir-se. Fui-me formando e até ao pronunciar meu nome este tinha um acento próprio – "Cécil" – denotando, a meu ver com clareza, que o objeto a que se referia era uma criação sua.

O objeto começara a ser criado – o analista –, misto de porta, sala, isolamento, pontualidade e, sobretudo, de um caráter, talvez, até material de um recipiente que contivesse fisicamente os objetos interiores dele. Quando eu lhe falava, por vezes ouvia, em outras fragmentava ou alucinava.

A um observador mais afoito pareceria por vezes haver uma conversa. Eu lhe dava uma ideia e ele dizia "pode ser". Não ressoava, nem consternava; não sofria; simplesmente, tudo se *esvaziava*.

A criatura que ele formava em mim dobrava-se a este estado de coisas – não estava inserida em atividades próprias, não tinha existência em outro tempo, não tinha mulheres ou filhos, não se divertia.

Paradoxalmente, atacava-me pelo curto tempo durante o qual eu o atendia, pelo fato de que, depois dos cinquenta minutos, ele ficaria sozinho, de eu ter família e ele não ter mulher e filhos. Fui verificando que estas ideias de mulher, filhos, o tempo para o analista, não correspondem ao que o leitor ou ouvinte está possivelmente entendendo. Eram expressões destituídas de seu significado simbólico.

Essas afirmações eram feitas com um sentido factual. A mim pareciam fragmentos relacionados, muito distantemente, a uma situação edipiana que não se formara ou se esfacelara precocemente (Bion, 1962/1966). Revelavam mais um tênue contato com a realidade, em que ele diferenciava o eu dele em relação a mim com um sentido de privação, o qual era rapidamente carregado de ódio, em ação explosiva contra qualquer desenvolvimento do pensamento.

A possibilidade de vida dele se fazia com este objeto que era o analista – nos inícios da análise – mutilado, segregado, possuído, formado por ele, submisso a um existir fragmentário, porém resistente a múltiplos ataques.

O analista possuía este caráter de resistência – mantinha-se vivo emocionalmente. O paciente resistia física e emocionalmente, apesar de certos episódios descritos – como o de uma bebedeira na qual se descobre ferido, sem peças do vestuário, após ficar desacordado horas em local estranho – fazerem suspeitar que, por vezes, a ameaça à vida dele, fisicamente, e à minha, mentalmente, eram fatos a se considerar.

Este caráter de resistência, nele ou no analista, a meu ver, não se equipara à idealização em decorrência do *splitting*, conforme Klein (1946/1967). O estudo do *setting*, da forma como estou sugerindo, requer outro grupo de teorias ou o desenvolvimento das anteriores. Nessa linha é que as ideias de "*splitting* forçado", como descreve Bion, vêm ajudar-nos. Este autor supõe que "uma emoção muito violenta possa impedir o bebê de obter seu sustento, como o medo de sua agressão ou de outrem. O medo da morte, por privação do essencial, obriga ao reinício da sucção. Instala-se a divisão entre a gratificação material e a psíquica" (Bion, 1962/1966, p. 26). Posteriormente, o desenvolvimento destas situações vai permitir o que reconhecemos mais como idealização em relação ao analista, equivalentes a épocas precoces do desenvolvimento infantil, conforme Klein (1945/1964b).

A relação deste paciente durante longo tempo não permitia um sentido simbólico. O analista era vivido em um nível concreto, como parte indiferenciada de si mesmo; os movimentos, as emoções, as observações que surgiam e permitiam a aglutinação destes elementos, *de partes de sua pessoa indiferenciadamente analista,* permitiam-lhe unir-se, cuidar, ter um sentimento de atenção para comigo ou com ele.

Qualquer movimentação minha, expressão ou existir, que configurasse uma diferença, simplesmente deixava de existir pela fragmentação, ausência de percepção, ou, quando esses processos automaticamente não atuavam, surgia a moção violenta contra mim, a crueldade, e por fim a alucinação. Quando, após esses períodos, o paciente encontra outras formas de relação comigo, aparecem dimensões mais ligadas à ternura e ao afeto amoroso.

À guisa de discussão

No início eu pretendia basear o trabalho em "material clínico" de mais pacientes, mas se tornava difícil a coerência das situações a serem tratadas. Ou, mais claramente, em pacientes cujas personalidades apresentam um desenvolvimento de emoções e fantasias mais amplo, o *setting* não tem o valor e o significado que descrevi; ele permanece mais opaco, sem tanto relevo. No paciente considerado e naqueles a que me refiro talvez seja útil considerar aspectos neuróticos e psicóticos da personalidade (Bion, 1957/1972). As descrições e as considerações aqui feitas são relacionadas mais aos mecanismos psicóticos, preponderantemente atuantes, mesmo em personalidades com manifesto desenvolvimento neurótico.

À guisa de conclusão

O *setting* pode ser visto de dois ângulos diversos. Do ângulo que atribuo ao paciente, o *setting* começa a existir como partes físicas do ambiente, do qual o analista não se diferencia. Evolve como partes da pessoa (*self*) e dos sentimentos dos pacientes, que agora fazem parte comum, contínua entre paciente, analista e ambiente físico.

Do ponto de vista do analista, o *setting* é o equivalente a seu estado de mente, correspondendo ao desenvolvimento de sua personalidade, podendo conter os aspectos primitivos que o paciente necessita manipular e *que necessita que o analista intua, perceba e sinta.*

O paciente que descrevo fornece bem uma visão de como muitas de suas ações estão ligadas a mobilizar no analista as emoções, os sentimentos e as consequentes fantasias para os quais ele se encontra sem acesso. A *rêverie* (Bion) é essencial ao desenvolvimento

CECIL JOSÉ REZZE   257

dos meios pelos quais de uma situação factual se possa caminhar para o suportar mais amplamente as emoções e assim habilitar-se ao desenvolvimento de símbolos.

O *setting* vai depender essencialmente *do grau de acesso aos aspectos mais primitivos da personalidade do analista e a consequente possibilidade de transformação final em pensamento e ação junto ao analisando*. Nesta transformação influem aspectos inerentes às qualidades do analista, o acesso que teve a situações primitivas, notadamente em sua análise, o acervo de teorias psicanalíticas já devidamente integradas nos seus recursos de analista, na sua experiência de vida.

A preservação e a alteração do *setting* estarão relacionadas ao que descrevi anteriormente.

Referências

Bion, W. R. (1966). O aprender com a experiência. In W. R. Bion, *Os elementos da psicanálise*. Rio de Janeiro: Zahar. (Trabalho original publicado em 1962)

Bion, W. R. (1972). Diferenciación de las personalidades psicóticas y no psicóticas. In W. R. Bion, *Volviendo a pensar*. Buenos Aires: Hormé. (Trabalho original publicado em 1957)

Klein, M. (1964a). La importancia de la formación de símbolos en el desarrollo del yo. In M. Klein, *Contribuciones al psicoanálisis*. Buenos Aires: Hormé. (Trabalho original publicado em 1930)

Klein, M. (1964b). El complejo de Edipo a la luz de las ansiedades tempranas. In *Contribuciones al psicoanálisis* (pp. 303-347). Buenos Aires: Hormé. (Trabalho original publicado em 1945)

Klein, M. (1967). Notas sobre algunos mecanismos esquizoides. In M. Klein *Desarrollos en psicoanálisis*. Buenos Aires: Hormé. (Trabalho original publicado em 1946)

8. Fantasmas e psicanálise: digressão em torno de transformações em O[1]

Há algum tempo certos elementos buscam expressão em mim e não a encontro.

Vem o analisando. Um pouco atrasado, fica algum tempo em silêncio. Não é um silêncio tranquilo, sossegado. É patente o desconforto, o sofrimento.

Por fim o cliente diz alguma coisa, a qual não me lembro bem o que foi, mas que exprimia a dor, o desânimo em que se encontrava.

Achei que certa formulação era apropriada ao que estava em curso e a exprimi, de acordo com minhas possibilidades e forma habitual de expressão.

Até este ponto a parte narrativa deste trabalho pode ser considerada relativamente satisfatória (aos propósitos do trabalho). Logo em seguida vamos ver que ela já não serve mais.

Prossigamos.

---

1 Trabalho apresentado no XVIII Congresso Brasileiro de Psicanálise, Reflexões Psicanalíticas, São Paulo, 6-8 set. 2001.

O analisando fala que não concorda com o que eu lhe apresentei, dizendo que achava outra coisa. Se esta outra coisa já tinha sido dita ou se foi dita neste momento, não posso esclarecer, o fato é que o analisando expressou sua ideia.

Tendo eu apresentado aquilo com que ele não concordava, refleti que o que ele dizia tinha propriedade para descrever o que pretendia descrever, bem como o que eu tinha dito tinha a mesma propriedade.

Anotemos que a diferença é que o paciente se refere a algo de si que ele já tinha me oferecido. O que eu pude lhe formular veio da sua colaboração e da minha possibilidade de observar os fatos que estavam em curso no trabalho. Correspondia a um aspecto evolutivo do trabalho, algo que eu tentava colocar a sua disposição. O paciente "como que retornava a sua expressão anterior" e não podia se servir do que aparecia na sessão.

Como se pode observar, a narrativa vai ficando insatisfatória. O leitor já deve ter "percebido" que "a seus olhos" a situação é bem mais ampla, comporta já inúmeras possibilidades não descritas que continuam se expandindo.

Prossigamos.

O que parecia ao analista é que o analisando estava frente a uma situação "que não evoluía". Ou seja, o paciente tinha uma formulação a seu próprio respeito. Os elementos da formulação pareciam ser tomados não como uma hipótese a respeito de si próprio, mas como "sendo" si próprio.

Por outro lado, o que o analista punha a sua disposição não era para o analisando algo como uma hipótese, mas uma espécie de *não paciente*, uma *negação* dele. Continuamos, acredito, com o problema que já se insinuava anteriormente. O leitor, com esta minha comunicação, deve ter expandido muito mais o que está neste texto. Deve ter tido outras ideias, associado com outras possibilidades, não me surpreenderia se estivesse julgando as capacidades do analista ou do analisando, e assim por diante.

Prosseguindo.

Examinando o que fora dito, o analista não se preocupa propriamente com o que dissera, pois nisso havia propriedade, a seu ver. Quanto ao mais, poderia ser inexato, inadequado ao paciente, não verdadeiro, enfim, poderia ser como fosse a sua observação e assim ser tomada pelo analisando.

Bem, o que se "podia observar" é que o analisando "não podia observar" que havia outra hipótese a sua disposição. Portanto o problema que surgia é que o objeto de observação do analista não era o que o analisando podia observar. Além de não poder observar, também não podia considerar algo fora de seu alcance ou algo que ele não sabia.

Tento esclarecer que ele não poderia utilizar o que não conhecia ou não sabia, é óbvio. Porém, o que se dava é que ele não podia cogitar isso, seu "desconhecimento". Em outras palavras, a sua formulação já era *si próprio*, e não compatível com qualquer alteração desta situação.

O prosseguimento desta minha descrição vai ampliando para o leitor as inúmeras possibilidades que estão sendo descartadas continuamente. É o momento particular do cliente em sua vida e nesta análise o que a caracteriza e permite que seja o que estava em curso e nenhuma outra. Este seria o seu lado restritivo; de outro, veremos que isso faculta o encontro do que ela (análise) é.

Prossigamos.

A seguir o analisando comenta algo, parecendo ávido por retornar ao conhecido estado de queixa a seu respeito, a respeito do analista ou ambos, com tendência ao ódio e à violência como meios de operar a situação.

O momento parecia maduro para uma comunicação. Ao ver do analista, o analisando carecia de uma formulação que lhe permitisse tomar em conta aquilo que estamos considerando no correr destas linhas.

Aí é que surgiu a menção aos fantasmas. Referi que o problema dele, meu, enfim, de qualquer pessoa, é o mesmo que o dos fantasmas. Para que eles sejam acessíveis aos seres humanos é necessário que usem os lençóis. Em geral são lençóis brancos que sinalizam sua presença e, assim, os concomitantes de medo, pavor, terror, e assim por diante. Sem os lençóis, rangidos de portas, murmúrios, não temos acesso aos fantasmas. Entre eles, se reconhecem sem estes artifícios. (Um fantasma bastante popular entre as crianças é o Pluft. Alegria quando os seus amigos o veem de lençol; pavor para os inimigos. E ausência de lençol quando ele faz os seus servicinhos e não é reconhecido.)

Ao ser humano não é possível apresentar-se sem algum gesto, impressão, corpo, fala, ação, enfim, algum elemento que seja o equivalente do lençol. Evidentemente o lençol não é o fantasma. Também analista e analisando se veem na mesma situação.

Não há possibilidade de a análise prosseguir sem os lençóis dos fantasmas, porém isso não é o fantasma. O paciente não é suas formulações, nem o analista.

Em tudo isso é indispensável que surja alguma capacidade de desvestir os lençóis utilizados, pois não procuramos lençóis. Conseguido o feito, ou pelo analisando ou pelo analista, prossegue a sina humana, ou seja, alguma vestimenta é necessária para que tenhamos "acesso" ao que é o paciente – sua realidade íntima. Continuamos com a dificuldade com o que foi dito: acesso. Verificamos que vamos novamente aos lençóis.

Bem, se isto for percebido e se analista e analisando puderem desvestir os lençóis para se encontrar e vestir os lençóis para se reencontrar, gradativamente uma dimensão *não* lençol vai se estabelecendo – dimensão não sensorial da realidade psíquica.

É possível que o leitor já tenha estabelecido pontos totalmente divergentes destes que estamos considerando, mas, se suportar a digressão, podemos agora levar em conta que os "lençóis fantasmas" devem ser leves e diáfanos, facilmente "vestíveis" e "desvestíveis". Se os "lençóis" forem de ferro, bronze, mármore, chumbo, será muito difícil a sua mobilidade.

Bem este é o ponto carente de expansão e do qual o paciente necessitava. A expansão havida no trabalho pode ser formulada nestes termos. Porém, é só. Já que nós estamos falando sobre psicanálise, e lá havia uma psicanálise em curso.

Acréscimo para os fantasmas – palavras para pensar

Vivemos continuamente envoltos nas dimensões originais, primárias da vida. Quando agimos na vida temos suas transformações (os lençóis).

Uma ideia necessária é que os lençóis não delimitam o fantasma. O fantasma pode estar dentro, fora, ou dentro e fora dos lençóis. Ele é de natureza diferente, de substância diferente, qualidade diferente (qualidade psíquica não sensorial).

Todos nós somos fantasmas e nosso destino é igual ao dos fantasmas. Para ler sinais humanos vestimos os lençóis. E o fazemos da forma que foi descrita.

Quando algo do fantasma se transforma no produto, nós temos propriamente o produto. Não é mais o fantasma, é seu lençol. A relação entre os fantasmas é coisa diferente do lençol. A relação entre os lençóis, a dança dos lençóis em que o homem vive nada tem a ver com os fantasmas propriamente ditos.

A percepção (intuição) deste aspecto primitivo em que vivemos – e vivemos continuamente no aspecto primitivo –, se descortinada, nos permite viver com instrumentos mentais mais afins, mais dentro desta realidade mais primitiva, mais original, mais prístina. Esta "visão" (indescritível) será vertida inexoravelmente em lençóis. A intimidade maior com esta dimensão mental e a maturidade do analista (que faculta tal estado da mente) permitem a escolha de instrumentos que conseguem criar lençóis mais afins ao estado inicial.

As emoções são outros tantos lençóis. O analista e seu analisando estão condenados a usar os lençóis, pela sua condição humana.

Porém, a análise, podendo seguir da forma como estou tentando formular, permite uma percepção (intuição – a introdução de um tema que indica uma evolução) ao par, a qual mais rapidamente lhe permite despir-se destas restrições e expandir um espaço indescritível (não correspondente a esta descrição formal de espaço) para comportar o surgimento de uma "qualidade inicial" e sua "evolução". Essa evolução agora difere de todas que precedentemente tenham ocorrido.

Este acontecimento cria um novo problema.

Os acontecimentos na mente de paciente e analista são diferentes. Em outros termos, os significados do analisando são próprios dele (analisando); o mesmo se diga para o analista. A evolução do par dependerá muito do "de acordo" que houver. Inevitável é a separação, ou melhor, a percepção (intuição) da separação entre analista e analisando.

Ficará patente este aspecto intransponível. Poderá haver turbulência insuportável para analisando e analista, com um semear imenso de lençóis de fantasmas.

A afinidade entre analista e analisando, nos termos que descrevo, tem importância na medida em que faculta ao analisando estar dentro de si mesmo numa dimensão mais a fim com seu fantasma (realidade última, transformações em O).

Fatalmente, para haver vida (sobrevivência, desenvolvimento, evolução), o nosso destino determina a produção de lençóis. Porém, pode ir se desenvolvendo uma capacidade para diferenciar lençóis e fantasmas.

Pode-se, afinal, ir desenvolvendo a intuição, e isso nos põe diretamente em contato com o original, o que o indivíduo é. A intuição permite outro acesso. Em outro acesso os lençóis podem ser observados de outra forma. Não se constituem em si mesmos os acontecimentos da vida mental, da realidade psíquica.

Tentando escrever de outra forma: a "visão" mental nos faculta outro campo de observação pelo uso da intuição. Isso permite o surgimento do pensamento como instrumento necessário a fazer evoluir o inicial, o primitivo em algo que podemos dizer "é lençol de fantasma" (produto humano, condição humana), e, se isso for percebido, já é outra coisa.

Outra coisa introduz outra dificuldade subjacente a tentar escrever. O que preciso escrever tem características tais que a linguagem corrente não favorece. Mas não é só isso: ao tentar escrever para colegas ou em psicanálise, verifico que os meios habituais, chamados científicos, não são próprios para a empreitada.

Os meios habitualmente tidos (mesmo na psicanálise) como científicos são próprios para lidar com o sensorial, com a dimensão concreta, com a natureza inanimada do ser. Porém, quando caminhamos dos fatos envolvidos para a abstração, há uma natural perda de sensorialidade. Assim, ao fazer retomar a sensorialidade, esses meios científicos habituais acabam promovendo uma falsificação da abstração.

O problema é deveras difícil de modificar. No escrever fui colocando aspas para indicar os momentos em que as palavras usadas tinham tal fundo de sensorialidade que quase inviabilizava escrevê-las. Só as usei por não ter outras ferramentas (isto traz o problema de que outra linguagem teria que ser criada para servir à psicanálise). Talvez nunca seja possível porque os problemas envolvidos precedem a linguagem e seus elementos habituais. A transmutação para significado e "estar de acordo com" é uma atividade a ser desenvolvida na mente humana.

Esse problema é contínuo e recorrente para cada indivíduo. Continuamos vendo que se expande. O analista escolhe um eito. Surgem os fantasmas.

Continuamos vendo que se expande. Talvez passemos a considerar os fantasmas. Suas relações com os lençóis e sem os lençóis. A relação analítica aumenta em ausência de lençóis.

Cogitações

Sem lençóis não há expressão possível. Da habilidade de desvestir os lençóis. Da relação sem lençóis. O uso da expressão verbal – o lençol de algodão, de linho, bronze, ferro. (Desde o início o analista sem memória e sem desejo.)

Este trabalho é um lençol. Se examinarmos o escrito – trabalho, número, palavras e expressões –, denota o caráter sensorial. Aquilo a que se refere é não sensorial.

Expandir para o infinito o que não evoluía – memória, desejo, sensorialidade.

O analisando não podia considerar algo que ele não sabia, fora do seu alcance.

O analista pode se situar na posição de não conhecer – foi o início da sessão –, de não se fixarem memória e desejo?

Paciente ávido de retornar ao conhecido – pensamento –; não sei como considerar.

9. Minha experiência clínica na apreensão do objeto psicanalítico[1]

Creio que, quando opero no campo de uma psicanálise, como analista, o instrumento que denomino objeto psicanalítico esteja à minha disposição, para o uso que for possível. Mas, na medida em que devo transformar tal evento em um trabalho a ser apresentado publicamente, as dificuldades parecem ser insuperáveis.

Ocorreu-me que, se trabalhasse com oposições, teria uma possibilidade maior de desenvolver minhas ideias e explicitar minha experiência.

Consideremos o assim chamado material clínico, apresentado por um psicanalista hipotético, mas que facilmente pode ser reconhecido, quer como experiência observada em alguém, quer em nós mesmos em algum momento de nossas vidas.

---

1 Trabalho apresentado em Mesa Redonda realizada na Sociedade Brasileira de Psicanálise de São Paulo, 20 out. 1990. Uma versão anterior deste artigo foi publicada em: *Jornal de Psicanálise, 23*(46), 55-60, dez. 1990.

Após a saída do analista por uma semana, o paciente retoma a sessão. Ele está trinta minutos atrasado e fica algum tempo em silêncio. Começa a falar e diz que passou bem na ausência do analista, tendo tido uma "vida arroz com feijão" (entendido pelo analista como "mesmice") e que, embora atrasado, resolvera não vir "costurando" com o seu carro pelos caminhos que levam ao consultório.

O analista observa que a voz é monótona.

O paciente se estende mais, sempre dentro do mesmo tema e com a mesma falta de ressonância afetiva.

O analista tem a impressão de que não tem o que falar ao paciente. Ainda tenta um esclarecimento, perguntando, diante daquela situação: "Por que você veio, então?". A resposta aparentemente não o ajuda. O analista relaciona outras situações em que o paciente age da mesma forma.

Faz-se uma pergunta ao analista: "na sua opinião, o que está se passando?".

O analista não entende bem e responde que já falou o que estava se passando.

Façamos algumas considerações.

A primeira é que o analista não tem um objeto psicanalítico à sua disposição. O pequeno relato pode levar qualquer pessoa, psicanalista ou não, a um grande número de conjecturas, mas não o cliente.

O analista nota a monotonia e a maneira como o analisando fala, que não lhe permitem expandir o trabalho. Isso já acontece há três anos, e o analista até se pergunta por que o cliente retorna.

Ao observarmos o relato, notamos que o cliente trata de fatos que se passaram na sessão, mas não tem uma modulação emocional perceptível ao analista, de forma que este possa saber de que se trata. É evidente, para mim, que ambos partilhavam de uma experiência emocional intensa, mas não houve transformações que permitissem ao analista e ao analisando seguir os procedimentos que sugerem uma análise.

De parte do analisando, a monotonia e a descrição de um mundo concreto não lhe dão grande variação. Já o analista, preso nessa armadilha, mantinha-se subjugado por essa situação.

Forneçamos agora um segundo relato que, pretendemos, possa funcionar em par com o primeiro.

A paciente está vinte minutos atrasada. Diz ter-se atrasado por vontade própria para diminuir o tempo da sessão. Mostra-se um pouco reticente, aparentemente pararia a conversa e as informações por ali mesmo. Os fatos são aqueles, e ela reage a eles. Aparentemente o analista não terá nada a falar, e ela já disse tudo.

O analista mantém-se em silêncio um curto espaço de tempo.

Ela prossegue, e o que diz tem um caráter definitivo: "é assim mesmo!". "Eu estava em casa numa boa em companhia de meu filho e estava bom estar com ele. Eu pensei em vir para cá e que você ia me dizer coisas horríveis, ia acabar o meu bem-estar."

Os fatos que ela descreve são, assim, irrefutáveis e inalteráveis. Ela vive e reage com o analista que ela descreve e, na própria sessão, ele é assim! E a sessão ocorreu, ocorre e/ou ocorrerá da forma descrita.

O analista faz uma observação, começando a dizer a ela aproximadamente o seguinte: "Você está me dizendo uma coisa das mais importantes, talvez, das mais importantes no que diz respeito à sua vida."

A cliente muda sua atitude emocional, aparenta curiosidade sobre o que está ocorrendo. É um breve lapso de tempo, e aí tudo ocorreu! A atenção do analista agora precisa ser muito aguda. As primeiras palavras do analista, buscando dar a ela notícia do que não sabia, permitem que o estado emocional mude, que toda a situação mude, considerando as duas pessoas presentes.

A fala da paciente não levava em conta o analista presente, a não ser para depositar parte de si própria. E o início da fala do analista permitiu uma clivagem: parte da paciente foi mobilizada em curiosidade, e algo diferente passou a surgir. O importante é que o analista ainda não sabe o que é. Sabe apenas que é alguma coisa.

Reputo de importância essa passagem. A curiosidade, a mudança emocional pode ser observada, intuída, mas é algo da cliente, ainda desconhecido do analista. Obviamente, isso se passou num espaço de tempo infinitamente mais breve do que essas descrições.

O analista prossegue: "É muito importante porque você está vivendo um hábito seu, digamos um hábito mental, em que, se uma parte do que você julga desagradável em si própria não é suportada, então você vê aquilo em outra pessoa como eu, por exemplo, e aí você não pode vir: talvez você considere, como agora, que quando lhe parece que algo valioso pode surgir, talvez de si mesma, então pode notar que todo seu estado de ânimo já mudou".

A sessão prossegue. No final dela o analista observa que a cliente não gostaria de ir embora.

Obviamente, em todas as relações humanas as emoções vão ocorrendo e se desdobrando. Em análise é importante ter em mente que aquilo que precisa ser percebido, intuído e detectado é o objeto psicanalítico.

Neste segundo fragmento, pode-se observar que o confronto entre a presença da paciente e sua fala indica uma cisão que não é de domínio da paciente. Indica cisão, pois a vinda à sessão predominou em detrimento do não vir. Não sabemos mais do que isso.

O fato de ela ter chegado atrasada e ter dito que foi por sua deliberação poderia sugerir que ela atua ou esteja em *acting out*, mas isso só pode ser considerado como conjectura, pois é na sessão, e somente aí, que o analista tem acesso aos eventos que ocorrem.

Reputo que a descrição desse segundo relato corresponde a representar em termos verbais a realização por mim obtida daquela configuração que denomino objeto psicanalítico. Nessa descrição se privilegiam a narrativa da paciente sobre si mesma, a participação do analista e da analisanda na cena que se desenrola, a percepção da experiência emocional que pode ser captada e descrita, e a participação, digamos mental, de um e de outro no episódio descrito. Aí se descreveu que a paciente se mobiliza em curiosidade, denotando, do ponto de vista do analista, um *splitting* que, na sequência, permite acesso às emoções envolvidas. A descrição foi de curiosidade, mas é necessário anotar que esse fato é casual. Ocorreu assim. Qualquer outra ocorrência mereceria o mesmo destaque, ou seja, a curiosidade ou a falta dela, manifestação de amor, de ódio, de indiferença, exaltação afetiva, de apagamento etc. O essencial é um estado mental do paciente com o qual o analista pode se conectar e, reciprocamente, uma produção mental do analista que o paciente pode usar para suas necessidades de crescimento mental – amor, ódio, refutação, agressão, enfim, qualquer uso que lhe seja pertinente.

O elemento essencial ao analista é que ele não saiba nada do que o paciente vá apresentar durante a sessão. Qualquer pré-juízo do tipo "outra vez", "é tudo igual", "não sei disso" será danoso, bem como "dessa vez foi tudo bem", "o paciente está melhorando", "estou trabalhando melhor" também contribuem para tornar obtusa a percepção do analista.

No segundo relato há uma informação de que a paciente aparenta não querer ir embora, ao fim da sessão. Ela é dada apenas para marcar contraste, *per se* não indica se a paciente obteve maior grau de percepção da realidade psíquica ou não. É mesmo pouco provável que o acompanhamento de uma sessão permita avaliar isso.

Fiz um primeiro relato de sessão e comentários, e depois outro. A finalidade foi contrastar uma situação em que o analista não dispunha de acesso ao objeto psicanalítico e, portanto, via-se inibido em sua participação, com outra em que podia operar com tal instrumento.

O que tenho dito até o momento não corresponde a material clínico que venha confirmar meus pontos de vista, porque essa confirmação não me parece possível. Digamos que são alguns elementos que vão requisitar a paciência do ouvinte para alguns dados que selecionei para este nosso colóquio. Eles configuram aproximadamente a realização que corresponde ao conceito ou abstração chamada objeto psicanalítico.

Essa abstração (objeto psicanalítico) não deve ser confundida com outra, que é o *objeto em psicanálise*.

O termo *objeto* surge na obra de Freud de várias maneiras e com diversos significados como "eleição de objeto", "perda de objeto", "relação de objeto" e outros. Vale a pena realçar como isso foi considerado em "Os instintos e suas vicissitudes" (Freud, 1975), em que se considera que "o objeto (*Objekt*) de um instinto é a coisa em relação à qual ou por meio da qual o instinto é capaz de atingir sua finalidade. É o que há de mais variável num instinto e, originalmente, não está ligado a ele, só lhe sendo destinado por ser peculiarmente adequado a tornar possível a satisfação".

Como vemos, o objeto é móvel e não tem um *status* conceitual definido.

Na literatura psicanalítica o termo *objeto* é usado em inúmeras conexões e correlações, merecendo mesmo um painel realizado em Nova York em 1982 com o título "A Reexamination of the Concept of Object in Psychoanalysis". Ali, Compton (1985) conclui as discussões com um breve sumário das opiniões que os apresentadores pareciam compartilhar:

> *O conceito psicanalítico de objeto é matéria complexa; nós fazemos uso de muitos conceitos de objeto os quais são mais ou menos descritos; são tentativas de substituir aspectos da teoria analítica por um ou outro conceito de objeto ou, então, falhas em reconhecer*

a complexidade de um conceito de objeto, o que resulta em teorias parciais que têm menor poder esclarecedor, e isso leva a erros, envolvendo regressões conceituais em direção à globalização e à concretude.

Goldberg (1985) acrescenta, em publicação posterior àquele painel, que uma formulação que pode esclarecer o tema é considerar algo *objeto de alguma coisa ou de alguém*, e termina afinando que "em questionáveis usos o '*objeto*' tornou-se livre da preposição '*de*' e passou a existir por si próprio".

Baranger (1971), quando estuda o *status* metapsicológico do objeto em *Posição e objeto na obra de Melanie Klein*, acentua que "a autora em todas as suas descrições acentua o objeto interno como ser vivente, animado de intenções para o sujeito, aliado ou inimigo de outros objetos, pensando, querendo, maquinando e odiando", e conclui que "essas descrições, como preliminares, parecem me apontar para uma definição futura do *status* de objeto".

O número IV da *Revue Française de Psychanalyse* (1989), cujo tema é "o conceito de objeto em psicanálise", também não nos ajuda muito porque todos esses conceitos se referem ao de objeto em psicanálise, e o nosso tema é outro, qual seja, o do objeto psicanalítico. Todas essas considerações sobre objeto estarão contidas de alguma maneira no conceito de objeto psicanalítico, mas com ele não se confundem.

Na literatura psicanalítica, o conceito básico que estou considerando é o de Bion (1963) em *Elementos de psicanálise*, no qual descreve para objeto psicanalítico, bem como para elemento de psicanálise, as seguintes dimensões:

1. extensão ao domínio dos sentidos;

2. extensão ao domínio do mito;

3. extensão ao domínio da paixão.

O que descrevi anteriormente tem radicação no domínio dos sentidos, do mito e da paixão, cabendo a cada ouvinte, a meu ver, tentar a realização correspondente.

Como quem está usando o conceito de objeto não é o próprio Bion, mas sou eu, devo dizer que essa referência não podia deixar de ser feita, mas, em o fazendo, sinto que ela tolhe o que eu estava desenvolvendo.

Quando faço uso de "*objeto psicanalítico*" na prática, não me vejo enredado nas dificuldades que apresenta a sua conceituação.

Naturalmente não é o escopo deste texto a conceituação de objeto psicanalítico, mas é claro que se supõe a existência de alguma forma de conceituação na mente do psicanalista que usa tal expressão, pois, obviamente, o simples nomear *objeto psicanalítico* já indica que se tem um fato selecionado, ao qual cumpre indicar significados. A nomeação indica uma abstração, um conceito a ser desenvolvido.

Neste trabalho, é evidente que o conceito de objeto psicanalítico subjaz na mente de quem lhes fala e que o exercício que estamos fazendo é o de apresentar a realização correspondente e daí poder avançar para novas abstrações.

O sentido mais amplo de objeto psicanalítico pode ser alcançado em *A memoir of the future*, de Bion (1975, 1977, 1979). Aí o autor reconsidera e expande todo seu trabalho anterior, encontrando maneiras de sugerir ao leitor a expansão contínua da mente, quando se forma o par analisando-analista, bem como da própria psicanálise. Assim, parece-me que Bion evidencia o conceito de objeto psicanalítico com uma de suas características essenciais, ou seja, a expansão.

O conceito de objeto psicanalítico é difícil de enunciar porque ele se prende ao de psicanálise.

No estágio atual de nossos conhecimentos, o objeto psicanalítico será delineado em correspondência aos recursos do analista. Dependerá essencialmente da maturidade que tenha adquirido o psicanalista para, assim, dispor do objeto psicanalítico da forma mais ampla possível. O objeto psicanalítico correspondente dependerá, entre outros fatores, das teorias com as quais o analista trabalha, mas esse não é o fator essencial: psicanalistas com base teórica diversa poderão delinear objetos psicanalíticos de natureza muito próxima, dependendo de sua capacidade intuitiva e da extensão de seu mundo imaginativo.

Finalizando, devo considerar que é mister que na prática clínica o analista possa dispor de um instrumento que lhe permita fazer uso imediato desta abstração objeto psicanalítico por meio de sua intuição, encontrando as realizações que lhe permitam uma operacionalização espontânea e direta.

Referências

Baranger, W. (1971). *Posición y objeto en la obra de Melanie Klein.* Buenos Aires: Kargieman.

Bion, W. R. (1963). *Elements of psychoanalysis.* London: William Heinemann Medical Books.

Bion, W. R. (1975). *A memoir of the future* (Book one: The dream). Perthshire: Clunie Press.

Bion, W. R. (1977) *A memoir of the future* (Book two: The past presented). Perthshire: Clunie Press.

Bion, W. R. (1979). *A memoir of the future.* (Book three: The dawn of oblivion). Perthshire: Clunie Press.

Compton, A. (1985). The development of the drive object concept in Freud's work: 1905-1915. *J. Am. Psychoanal Assoc., 33*(1), 93-115.

Freud, S. (1975). Instincts and their vicissitudes. In S. Freud, *The Standard edition of the complete psychological works of Sigmund Freud* (Vol. 14). London: Hogarth Press.

Goldberg, D. A. (1985). A reexamination of the concept of object in psychoanalysis. *J. Am. Psychoanal Assoc., 33*(1), 167-185.

PARTE III
Teoria do prazer autêntico

Introdução

Algumas ideias sobre *dor* desencadeavam, em minha experiência, impressões de perplexidade quando as confrontava com vivências de natureza diversa, mas que eu não conseguia discriminar com clareza.

Parece-me que consegui apreender algo em palavras no texto "As teorias que sustentam a nossa clínica", que apresentei na "Terceira Jornada: Bion, 2010" na Sociedade Brasileira de Psicanálise de São Paulo (SBPSP).

Tive preciosa ajuda de uma cliente, cujo comentário na sessão despertou o meu interesse e curiosidade para rumos com os quais eu já estava me debatendo; afirmou que "o analista assinala a dor pois ele a necessita para poder trabalhar", complementando que "é o seu desejo [do analista]; você assinala somente aquilo que traz dor".

Embora a afirmação pudesse parecer chocante, ajudou-me a refletir que provavelmente "o cliente não nos procura por dor. Ele é capaz de produzi-la por ele mesmo. Por um mundo de dor ele não vem à análise . . . vem à procura de que suas reais qualidades e recursos sejam desenvolvidos. Não vem para darmos um jeito na dor, vem para a alegria, prazer e satisfação no sentido autêntico de que estas vivências são essenciais à manutenção e ao gosto pela vida" (Capítulo 10).

O próximo impulso me foi dado pela temática do Congresso Brasileiro de Psicanálise de 2011 – "Objetivos da análise: prazer possível? Realidade possível?" –, na qual se coloca como objetivo da análise o prazer (possível) como uma indagação, com a qual eu já estava me debatendo. Ainda mais, com o subtítulo que me coube – "Limites: prazer e realidade" – pude encaminhar em duas direções: a primeira foi considerar que prazer e realidade não são opostos, ou seja, o prazer faz parte da realidade humana; a segunda foi diferenciar *princípio de prazer* de *prazer*, sendo que este tem significados diversos, o que nos permitiu avançar para o conceito de *prazer autêntico*.

Esta ideia nos coloca em um universo conceitual novo, e, para lidar com esta situação, propus uma linha teórica, com o conceito de *teorias fracas* e uma linha clínica desenvolvida com uma situação em que a *teoria fraca* do mata-borrão desembocou na seguinte manifestação do cliente: "Ele fica surpreso e ri intensamente – *É mesmo!*", a qual dá substrato para o que consideramos o *prazer autêntico*.

O passo seguinte foi a apresentação de "Prazer autêntico: subversão de paradigma?" no painel "Prazer autêntico", junto com João Carlos Braga e Evelise de Souza Marra, no Congresso FEPAL 2012. Não foi feito aí um acréscimo conceitual, mas o trabalho ficou centrado neste novo título, com a indagação de se poderia haver uma mudança de paradigma.

A apresentação de "Prazer autêntico: mudança de paradigma?" em Ribeirão Preto, em 2014, permitiu uma ampliação com duas situações afetivas: a descrição de uma vivência afetuosa entre mãe e filha de 5 anos e a descrição de fragmento de sessão na qual o cliente vive *insight* e prazer. A primeira situação permitiu alguma aproximação com *prazer autêntico* por meio de quatro afirmações:

- O *prazer autêntico* não é um estado de êxtase, embora possa sê-lo.
- Não é um estado de dor, embora possa sê-lo.
- Não é um estado de contemplação, embora possa sê-lo.
- Não é *insight*, embora possa sê-lo...

Fizemos duas aproximações com referências de Bion: quando evoca o poeta Herman Melville, o qual destaca que a única forma de ler adequadamente um livro é com *encantamento* (*awe*); e em *Uma teoria do pensar*, no qual assinala que a realização que permite transformar a pré-concepção em concepção é vivida com *satisfação*. Aproximo estas duas citações ao *prazer autêntico*.

Para os trabalhos do início desta série, fiz a apresentação de dois vídeos que facultavam criar um estado emocional que pudesse sensibilizar os participantes para o tema *prazer autêntico*. De início, a obra-prima de Sandro Botticelli, pintor que sempre se dedicara ao tema religioso (como se pode ver na Figura 1) e que produz um dos mais importantes nus do período do Renascimento, *O nascimento de Vênus* (Figuras 2 e 3), em que a "deusa simboliza não o amor, mas o ideal da verdade" (Abril Cultural, 1970, p. 7). Este nu não se destaca pela força da sexualidade, mas por sentimentos que Villada (2010) assim traduz: "sua inegável formosura ficou preservada da erosão do tempo pelo pincel de Botticelli, ao colocá-la como figura central neste quadro, transformando-a em um mito, um corpo perfeito, que transmite a vulnerabilidade da juventude". Contrastando com essa visão, apresentamos um quadro de televisão de programa de calouros, no qual uma mulher de 80 anos nos surpreende e sensibiliza com sua maravilhosa e poderosa voz, além de uma personalidade humilde e autêntica (Britain's Got Talent, 2010).

*Figura 1 Virgem com menino e anjos. Sandro Botticelli, 1470.
Fonte: Wikimedia Commons.*

*Figura 2 O nascimento de Vênus. Sandro Botticelli, 1484.
Fonte: Wikimedia Commons.*

*Figura 3 O nascimento de Vênus (detalhe). Sandro Botticelli, 1484.
Fonte: Wikimedia Commons.*

Volto a Ribeirão Preto no segundo semestre de 2014, nutrido pelos desenvolvimentos semióticos de Tatit, que comigo e Abram Eksterman fazia parte da jornada Movimentos na Psicanálise Atual: Expansões e Rupturas – A Linguagem Estética na Psicanálise, ocorrida em 15 de março de 2014, na Sociedade Brasileira de Psicanálise de Ribeirão Preto.

Apresento "Prazer autêntico – o belo – estesia", que prossegue no exame da estética, já esboçado no trabalho anterior. Discorro sobre a minha experiência clínica, na qual muitas vezes os estados de criatividade e satisfação são substituídos pelos de dor, conseguidos das mais diversas formas, como ao evocar situações familiares insolúveis, lembranças terríveis do passado, sentir o analista como cruel, e assim por diante. Em contrapartida, ao seguir pelo caminho do prazer autêntico, trago *A banda*, do cancioneiro popular, e logo a citação de Greimas sobre a fratura, quando descreve a vida de Robinson – um náufrago sobrevivente em uma ilha, que se adaptara a um ritmo mecânico de vida, regulado pelo cair das gotas de água de uma clepsidra improvisada: ao ver subitamente a suspensão da queda de uma gota, o náufrago se maravilha com aquela mudança, a qual lhe dá outro sentido na existência. É a fratura que ocorre em tempo mínimo, e Greimas encarece a importância de fatos desta natureza para o nosso dia a dia.

Meltzer proporciona a aproximação com o belo, evocando a criança, que, ao nascer, se depara com o belo rosto e seio da mãe, que é a base de seu desenvolvimento. Dá-se aí a introdução do conflito estético.

O próximo trabalho é "Prazer autêntico: retornando à clínica" (2015), no qual retomo referências anteriores, porém, com base em um episódio particular, passo das considerações estéticas, que me abriram vastos horizontes, para a diferenciação entre a *visão estética* e a *visão clínica*, desta última se originando o *prazer autêntico*.

Parece que a cidade de Ribeirão Preto e os amigos que lá encontro criam um clima generoso que favorece o desenvolvimento de ideias, se não criativas, pelo menos altamente especulativas. Para lá retorno no Congresso Bion 2018 com o tema um tanto provocativo "Teria Bion vislumbrado o *prazer autêntico*?".

A partir da clínica desenvolvi o *prazer autêntico* como elemento essencial ao desenvolvimento mental, salientando-se a diferença entre este e o princípio de prazer (prazer-desprazer). Passo a destacar a dor como elemento essencial na psicanálise e particularmente a manifestação dela na vida e obra de Bion. Isto se confronta com diversas contribuições nas quais ele salienta a importância do divertimento, mediante várias expressões (*be amused, funny, to enjoy, be amusing, awe, fun*), particularmente na Supervisão A39, na qual conjuga "divertimento" (*fun*) com "sério" (*serious*) no exame de situação em que o cliente traz como imperativo um jogo de futebol da Copa do Mundo. Concluo que *prazer autêntico* não se opõe a *dor autêntica*. Tomando-os em seus primórdios, são os elementos seminais de onde se desenvolve todo o edifício da psicanálise.

Referências

Abril Cultural. (1970). Sandro Botticelli. In *Gênios da pintura – Do gótico à Renascença* (p. 1 a 7). São Paulo: Abril. (Publicação original em 1962)

Bion, W. R. (1994). Uma teoria sobre o pensar. In W. R. Bion, *Estudos psicanalíticos revisados*. São Paulo: Imago. (Trabalho original publicado em 1962)

Britain's Got Talent [canal no YouTube]. (2010). *Janey Cutler - Britain's Got Talent 2010 - Auditions Week 4.* Disponível em: <https://www.youtube.com/watch?v=JAwOZvvGsRs>. Acesso em: 11 set. 2020.

Villada, G. A. (2010). *Viviendo – El Nascimiento de Venus – concluida en 1.484*. Palestra apresentada em Formosa, Argentina.

10. As teorias que sustentam nossa clínica[1]

Quando a comissão organizadora da III Jornada Psicanálise: Bion se reuniu para propor e nomear o tema, eu pensei em algo mais incisivo e provocativo, como: "Como você está usando suas teorias hoje? Você já pensou nisto?"; "Quais teorias você está usando na sua prática hoje? Você já pensou nisto?".

Temor reverencial. O Fantasma de Bion (Cassorla, 2009), aparecendo em comentário sobre uma supervisão de Bion,[2] pergunta, provocativamente, o que se pretende retomando situações de trinta anos atrás.

---

1 III Jornada Psicanálise: Bion – "As teorias que sustentam nossa clínica". Sociedade Brasileira de Psicanálise de São Paulo, 17 de abril de 2010. Uma versão anterior deste artigo foi publicada em: C. J. Rezze, E. S. Marra, & M. Petricciani (Orgs.), *Psicanálise: Bion. Clínica ↔ Teoria* (São Paulo: Vetor, 2011).

2 São apresentadas, na Sociedade Brasileira de Psicanálise de São Paulo (SBPSP), traduções de supervisões de Bion realizadas pelo dr. José Américo Junqueira de Mattos, para quais é convidado um comentador. No comentário citado de Roosevelt M. S. Cassorla, este introduz uma figura literária em que o personagem Fantasma de Bion conversa com o personagem Cassorla.

Temor reverencial! Ao viver os autores que estudamos e que impregnam nosso espírito, podemos perceber isto. Bion chama a atenção para isso em diversas supervisões.

Podemos ou temos condições de ousar avançar:

Criativamente?

Destrutivamente?

Certamente não anodinamente.

Temor reverencial!

Besteira!

Em Freud?

Faz-me rir.

Lembro-me do currículo do Instituto de Psicanálise, no qual há grande participação da obra de Freud, e dos temas de congressos internacionais da International Psychoanalytical Association (IPA), cujos títulos são em geral apoiados nesta mesma fonte.

Creio que ao trabalhar com os textos de Freud não há temor reverencial porque, na prática, houve a institucionalização dos conceitos.

Estas palavras são a manifestação de meu temor reverencial pela obra de Bion ou pelo Fantasma de Bion? Até que este era bastante questionador e um tanto abusado.

Minha ideia é considerar que o cliente não nos procura por dor. Ele é capaz de produzi-la por ele mesmo. Por um mundo de dor ele não vem à análise, "o analista é que quer isto para poder trabalhar": é o que afirma uma cliente, para a qual "é o seu [meu] desejo, que você [eu] assinala somente aquilo que traz dor" (ajudou-me a refletir).

O cliente vem à procura de que suas reais qualidades e recursos sejam desenvolvidos. Não vem para darmos um jeito na dor, vem para a alegria, prazer e satisfação no sentido autêntico de que estas vivências são essenciais à manutenção e ao gosto pela vida.

Há um cacoete comum em dizer que *prazer* é sinônimo de *princípio de prazer*, e *não é*. Não se deve confundir prazer autêntico ou graça na existência com sentimentos impropriamente chamados de prazer, os quais significam: evasão, alucinação e negação da alma, espírito, vida mental.

Então, como trabalhar com base no desvelamento das qualidades e da criatividade?

O analista desenvolveu seus recursos para conviver dentro da atividade criativa do cliente, partilhar dela?

Como estamos em uma Jornada cuja referência é Bion, vou servir--me de elementos da obra do autor para estender as ideias.

Consideremos os vínculos de amor, ódio e conhecimento (Bion, 1962)[3] e os inícios da psicanálise, quando o modelo médico serviu de base ao desenvolvimento das ideias de Freud, partindo do trauma e do conflito para consequentemente alcançar o objetivo da cura, intuito este que perdura até seus últimos trabalhos. Portanto, as instâncias de trauma e conflito são fundamentais, e podemos inferir que, em termos de vínculos, estas instâncias se

---

3 "Os sentimentos que conhecemos pelos nomes de 'amor' e 'ódio' pareceriam escolhas óbvias se o critério é a emoção básica. Uma experiência emocional não pode ser concebida isolada de uma relação. As relações básicas que postulo são: (1) X ama Y; (2) X odeia Y; e (3) X conhece Y" (p. 42).

referem aos vínculos de ódio e conhecimento – esse último atingível pela interpretação. Creio que outros autores como Klein, Winnicott, Meltzer, os que dão sustentação em psicopatologia de forma geral, senão todos nós, usam o modelo médico, no qual toda consulta se inicia com o tópico queixa e duração. Mesmo numa visão mais ampla, creio que há um consenso de que o que impele o cliente à procura de análise é a dor.

Objeção pode ser feita a estas ideias se tomarmos em Freud o amor de transferência e a transferência positiva, por exemplo. Mas o viés tomado ainda é o da patologia, em que a transferência positiva dará origem à negativa e a elucidação do conflito permitirá a cura. Embora o conflito inclua as forças amorosas, a conduta psicanalítica é o exame das forças obstrutivas na forma de resistência e que impedem a cura. O foco é a luta contra estas forças que atingem seu acme em Klein com a teoria da inveja, o que, no viés que estou utilizando, seria característica nítida de trabalho privilegiando o vínculo de ódio. Mesmo em Bion, o representante mais nítido de um trabalho no vínculo de amor seria *rêverie*. Porém, como ela surge em sua expressão mais marcante? Como a capacidade da mãe de sonhar, incluindo nesse sonho o pai da criança, de modo que ela possa lidar com os elementos beta que a criança produz quando envolta em ameaças contra a sua existência. Há nisso uma referência a Melanie Klein e a fases precoces do desenvolvimento em que o seio, recebendo identificações projetivas do mau objeto interno, pode transformá-las e permitir a identificação introjetiva do objeto desintoxicado.

Lembrando a cliente mencionada há pouco e sua observação – e vestindo a carapuça –, como fica a mente do analista para o vínculo amoroso autêntico, as vivências criativas?

Pode-se dizer que as citações teóricas por mim utilizadas estão excessivamente simplificadas e resumidas, porém creio que, em assim fazendo, crio um recurso de reflexão importante para o desenvolvimento das ideias em curso.

Tentaremos traduzir estes questionamentos teóricos em algo do cotidiano psicanalítico.

O que vou apresentar aparece na forma narrativa do encontro entre duas pessoas. Na realidade ele é um compósito de muitas situações, estas podendo aparecer em fiapos, serem subentendidas, aparecer pelo oposto, serem débeis, serem fortes etc. Possivelmente, se nos investigarmos, veremos que em algum momento de nossas vidas já vivemos uma situação como esta.

Eu a vejo na sala de espera e parece-me um pouco apreensiva.

Cumprimenta, deita-se e logo começa a falar.

"Eu vim com certo medo, não tão grande quanto o de outro dia."

Tenho a impressão de alguém frágil, que em face desses sentimentos a qualquer momento pode deixar o trabalho. Fica amedrontada e não tem saída e nem porquê.

"Quando eu fiz o trabalho lá na firma, eu senti que era meu e fiquei confiante em mim mesma e fiquei bem com você. Tinha um sentimento bom. Aí vem o presente que te dei. Vem aquela coisa de eu ficar pensando se você gostou ou não. Preciso de você para me dizer que gostou, fico na espera. É horrível."

Lembrei-me de que no dia anterior ela havia saído confortada do encontro. Digo algo nesse sentido.

"Pois é, mas eu me sinto desvalida. Você quer ver? Ontem, ao sair daqui, olhei o seu jasmim-manteiga, que é uma árvore muito bonita e está toda florida. A árvore é bonita mesmo, mas tem uma coisa mais, que quando eu olho, acontece. Uma coisa difícil de dizer, mas é muito bom. Mas, às vezes eu perco isto. Aí eu pensei em você e que tudo de bom está em você. Fico com necessidade de você. Fico com aquele medo de perder e aí é que me sinto desvalida."

Acredito estar acompanhando suas vivências, sinto-me atento, e noto que ela passou a poder descrever o seu medo, que no início era vago e ameaçador e, agora, me comunica com interesse e vivacidade.

"Mas, agora você não está desvalida. Você me oferece fartamente o que sente, podendo falar à vontade, e não sei se você percebeu que não está mais com medo, como no início do encontro."

"É verdade, não estou com medo mesmo."

"Então se a gente fizer uma analogia com o que você falou do jasmim..."

Ela interrompe.

"Não vem não. O jasmim é seu, não é meu não!"

"Então, você fica sem nada."

"É assim mesmo. Mas é preciso que seja assim, se não eu fico sem você."

"Está bom. Assim eu fico o guardião de tudo que você é capaz e pode fazer e você fica garantida. Só que a forma de poder se garantir é estar desvalida e ficar dependendo de mim, com horror de me perder."

"Eu não pensei nisso. Faz sentido."

"Mas observe o que está acontecendo. Nós dois estamos participando nesta conversa e, então, o jasmim está sendo cuidado por nós dois."

O que se seguiu já fica mais difícil de descrever na forma de diálogo. Vamos conversando e cuidando do jasmim. Afinal, o jasmim não sou eu nem ela, mas é nosso, algo que vem de nós (mais ou menos isto).

A seguir ela:

"Mas não dá para negar que você está cuidando do jasmim."

"Eu não nego, mas se você não ficar com a sua parte a gente não forma um par."

Vozes

A. Mudou o eixo. Da psicanálise? Do método?

B. A cliente atua negando dor e vivências de separação.

C. Necessita controlar o analista, e ele "cai como um patinho", quando vem com esta história de jasmim-manteiga.

D. Entendo que a introdução das vivências com o jasmim é uma forma sensível de permitir o aflorar de sentimentos da cliente.

E. Tudo bem, mas se vê que o intuito é o de viver em continuidade. Não se sabe se são sentimentos amorosos ou sentimentos de fusão e indiscriminação sem haver a existência do outro.

F. O analista tenta negar o eclodir de dor, procurando uma situação mais amena como forma de evasão. Transformação em alucinose do analista?

G. E você? O que acha disso tudo?

Referências

Bion, W. R. (1962). *Learning from experience.* London: William Heinemann – Medical Books.

Cassorla, R. M. S. (2009). *Bion – Supervisão A34 – Comentários.* Apresentado em Reunião da Sociedade Brasileira de Psicanálise de São Paulo, 17 out. 2009.

11. Objetivos da análise: prazer possível? Realidade possível?[1]

Limites: prazer e realidade

Proponho desenvolver um significado diferente para a palavra prazer, ou seja, *prazer autêntico*. O ponto em questão para mim é que isto se contrapõe à concepção psicanalítica em geral, na qual o viés de observação e elaboração é o da patologia ou sintoma, e o prazer passa a ser um deles.

Com o tema "Limites: prazer e realidade" forma-se uma incongruência a ser tratada, porque, como ficou evidente pelo início de nosso encontro,[2] o prazer é uma realidade do ser humano.

---

1 Trabalho apresentado no XXIII Congresso Brasileiro de Psicanálise. Ribeirão Preto, set. 2011.

2 Foi feita a apresentação de dois vídeos que facultavam criar um estado emocional que pudesse sensibilizar os participantes para o tema *prazer autêntico*: tela de Sandro Botticelli, *O nascimento de Vênus* (Figuras 2 e 3 da "Introdução"), de 1484, e um quadro de televisão de programa de calouros, no qual uma mulher de 80 anos nos surpreende e sensibiliza com sua maravilhosa e poderosa voz, além de uma personalidade humilde e autêntica (Britain's Got Talent, 2010).

A realidade não tem limites. Ela é que impõe limites. Ao fazê-
-lo, cria-se um trânsito entre infinito e finito.

Mais fácil será considerar o prazer e seus limites. Mas por que mais fácil?

Uma situação facilmente presente é a do bom senso. Podemos observar em nós mesmos ou em outros que, quando o prazer é excessivo, ele pode causar desastres para nós e para outros.

Mas o que é excessivo?

Na Grécia clássica, onde vicejaram tragédias notáveis, a *hybris* denotava uma relação não suportada pelos deuses e determinava um destino catastrófico. A *hybris* pode ser vista como arrogância, ou seja, o homem não reconhecer seus próprios limites e tentar se alçar àqueles dos deuses, provocando a ira e o castigo por parte deles.

Então a temperança, valor predominante na cultura grega clássica, seria a nossa medida para o limite?

Voltemos ao tema "Limites: prazer e realidade".

Aqui temos um problema ligado a figuras de linguagem, mais especificamente a elipse. Considerando um Congresso de Psicanálise, o texto inteiro possivelmente seria: "Limites: princípio de prazer e princípio de realidade" (Freud, 1976).

O princípio de realidade através do pensamento permite que a satisfação do desejo seja postergada, e o prazer contido, para que haja o devido ajuste com a realidade. O sucesso irrestrito do princípio do prazer levaria à situação alucinatória do desejo e, no seu extremo, à psicose.

Neste sistema teórico extremamente engenhoso, o vilão é o princípio de prazer, ou, em última instância, o desejo. Paradoxalmente, esse último, ligado a figuras parentais, nos conduz ao complexo de Édipo, cujo desenvolvimento e solução nos lançam no desenvolvimento da cultura e da humanização.

O termo "limite", ainda nos desenvolvimentos freudianos, estaria se referindo ao sistema energético da psicanálise? Estaria ligado à quantidade de energia psíquica e à sua distribuição?

O que cabe esclarecer é que Freud, na concepção energética do aparelho psíquico, estabelece o prazer como o equivalente ao estado (princípio) de constância, situação na qual os aumentos de estímulos tenderiam a ser anulados por várias formas (por exemplo, recalcamento). Considera o prazer como uma procura de satisfação, o que aumenta o nível catexial no aparelho psíquico. O pensamento se liga ao controle deste nível, formando catexias vinculadas por meio de associação de pequenas cargas de energia, o que eleva o nível catexial de todo o sistema.

O prazer continua ligado ao processo primário, mas o seu significado mudou. Ele não é mais um estado de baixa tensão no aparelho psíquico, é de alta tensão.

O corolário disto é que o prazer passa a ser dotado dos *significados humanos de satisfação* em detrimento dos significados energéticos, embora, no texto, Freud não faça a diferença. Assim, prazer se confunde com princípio de prazer, mas tendo um matiz de censura moral.

O significado da palavra "prazer" fica contaminado pela concepção energética ao ser tomada como motor alucinatório do processo primário. A palavra prazer comporta outros significados.

O ponto em questão para mim é que isto se relaciona à concepção psicanalítica em geral, ou seja, a origem médica da psicanálise: o viés de observação e elaboração é o da patologia ou sintoma, e o prazer passa a ser um deles.

Proponho tomar como ponto de partida não o sintoma ou a patologia. Poderia fazer então um breve exercício de ideias tendo como base o *prazer*?

Para tanto, tenho que descontaminar o termo *prazer* dos significados de processo primário e de princípio de prazer. Se o fizer, fico com o *prazer* como uma entidade que cabe agora utilizar.

O que farei? Posso considerar duas vertentes: a teórica e a clínica.

Considerando a teórica, me vejo sem nenhum tipo de organização prévia para poder dar-lhe consistência. Tendo que me haver com este tipo de problema, desenvolvi anteriormente o conceito de teorias fracas (Capítulo 4). Neste, tomei os acontecimentos que ocorrem durante a sessão e que podem ou não ser verbalizados para o analisando.

Desse modo, o prazer está incluído entre as teorias fracas, uma vez que desta forma não o temos considerado nas teorias psicanalíticas fortes – aquelas de *status* reconhecido na psicanálise, como as de Freud tomadas anteriormente. Assim, sem negar as teorias fortes, posso desenvolver um sistema de observação para operar praticamente a situação clínica.

No Capítulo 4 surgem vários aspectos das teorias fracas, mas um deles será aquele que denota o que poderia ser chamado de *prazer autêntico*. Para dar um pouco de corpo a essas ideias, vou transcrever uma sessão.

De início queixa-se de que não dormiu bem, "em parte, talvez, pelo meu jeito de ser que fica remoendo as coisas".

A ex-mulher fica fazendo exigências, e ele não sabe o que fazer; não dá um basta. Se o carro quebra, ela "cai em cima" do escritório para dar um jeito. Aí não pagou seguro e nem IPVA. Se comentar, ela diz que não enviaram o boleto e que o automóvel é usado para levar os filhos dele. São sempre exigências, mais dinheiro e, logo, briga. "Por que suporto isso? Por que não dou um basta?"

No mesmo estilo, desenvolve queixas quanto ao filho e ao tio.

Prossegue.

"Fico com tudo isto na cabeça, não durmo direito, parece um mata-borrão que vai absorvendo tudo."

A referência ao *mata-borrão* é como se soasse uma campainha em minha mente, anunciando algo, e eu não sei o quê. Mas é muito importante.

Creio que devo falar algo, além do que ele parece esperar que eu o faça.

Comento que ele me tem como uma pessoa que está a favor dele e que vai ajudar a dar um basta na situação. Mas que a situação não é clara, porque na verdade fica um borrão.

Continuo atento à imagem do mata-borrão.

Ele prossegue: "*é, o mata-borrão era usado porque quando se escrevia com pena, ficava um excesso de tinta e ele tirava o excesso. Também se tinha um borrão, quando caía tinta, ele servia para limpar.*"

Ele se interessou. Começamos a conversar como numa prosa comum.

Digo: "*é, usando o mata-borrão a escrita fica preservada e vai ficando uma impressão no mata-borrão*".

A conversa prossegue espontânea e livremente sobre o mata-borrão, e eu me pergunto o que é aquilo. Psicanálise? Talvez.

Eu: "com o uso a escrita vai se superpondo e aí fica tudo borrado no mata-borrão. Então, parece que são elementos diferentes. A escrita fica clara e preservada, e o mata-borrão fica com tudo acumulado e superposto".

Ele: "*é como eu fico, tudo fica superposto na minha cabeça e eu não distingo nada*".

Bem, agora me pareceu que tudo se juntava e que a história do mata-borrão, que foi se desenvolvendo espontaneamente, fazia sentido.

Então digo: "agora estou pensando no que você me falou no início da sessão. Parece que cada pessoa define a própria escrita: a ex-mulher, o tio, o filho. Com o filho, no início, você até faz a escrita com o exemplo do futebol e os fundamentos como o passe, o chute a gol e assim por diante. Mas depois fica o mata-borrão".

Ele de pronto: "mas você pensa que é fácil. Eu fico aqui ouvindo você falar com toda esta dureza comigo" (fala sentido).

Eu: "Pô! Agora você inverteu. A escrita era sua: a do mata-borrão que eu desenvolvi com você. Agora que você pode lê-la, você não quer saber, passou a escrita para mim e você ficou o mata-borrão".

Ele fica surpreso e ri intensamente: "É mesmo!".

O tempo se esgotou, ele se levanta, dá-me a mão com um sorriso afetuoso e satisfeito.

Creio que a teoria do mata-borrão seja uma excelente aproximação para o que denominei *teoria fraca*. A expressão mata-borrão surge espontaneamente no decurso da vivência da dupla. Tem uma característica pregnante, ou seja, permite um aumento crescente de significados que surgem na vivência do par. Refere-se a uma possibilidade crescente e variada de experiências emocionais que vão se desenvolvendo. Permite um desenvolvimento evolutivo que pode culminar com uma aproximação da pessoa a si mesma, como parece indicar a relação com o cliente na situação proposta.

Qualquer material clínico dá margem a muitos significados, mas quando *ele fica surpreso e ri intensamente* e diz "é mesmo", creio que é a melhor aproximação que posso fazer do *prazer autêntico* e sua imprescindibilidade para o trabalho analítico.

Essa afirmação pode causar surpresa, mas se o colega considerar o seu próprio trabalho, talvez observe quantas teorias fracas são usadas e quantas vezes se ressalta o *prazer* como elemento essencial, possivelmente quando se salienta a graça e o encanto de viver.

Nestas considerações não estou utilizando a clássica oposição prazer e realidade. Uso o *prazer autêntico* como ponto de referência para novas teorizações. Se algum tipo de oposição fosse realizado, o seria entre prazer e dor.

Não ignoro a importância da dor, como assinala Bion (1979/ 1996, p. 146): "A dor mental requer manejo cuidadoso. E a física também...". Tomo a liberdade de considerar que esta seria uma teoria fraca de Bion, já que é uma afirmação que provém de sua experiência e não está em um contexto como o de *Transformações* (Bion, 1965/1983), por exemplo.

Também, não ignoro a importância das teorias analíticas, mas o que considerei como *prazer autêntico e teorias fracas* oxalá seja um ponto de partida para novas contribuições em psicanálise.

Referências

Bion, W. R. (1983). *Transformações: mudança do aprendizado ao crescimento.* Rio de Janeiro: Imago. (Trabalho original publicado em 1965)

Bion, W. R. (1996). *Uma memória do futuro* (Vol. 3: A aurora do esquecimento). Rio de Janeiro: Imago. (Trabalho original publicado em 1979)

Britain's Got Talent [canal no YouTube]. (2010). *Janey Cutler - Britain's Got Talent 2010 - Auditions Week 4.* Disponível em: <https://www.youtube.com/watch?v=JAwOZvvGsRs>. Acesso em: 11 set. 2020.

Freud, S. (1976). Formulações sobre os dois princípios do funcionamento mental. In S. Freud, *Edição Standard Brasileira das Obras Psicológicas Completas de Sigmund Freud* (Vol. 12). Rio de Janeiro: Imago. (Trabalho original publicado em 1911)

12. Prazer autêntico: mudança de paradigma?[1]

É fácil nesta era da praga não de pobreza e fome, mas de abundância, fartura e gula, perder nossa capacidade para o encantamento [awe]. É bom que o poeta Herman Melville nos lembre que existem muitas maneiras de ler livros, mas muito poucas de lê-los adequadamente, isto é, com encanto [awe]. Como isso é verdadeiro quando se trata de "lermos" as pessoas . . . Recorro aos poetas porque eles parecem dizer algo de uma forma que está além dos meus poderes e, mesmo assim, de um modo que eu mesmo escolheria se fosse capaz. O inconsciente, por falta de palavra melhor, parece mostrar o caminho para a "descida às profundezas", seus domínios têm uma qualidade inspiradora de maravilhamento [awe-inspiring].

(F. Bion, 1981)

---

1 Trabalho apresentado no programa "Movimentos na Psicanálise Atual: Expansões e Rupturas – A Linguagem Estética na Psicanálise", ocorrido em 15 de março de 2014 na Sociedade Brasileira de Psicanálise de Ribeirão Preto. Agradeço a Cássio Rotenberg e João Carlos Braga por poder usar trabalhos tão valiosos para esta contribuição.

Proponho desenvolver um significado diferente para a palavra prazer, ou seja, *prazer autêntico*. O ponto em questão para mim é que isto se contrapõe à concepção psicanalítica em geral, na qual o viés de observação e elaboração é o da patologia ou sintoma, e o prazer passa a ser um deles.

À palavra "prazer" acrescentei "autêntico". Prazer diz desde a satisfação dos sentidos até a satisfação do espírito ou da alma, como o prazer estético ou ético. Autêntico confere diversas conotações ao termo prazer, que eu não gostaria de tentar esclarecer agora e, quem sabe, no correr do texto ganhe alguma clareza.

Então, com o termo *prazer autêntico* tenho um instrumento de investigação e posso indagar do que se trata.

Outro dia, no café da manhã, estavam minha neta e a mãe conversando, não me lembro sobre o quê. A menina de 5 anos se manifestava com doçura sobre o que a mãe lhe dizia. Tive uma destas raras oportunidades na vida de enternecimento profundo e um desejo que o momento fosse perene, embora me viesse ao fundo a sensação imprecisa de um futuro, colorindo o presente.

O *prazer autêntico* não é um estado de êxtase, embora possa sê-lo.

Não é um estado de dor, embora possa sê-lo.

Não é um estado de contemplação, embora possa sê-lo.

Não é *insight*, embora possa sê-lo...

Vou considerar a contribuição de um colega[2] que narra sobre um cliente que, depois de sua fala, dizia enfaticamente: "perfeito!". Achando que esta manifestação significava algo como idealização,

---

2 Luis Fernando de Nóbrega, a quem agradeço a permissão para a publicação desse segmento.

porque ele, o analista, não poderia ser isso tudo, assinala algo dessa natureza para o cliente.

Pouco mais e, após outra fala do analista, o cliente diz: "perfeito!". Laboriosamente o analista volta a tentar esclarecer sobre o mesmo aspecto. Num terceiro movimento o cliente diz "perfei...", e começa a rir. O analista acentua, neste movimento, como o cliente deu-se conta da situação. O analista encerra a descrição. Eu ouço que o analista está nos dizendo que o cliente logrou um *insight* – na terminologia analítica –, e pareceu-me que o manifestou com muita satisfação.

Tendo em mente a satisfação, pergunto ao colega como encaminhou a situação.

Ele se surpreende e tenta achar uma resposta à pergunta. Esclareço que me referia à satisfação que o cliente manifestou e se ela também não poderia ser tomada no contexto.

O colega, bastante colaborador, acrescenta que uma queixa constante do cliente é justamente não ter satisfação na vida.

No contexto deste trabalho, considero que este momento é ímpar, porque o cliente não somente se apercebe do que se passa entre eles, mas o faz com alegria e satisfação e, portanto, se poderia realçar tal fato, pois é algo novo que ocorre na dupla. E o que é a psicanálise senão a oportunidade para que nasça o que nunca nasceu, que se crie o que nunca foi criado ou que surja algo do cliente que possa lhe permitir ter prazer ou satisfação na existência?

Nós, analistas, ficamos à vontade com dor e sofrimento, mas poucos sabem o que fazer quando surge o *prazer autêntico*. Nós trabalhamos com empenho para ajudar o cliente a ter uma nova visão da vida, porém não temos a atenção voltada para o objetivo alcançado, pois não fomos treinados para algo desta natureza. O

310 PRAZER AUTÊNTICO: MUDANÇA DE PARADIGMA?

analista pode trabalhar com a dor do cliente ou suas dificuldades, em menor grau com sua satisfação e suas capacidades.

Um ponto de referência é o trabalho de Bion "Uma teoria sobre o pensar", no qual assinala sobre a satisfação e esclarece o surgimento da concepção como resultado da união da pré-concepção com a realização pertinente. Assim, a pré-concepção inata do seio com a realização deste, por encontrá-lo na experiência real, permitirá o surgimento da concepção. A seguir (Bion, 1994, p. 129): "As concepções, portanto, estarão sempre associadas a uma experiência emocional de satisfação".

Em um interessante trabalho – *Bion e o sentimento de encantamento (wonderment) como depuração do impulso religioso primordial* –, Cássio Rotenberg, por meio de uma verdadeira garimpagem na obra de Bion, principalmente nos últimos escritos, "descobre" a palavra *awe* e vai estudá-la em dupla acepção. Na primeira e mais antiga, pode ser traduzida por temor reverencial, como aparece em *Experiences in groups and other papers* (1961), e denota um estado de mente que serve de barreira ao pensamento, impedindo a evolução do grupo. A segunda acepção é uma evolução e, de acordo com o *Oxford English Dictionary*, "ocorre ao indivíduo um sentimento arrebatador de maravilhamento, admiração ou encanto (*wonderment*) ao se ver diante do sublime que a natureza, com toda a sua grandiosidade, lhe oferece. Ou então, por exemplo, ao se apreciar uma obra de arte" (Rotenberg, 2013, pp. 5-6). O trecho colocado na epígrafe nos dá clareza sobre a importância poética da palavra *awe*, bem como de que este sentimento corresponde à possibilidade de crescimento mental.

Cremos que este significado de *awe* está muito próximo daquele que temos considerado como prazer autêntico.

Um colega se lembrou de que d.ª Lygia[3] dizia: "Na psicanálise se fala muito de ódio, mas pouco de amor". É por aí?

O princípio de prazer é um dos dois princípios que, segundo Freud (1911/1976a), regem o funcionamento mental: a atividade psíquica no seu conjunto tem por objetivo evitar o desprazer e proporcionar o prazer. É um princípio econômico na medida em que o desprazer está ligado ao aumento das quantidades de excitação e o prazer a sua redução.

O princípio foi inicialmente designado por princípio de desprazer: "a motivação é o desprazer atual, e não a perspectiva do prazer a ser obtido" (Laplanche & Pontalis, 1992, p. 365).

No entanto, na psicanálise, o termo prazer ganha um significado do desreal como no sonho e se estende como significando algo ligado à patologia, ou seja, um sintoma frequentemente referente ao alucinatório. Há mesmo a considerar a impregnação de um sentido moral ou religioso.

Portanto, o termo *prazer* não pode ser confundido com princípio de prazer, pois o seu significado se estende a mais do que isto, como estamos considerando.

Assim, Freud, em "O problema econômico do masoquismo" (1924/1976b, pp. 199-200, grifo meu), assinala que a afirmação de que todo desprazer (*unlust*) deve coincidir com uma elevação e todo prazer (*lust*) com o rebaixamento da tensão mental devida ao estímulo não deve ser correta, pois "não se pode duvidar de que *há tensões prazerosas e relaxamentos desprazerosos da tensão* . . . O estado de excitação sexual constitui o exemplo mais notável de um aumento prazeroso deste tipo, mas certamente não é o único".

---

3 Lygia Alcantara do Amaral, *in memoriam*.

312 PRAZER AUTÊNTICO: MUDANÇA DE PARADIGMA?

Essas citações estão sendo feitas para assinalar que não podemos confundir prazer com princípio de prazer. O prazer não se contrapõe à realidade, ele faz parte dela no ser humano, embora a consideração energética, passando para a qualitativa, tenha dado a Freud a possibilidade de considerar os princípios de prazer (desprazer) e de realidade, que constituem uma estrutura mestra em todo o pensamento freudiano.

Assim, *prazer autêntico* se inscreve em *outro universo conceitual*, bem como *awe*.

Prazer comporta outros significados

Este trabalho reproduziu o apresentado anteriormente no Congresso Brasileiro de Psicanálise de 2011. Assim, para esta publicação suprimi o que seria uma repetição; acrescentei, no entanto, texto de João Carlos Braga (2012), de trabalhos apresentados em congressos em que participamos dos mesmos painéis. Sua perspicácia e sua capacidade de reflexão aprofundam os temas por mim desenvolvidos, levando-os a patamares mais complexos e profundos de abstração.

Estamos examinando, em um viés novo, um conceito caro à tradição psicanalítica, o conceito de prazer. *É fácil conceber que este tratamento novo trai a existência de um pensamento psicanalítico não tradicional. Especificamente, a valorização de um estado de espírito, no analista, despido de teorizações prévias, mesmo as consagradas no corpo principal do conhecimento psicanalítico. Esta condição permite ao analista um olhar de estrangeiro, favorável ao surpreender-se e à descoberta daquilo que o conhecimento esconde. É a condição que Cecil Rezze (2011) aponta como "... um sistema de observação para operar praticamente a situação clínica".*

Nessa perspectiva, passamos a operar, na prática clínica, com teorias que criamos sobre cada momento específico da relação analítica; as teorias que formam o corpo aceito do conhecimento psicanalítico continuam presentes, qual a moldura de um quadro, dando sustentação – mas não mais organizando – o pensamento do analista. Deixamos de "aplicar" as teorias abstratas, refinadas do sedimento de décadas de experiência analítica de autores privilegiados, para operarmos com a nossa própria condição de perceber e de formular os fenômenos mentais e não-mentais, acessíveis ao analista a cada momento.

Assim, prazer autêntico *tem o estatuto de uma teoria da observação psicanalítica, uma "teoria fraca" que surge como auxiliar útil para a identificação de uma forma de experiência frequente na situação analítica, permitindo sua discriminação de outras formas de prazer, também nela surgidas.* Prazer passa a poder ser percebido não apenas como uma manifestação sintomática, de base instintual, uma manifestação da sexualidade, mas como o selo de uma experiência de crescimento mental.

"Podemos conjecturar que o prazer advindo de uma conjunção satisfatória entre continente e contido (a experiência emocional prazer autêntico) seja a experiência fundante do que posteriormente viremos a co-

nhecer como prazer – e não o inverso, que o prazer da sexualidade seja o protótipo da experiência psíquica prazerosa"...

Também complexa é a relação entre prazer autêntico e prazer estético. *O fato da apresentação de Cecil, para introduzir o conceito* prazer autêntico, *ter sido feita pela estimulação de* prazer estético *no observador, aponta-nos para uma área de superposição entre ambos os conceitos.*

Concluindo

O êxito deste trabalho poderá ser avaliado pelo reconhecimento – ou não – do contato do leitor com experiências pessoais próprias que possam trazer-lhe a vivência que aqui esboçamos.

Referências

Bion, F. (1981). Tribute to Dr. Wilfred R. Bion at the Memorial Meeting. *International Review of Psychoanalysis, 8,* 3-5.

Bion, W. R. (1961). *Experiences in groups and other papers.* London: Tavistock Publications.

Bion, W. R. (1994). Uma teoria sobre o pensar. In W. R. Bion, *Estudos psicanalíticos revisados.* Rio de Janeiro: Imago. (Trabalho original publicado em 1962)

Braga, J. C. (2012). *Prazer autêntico: um conceito no eixo invenção ↔ tradição.* Trabalho apresentado no painel Prazer Autêntico: Prazer – Amor – Psicanálise?, XXIX Congresso Latino-Americano de Psicanálise. São Paulo, 10-13 out., 2012.

Freud, S. (1976a). Formulações sobre os dois princípios do funcionamento mental. In S. Freud, *Edição Standard Brasileira das Obras Psicológicas Completas de Sigmund Freud* (Vol. 12). Rio de Janeiro: Imago. (Trabalho original publicado em 1911)

Freud, S. (1976b). O problema econômico do masoquismo. In S. Freud, *Edição Standard Brasileira das Obras Psicológicas Completas de Sigmund Freud* (Vol. 12). Rio de Janeiro: Imago. (Trabalho original publicado em 1924)

Laplanche, J., & Pontalis, J.-B. (1992). *Vocabulário da psicanálise.* São Paulo: Martins Fontes.

Rezze, C. J. (2010). O dia a dia de um psicanalista. Teorias fracas. Teorias fortes. *Rev. Bras. Psicanál., 44*(3), 127-144.

Rezze, C. J. (2011). *Limites: prazer e realidade. Objetivos da análise: prazer possível? Realidade possível?* Trabalho apresentado no XXIII Congresso Brasileiro de Psicanálise. Ribeirão Preto, set. 2011.

Rezze, C. J. (2012). *Prazer autêntico: mudança de paradigma?* Trabalho apresentado no painel Prazer Autêntico: Prazer – Amor – Psicanálise?, XXIX Congresso Latino-Americano de Psicanálise. São Paulo, 10-13 out. 2012.

Rotenberg, C. (2013). *Bion e o sentimento de encantamento (wonderment) como depuração do impulso religioso primordial.* Trabalho apresentado em reunião científica da Sociedade Brasileira de Psicanálise de São Paulo, 3 ago. 2013.

13. Prazer autêntico – o belo – estesia[1]

Ideias embrionárias

Tenho muitos anos de estrada. Assim andei pelos caminhos de Freud, Melanie Klein, Bion e outros autores, sendo esse último quem fez mais sentido para mim. Escrevi diversos trabalhos sendo iluminado pelas ideias de Bion, considerando: a grade e sua aplicação clínica; a experiência emocional e seus desdobramentos, transformações e sua ampla gama de desenvolvimento e, em particular, as transformações em alucinose; a fresta; linguagem de êxito, e assim por diante.

Entretanto, me vejo com algumas vivências que me sacudiram no início dos meus estudos psicanalíticos e que me deixaram em apuros. Como eu podia aceitar o conflito entre as pulsões sexuais e as de sobrevivência, sobretudo considerando as primeiras como

---

1 Trabalho apresentado em reunião científica da Sociedade Brasileira de Psi-canálise de Ribeirão Preto, 8 ago. 2014. Uma versão anterior deste artigo foi publicada em: *Transferência, transformações, encontro estético* (São Paulo: Primavera, 2016, pp. 13-29).

as vilãs, sendo necessária a devida repressão para que a vida psíquica prosseguisse em paz? Com esforço e colaboração de análise pessoal, colegas e supervisores, consegui acompanhar e aproveitar o imenso edifício teórico que Freud foi criando ao longo da vida.

Contudo, só sosseguei mesmo quando, prosseguindo com meus estudos e experiências, defrontei com "Além do princípio do prazer" (Freud, 1920/1976b) e pude constatar como a pulsão sexual fora incorporada às pulsões de vida – "eu não disse que era assim?!". É verdade que Freud criou outros tantos problemas ou enigmas: surgem Eros e amor. Como juntar tudo isso? Continua sendo muito difícil, dando margem a numerosas e profícuas versões. Freud não ficou muito satisfeito com o andamento das coisas e, em "Análise terminável e interminável" (1937/1976c), acentua como a nova teoria não foi aceita pela comunidade psicanalítica.

Vamos ao presente. Hoje, após essas andanças, constato que duas situações ficaram sem incorporar para mim: a primeira é considerar a necessidade da cura, que *ipso facto* introduz a patologia, e a segunda é a dor. Quanto a esta, em certo viés, permeia toda a psicanálise, e podemos tomá-la como sendo a via mestra pela qual podemos realizar o trabalho psicanalítico. Isso em qualquer linha teórica considerada, região geográfica, língua, cultura e assim por diante.

Sempre que se escreve, a afirmação pode tornar-se enfática e produzir afastamento, mas peço que o colega pacientemente tolere a afirmação e possa considerá-la em relação a sua experiência pessoal. Eu me lembro, em seminários ou supervisões, por diversas vezes ter afirmado: "o cliente não vem nos procurar pelos nossos belos olhos, mas porque tem dor na alma". Às vezes no corpo também.

Como diz Bion, o analista pode causar dano ao tentar, onipotentemente, "ser útil"... em vez de capacitar para o sofrimento ou para uma "conversa dolorosa". O sofrimento é algo reciprocamente doloroso para o analista; ao passo que fazer o bem é algo que produz autossatisfação, mas que priva os dois lados da operação potencial da fé. (Meltzer & Williams, 1995)

Entretanto, notei, sem negar o edifício da psicanálise, que meu trabalho espontaneamente foi tomando um caminho em que eu percebia como, para o cliente, era "fácil" tomar o caminho da dor, vivendo-a, reproduzindo-a por meio de suas memórias, sentindo-a pela ação do analista. Também podia negá-la mediante processos alucinatórios para tentar alcançar alívio.

Hoje, com muito mais liberdade de conviver com o cliente, fui sendo assaltado por verificações contundentes. Assim, estados alcançados, durante o convívio entre analista e analisando, que remetiam a realizações autênticas de criatividade não tinham permanência. Sua passagem era efêmera, e muito prontamente, por meio de memórias, citações de problemas pessoais, conjugais, familiares, sociais etc., tínhamos de volta a situação dolorosa ou traumática.

Afinando a observação, no convívio mais próximo, ou, melhor dizendo, mais íntimo com o cliente, fui notando que aqueles estados genuínos geravam indissimulavelmente o que eu chamava de prazer.

É difícil em nossa faina psicanalítica não estarmos apoiados em: experiência ou a memória dela; "introjeção" ou sedimentação de teorias e autores; conhecimento e, também, medo ou terror diante das autoridades psicanalíticas. Prazer nos remete diretamente à memória do princípio do prazer e como a prevalência dele está ligada aos estados psicóticos, notadamente os alucinatórios.

Eu comecei a acreditar que os estados, por mim descritos, eram fundamentais na minha relação com o cliente e, mais ainda, que o prazer é que permitia que alcançássemos uma participação criativa e que o crescimento afetivo do cliente dependia da capacidade e liberdade em alcançar esses estados, que traziam confiança em nosso trabalho, e criavam uma possibilidade de esperança. Possivelmente até mesmo a possibilidade de lidar com dor, e não o contrário, que o lidar com a dor é que permitia ao cliente alcançar satisfação e encanto com a vida.

Vi-me na contramão do que, a meu ver, é o viés fundamental para a prática psicanalítica – dor. Pior ainda, que eu devia situar-me neste novo viés de observação, tendo-o como primordial, o que transformava a habitual posição do psicanalista e seu instrumental de trabalho.

Minha experiência clínica e conhecimento me levaram a escrever alguns trabalhos sobre transformações em alucinose, e instruíam-me suficientemente para saber que o prazer, a ser obtido a qualquer custo, leva a estados mentais que afinal desembocam em sofrimento inenarrável.

Além disso, o termo prazer traz uma conotação muito forte, com a predominância de aspectos sensoriais, quase numa oposição às dimensões da alma, do espírito ou da mente.

Entretanto, é bem conhecido que nos deleitamos com o prazer diante do desenvolvimento ético. Diante de uma bela melodia, do clássico ao cancioneiro popular:

Estava à toa na vida

O meu amor me chamou

Pra ver a banda passar

Cantando coisas de amor

A minha gente sofrida

Despediu-se da dor

Pra ver a banda passar

Cantando coisas de amor

Caímos na qualidade estética.

Para alcançar o que eu tinha até o momento vislumbrado, precisava de um termo que não só significasse o que eu havia alcançado, mas também deixasse a área aberta à especulação, à investigação, ao sonho – e ao que mais, eu não sabia.

Prazer autêntico.

O termo *autêntico* conota o termo *prazer*, e assim eu tenho um instrumento de descrição e investigação.

Escolhi o texto a seguir, selecionado por Francesca Bion (1981) no tributo à memória do dr. Wilfred Bion, para fazer a aproximação entre prazer autêntico e *awe*, que pode ser traduzido por encantamento ou maravilhamento, ou seja, posso supor que estamos na mesma área.

É fácil nesta era da praga não de pobreza e fome, mas de abundância, fartura e gula, perder nossa capacidade para o encantamento [awe]. É bom que o poeta Herman Melville nos lembre de que existem muitas maneiras de ler livros, mas muito poucas de lê-los adequadamente, isto é, com encanto [awe]. Como isso é

322   PRAZER AUTÊNTICO – O BELO – ESTESIA

verdadeiro quando se trata de "lermos" as pessoas . . .
(F. Bion, 1981, p. 4)

Bion prossegue e invoca a capacidade estética dos poetas para poder dizer aquilo que somente eles conseguem fazer. Possivelmente poderíamos invocar a tentativa do encontro da linguagem de êxito. "Recorro aos poetas porque eles parecem dizer algo de uma forma que está além dos meus poderes e, mesmo assim, de um modo que eu mesmo escolheria se fosse capaz" (F. Bion, 1981, p. 4).

Assim, no texto citado, a dimensão estética estaria a serviço da psicanálise e não em si mesma, como considero com o significado de prazer autêntico. No entanto, é possível que seja diferente se considerarmos o seguinte: "O inconsciente, por falta de palavra melhor, parece mostrar o caminho para a 'descida às profundezas', seus domínios têm uma qualidade inspiradora de maravilhamento [*awe-inspiring*]" (F. Bion, 1981, p. 4).

Portanto, a "descida às profundezas" indica a dimensão estética por si só, que determina uma qualidade inspiradora de encantamento, maravilhamento (*awe-inspiring*). Bion, ao utilizar fartamente as citações de poetas, o faz levando em conta a sua qualidade estética, mas sobretudo como instrumento de uso para ter um modelo, ou base de pensamento, ou para a comunicação, como ocorre com modelos matemáticos, por exemplo, na teoria das funções ou em transformações.

Meltzer aprofunda as concepções psicanalíticas ligadas ao *belo* mediante amplas considerações sobre as ideias de Bion, Klein e Freud. Em *A apreensão do belo*, em colaboração com Meg Harris Williams, estuda o papel do conflito estético no desenvolvimento, na violência e na arte. Introduz o conflito estético com um belo exemplo:

Quando Francesco entrou na sala para sua primeira sessão e, atônito, diante de Diomira Petrelli murmurou "Você é uma mulher – ou uma flor?"..., podia-se captar um lampejo de reação do recém-nascido quando ele pela primeira vez se deparasse com sua mãe e o seio de sua mãe. Foi fácil a partir daí formular a questão do conflito estético... (Meltzer & Williams, 1995, p. 17)

Estética é a capacidade da estesia, ou seja, de sentir o belo.

O belo passa a ser o foco do desenvolvimento desde as suas origens iniciais, ou seja, quando a criança após nascer pode contemplar o belo rosto e seio da mãe, suas primeiras e fundantes imagens. Embora Meltzer não assinale isto, temos aqui uma relação diádica – criança-mãe –, e não o complexo de Édipo operando desde o começo da vida.

Este breve encadear de ideias foi necessário para que eu pudesse introduzir um foco extremamente valioso que surgiu após minha apresentação, aqui mesmo em Ribeirão Preto, sobre o "Prazer autêntico: mudança de paradigma? (Capítulo 12). Trata-se da contribuição de Luiz Tatit (2007) no seu livro *Todos entoam*, em que destaca, no capítulo "A duração estética", a contribuição de Greimas (2002) no seu livro *Da imperfeição*.

Ele vem no sentido de que, embora Meltzer traga o conflito estético, fica muito difícil perceber de que maneira é vivido o momento estético e como surge o belo, o que para mim se liga diretamente ao *prazer autêntico*.

Introduzo diretamente o texto de Greimas no capítulo inicial, "O deslumbramento".

324 PRAZER AUTÊNTICO – O BELO – ESTESIA

Robinson – o de Michel Tournier (2014) – que até este
momento havia conseguido ordenar sua vida segundo
o ritmo das gotas de água que caiam uma a uma de
uma clepsidra improvisada (relógio de água), encon-
trou-se de repente despertado pelo "silêncio insólito"
que lhe revelou o ruído da última gota a cair na bacia
de cobre. Constatou então que a gota seguinte, "renun-
ciando decididamente a cair", chegou mesmo a "esbo-
çar uma inversão no curso do tempo".

"Robinson se recostou para saborear durante alguns
momentos esta inesperada suspensão do tempo". (Grei-
mas, 2002, p. 23)

Greimas faz riquíssimas considerações a respeito, se servindo de início do conceito de *fratura*, ao considerar o cotidiano do
sujeito como uma sequência linear e que subitamente sofre uma
ruptura, como quando há uma suspensão da queda consecutiva da
gota que permite a Robinson saborear durante alguns momentos
esta suspensão da queda das gotas.

Vale a pena estudar a espessura da fratura onde se dá a experiência estética, o espaço de tempo diminuto em que o sujeito se
depara com o acontecimento extraordinário que o retira do universo de previsibilidades e o encanta.

Retomarei um trecho do Capítulo 12 que permitirei analisar
sob os vieses que Greimas e Tatit desenvolvem de forma cativante.

Vou considerar a contribuição de um colega[2] que narra sobre
um cliente o qual, depois de sua fala dizia enfaticamente: "perfeito!".
Achando que esta manifestação significava algo como idealização,

---

2 Luis Fernando de Nóbrega, a quem agradeço a permissão para a publicação
deste segmento.

porque ele, o analista, não poderia ser isto tudo, assinala algo desta natureza para o cliente.

Pouco mais e, após outra fala do analista, o cliente diz: "perfeito!". Laboriosamente o analista volta a tentar esclarecer sobre o mesmo aspecto. Num terceiro movimento o cliente diz: "perfei...", e começa a rir. O analista acentua, neste movimento, como o cliente deu-se conta da situação. O analista encerra a descrição.

Neste trecho temos a continuidade do trabalho de análise, em que o cliente assinala "perfeito" e o analista faz um comentário esclarecedor, mas o analisando bate na mesma tecla, apesar dos esforços do analista. Numa terceira repetição da palavra perfeito surge uma *fratura* – na minha terminologia e experiência, uma *fresta* – que permite ao cliente dizer "perfei..." e rir. Há uma parada da continuidade. Há uma continuidade desta parada por breve espaço de tempo, durante o qual o cliente se encanta com o acontecimento. A seguir, há a parada desta parada momentânea e a volta à continuidade com o prosseguimento da análise.

Este é o intervalo breve de tempo em que ocorre o encantamento – o belo, ouso dizer: o *prazer autêntico.*

Talvez algo desta natureza nos seja dado por Bion quando traz o inefável, porém ele não salienta a dimensão estética e nem salienta a duração e o movimento de fluxo e refluxo da estesia (do prazer estético).

Tomo a seguir a situação clínica narrada por Darcy Portolese.[3]

A paciente tem em torno de 36 anos. Nos últimos dois meses vem vivendo uma difícil situação no plano de sua saúde. Após sentir dores em um seio, foi

---

3 A quem agradeço a permissão para a publicação desta situação clínica.

constatada uma obstrução no ducto mamário. Após exames, inclusive com biópsia, foi diagnosticada a presença de células sem uma atipia característica, mas com um potencial de transformação em células cancerígenas. Na outra mama não se constatou a presença destas células, mas, por via das dúvidas, é aconselhável uma mastectomia numa das mamas, e, por uma precaução mais radical, seria importante fazer uma mastectomia bilateral.

Eu havia aconselhado que procurasse uma segunda opinião. Ela procurou esta profissional, que emitiu um parecer semelhante às suas médicas ginecologista e mastologista.

Abro a porta e ela já está aguardando. Pega sua bolsa, passa por mim cabisbaixa, noto sua expressão de tristeza e angústia, coloca sua bolsa na poltrona ao lado do divã, deita-se e por alguns minutos; o clima emocional está tenso e muito angustiante.

Diz: "Tomei uma decisão. Muito doída... mas é o que tem que ser feito. Pensei nos meus filhos que ainda são pequenos e eu não vou correr riscos...". Chora e com uma voz resignada me conta alguns passos dos exames. Fez uma biópsia mais profunda, na qual se confirmou a presença de células com potencial de malignidade, e na troca de ideias com seu marido, pais e em meio a muitas angústias, chegou a uma decisão que lhe pareceu mais sensata, a de fazer uma mastectomia bilateral.

Vivenciamos um silêncio, permeado com muita dor....

(Meu silêncio continha uma necessidade de fazer algo, além de estar do seu lado. Num momento senti que alguma coisa rasgava ou dilacerava no meu interior, fantasiei alguns passos da cirurgia involuntariamente... Mantive o silêncio.)

Num tempo seguinte algo começa a se mover dentro de mim, e me ocorre uma ideia. Digo: "Veja, Maria, eu estou compartilhando com você uma situação bastante difícil e dolorida, sem dúvida, mas por outro lado você está tomando uma decisão para preservar a si, e aos que você ama: filhos, marido, família, seu trabalho... Sua decisão, apesar de difícil, visa preservar a Vida. Você não está fazendo uma cirurgia por imposição de uma doença, mas para prevenir ou evitar que ela se desenvolva".

Depois de alguns minutos o clima emocional se desanuvia um pouco. Ela fica mais distendida...

Ela começa a dizer: "Sabe, Darcy, vou entrar para o centro cirúrgico com peito e vou sair com os peitos!" (No caso uma cirurgia plástica concomitante de reconstituição dos seios).

Digo: "Aí você mata dois coelhos numa pancada só!".

Ela ri e continua num tom mais relaxado, dizendo que não usava vestido decotado porque não tinha peito.

Falo que agora ela vai poder tirar o atraso.

Ela diz: "agora vou me chamar Maria 'Jolie'...!".

328 PRAZER AUTÊNTICO – O BELO – ESTESIA

Ao terminar a sessão ela pega a bolsa, com tranquilidade, e ao sair olha para mim com um olhar que identifico como intimidade!

Ela se despede, entro na minha sala, sento na poltrona, e por alguns momentos sou tomado por forte emoção e pela gratidão de poder compartilhar de uma situação tão comovente.

Foi por meio desta vivência que me ocorreu a ideia de que esta experiência se inscreve, para mim, numa dimensão que aproximo com o conceito de Prazer autêntico, extraído das entranhas de um vínculo emocional psicanalítico.

Vamos examinar o que foi narrado por dois ângulos, sendo que privilegiaremos o segundo. No primeiro há uma forte experiência de afetos, dada a situação que é narrada e correspondida pelo analista. Em nossas considerações ele introduz uma situação que terá seu desfecho no segundo momento. Neste o analista assinala: "por alguns momentos sou tomado por forte emoção e pela gratidão de poder compartilhar de uma situação tão comovente". Neste intervalo de tempo forma-se o objeto estético assim descrito. A descrição torna-se mais pungente com a formulação "extraído das entranhas de um vínculo emocional psicanalítico", momento em que esta observação complementa o objeto estético.

Prazer autêntico: devo assinalar que a dimensão que este alcança abrange toda a psicanálise e procura dar a visão de que a *graça e o encanto de viver* são os elementos essenciais à nossa existência. Isso está intimamente relacionado ao belo ou à estética que apresentamos em seus extremos, para que pudéssemos desenvolver as ideias a respeito.

Estas ideias foram desenvolvidas antes que eu entrasse em contato com as citações de *awe – encanto, maravilhamento –*, conforme os fragmentos da homenagem a Bion, apresentados por Francesca Bion, e já mencionados neste capítulo.

No entanto, o que realmente importa é que reconheçamos a *graça e o encanto de viver* no nosso dia a dia, e não somente no momento de trabalho.

Assim, retomamos o fio original de nosso trabalho, ou seja, o foco do analista passa a ser o prazer autêntico, o qual se expande com a contribuição de Bion – *awe* – e de Meltzer, quando este considera o *belo* como a gênese da experiência do existir humano na captura pelo bebê da beleza do rosto materno. Há um deslocamento em relação a Klein na consideração do seio e a Freud quanto ao falo.

Se olharmos por este ângulo, não deixando de lado a dor e a psicanálise como um todo, o prazer autêntico será o foco de nossa apreensão e procura, difícil de manter porque é avassalador o impacto da dor sobre as nossas impressões e a sustentação do arcabouço sedimentado do conhecimento psicanalítico, o qual, afinal, é que nos autoriza a exercer o nosso ofício.

Nesse sentido, talvez possamos pensar em mudança de paradigma, embora seja essencial manter uma correlação entre este viés e o classicamente aceito em psicanálise – dor e conhecimento.

Testando essas ideias, coloquemos um fragmento clínico, também no extremo.

> Relembra que veio me procurar três anos atrás, mas não pôde iniciar a análise por motivos econômicos. Agora foi possível (fala em tom satisfeito). Estende-se um pouco mais a respeito.

Isto evoca em mim a lembrança da sessão anterior e como ele a viveu com sentimentos de participação e colaboração.

Esta situação me parece importante, ou seja, o analista poder avaliar qual o sentimento que preside o início do encontro, em que clima mental a dupla começa a se mover. Pareceu-me que a descrição dele de bem-estar e a minha lembrança dizem respeito a certo estado de conforto espiritual ou mental.

São feitos vários movimentos, e os afetos, que tinham uma direção de aproximação mais amorosa, parecem caminhar para a desconfiança.

Em virtude das fortes emoções envolvidas, torna-se difícil prosseguir na descrição do ocorrido, mas vamos continuar.

Falo algo sobre estas impressões, e ele faz alguns comentários.

A seguir toma de uma manta que deixo em cima de uma mesinha para o uso dos clientes. Eles raramente a usam, e, quando o fazem, cobrem parte do corpo e menos frequentemente todo o corpo, quando, em geral, tiram os sapatos ou estendem a manta somente até a canela. Noto que o cliente cobre também os sapatos, de maneira que a manta entra em contato com a sola de seu sapato.

Nada falo, mas estes fatos me chamam a atenção. Penso que ele pôde servir-se da manta.

Acomoda-se com a manta, cobrindo-se todo.

No clima emocional que se desenrolava, achei oportuno, embora com certa dúvida, fazer um comentário sobre ele aceitar a manta e poder cobrir-se.

Passa a dizer que a manta tem mau cheiro e que ela é usada por todos os clientes.

O tom é de irritação e violência, e ele vai aumentando a intensidade da voz.

Diz que o cheiro é muito ruim e que está é com cheiro de merda, e o que eu (o analista) quero é torná-lo uma merda.

A ideia de que o cliente está alucinando permite certo distanciamento. Até este momento as emoções podem ser contidas nas palavras e no divã, onde permanece deitado.

Vai num crescendo, fica enfurecido, diz que eu sou um merda, levanta-se e sai.

A ação tornou-se necessária.

Ao transcrever a sessão, sinto dificuldade porque parece que há algum estopim, uma palavra que eu diga, uma entonação de voz, o ritmo da fala, enfim, algo que eu não localizo e aparentemente ele também não, e que faz uma viragem e desencadeia uma avalanche de sentimentos violentos. Também fico na dúvida se isto é assim ou somente um pretexto, pois, quando existe uma sessão em que ele se aproxima afetivamente, como a passada, parece que ele volta com algo já engatilhado para um desastre.

Quanto ao estopim, entramos em outra teoria fraca e que vai adquirir um caráter narrativo. Acredito que o cliente localiza em mim alguma característica, alguma idiossincrasia na qual ele se apoia para fazer a viragem de sentimentos. Se eu pudesse localizar o que é, talvez eu pudesse participar mais livremente da vivência naquele momento. Difícil colocar em palavras, mas creio que, se eu suportar a intensidade da convivência, acredito que esta pessoa possa iluminar aspectos de mim a que ela tem acesso e eu não. Isso pode parecer óbvio, porém, *a vivência que tive deste fato foi muito forte, como o clarão de um raio que tudo ilumina numa noite escura.*

Proponho examinar o que foi oferecido como fragmento clínico no extremo.

O texto descreve uma situação intensa de emoções que são vividas pelo analista e pelo cliente. E, no final do texto: *a vivência que tive deste fato foi muito forte, como o clarão de um raio que tudo ilumina numa noite escura.* Há uma fratura em relação aos acontecimentos que vinham sendo descritos e uma descrição que se baseia em *elementos descritivos da natureza (raio) que compõem um breve lapso de tempo em que há uma vivência estética. O belo não é o raio de luz, mas o que ocorre neste breve intervalo apropriadamente descrito como o clarão de um raio.*

Continuando.

A vivência é desconcertante. Fica-se sem graça e sem saber o que fazer – *o desconcerto introduz a viragem entre a possibilidade evidente de sentir a agressão para sentir uma pessoa em intensa dor.*

Cabe o comentário anterior sobre o *clarão de um raio.*

O exame estético nos permite aproximar do objeto psicanalítico na sua dimensão do *belo* e, assim, ter uma porta de entrada para vivências ímpares e discriminação delas para o desenvolvimento da análise.

Voltamos a nosso fio condutor e, ao tomá-lo como base para o trabalho, subvertemos a perspectiva clássica de tomar o referencial da dor, invertendo a ordem de que suportar a dor é que permite o surgimento do encantamento e maravilhamento diante da vida, mas sim que o *prazer autêntico* é que permite o desenvolvimento de uma pessoa como um todo.

Referências

Bion, F. (1981). Tribute to Dr. Wilfred R. Bion at the Memorial Meeting. *International Review of Psychoanaysis, 8,* 3-5.

Bion, W. R. (1994). Uma teoria sobre o pensar. In W. R. Bion, *Estudos psicanalíticos revisados.* Rio de Janeiro: Imago.

Freud, S. (1976a). Formulações sobre os dois princípios do funcionamento mental. In S. Freud, *Edição standard brasileira das obras psicológicas completas de Sigmund Freud* (Vol. 12). Rio de Janeiro: Imago. (Trabalho original publicado em 1911)

Freud, S. (1976b). Além do princípio do prazer. In S. Freud, *Edição Standard Brasileira das Obras Psicológicas Completas de Sigmund Freud* (Vol. 18). Rio de Janeiro: Imago. (Trabalho original publicado em 1920)

Freud, S. (1976c). Análise terminável e interminável. In S. Freud, *Edição Standard Brasileira das Obras Psicológicas Completas de*

Sigmund Freud (Vol. 23). Rio de Janeiro: Imago. (Trabalho original publicado em 1937)

Greimas, A. J. (2002). *Da imperfeição.* São Paulo: Hacker.

Meltzer, D., & Williams, M. H. (1995). *A apreensão do belo.* Rio de janeiro: Imago.

Rezze, C. J. (2010). O dia a dia de um psicanalista. Teorias fracas. Teorias fortes. *Rev. Bras. Psicanál. 44*(3), 127-144.

Rezze, C. J. (1994). Transferência: tentativa de rastreamento em Freud, Melanie Klein e Bion. São Paulo: SBPSP, 1994. (Trabalho apresentado no fórum temático Transferência. São Paulo, 3 ago. 1994)

Rezze, C. J. (1997). Transferência: rastreamento do conceito e relação com transformações em alucinose. *Rev. Bras. Psicanál., 31*(1), 137-166.

Tatit, L. (2007). *Todos entoam.* São Paulo: Publifolha.

Tournier, M. (2014). *Sexta-Feira ou os limbos do Pacífico.* Rio de Janeiro: Edições BestBolso.

14. Prazer autêntico: retornando à clínica[1]

> *Será que é permissível ter prazer em*
> *um encontro psicanalítico?*
> (Bion, 1992, p. 196)

Como se vê no Capítulo 13, com a contribuição de Greimas (2002) e o recurso da estética (Meltzer & Williams, 1995), posso ampliar o conceito de prazer autêntico no que se refere à ruptura do sistema utilizado pelo cliente. A importância disto é permitir a possibilidade de mudança de visão de mundo e de si mesmo, bem como o inesperado de perceber a graça e o encantamento de viver no cotidiano da existência.

No entanto, após estes desdobramentos, me vi na necessidade de considerar que a ideia de prazer autêntico proveio da clínica, e

---

1 Parte do trabalho "Prazer autêntico: a fratura", apresentado no XXV Congresso Brasileiro de Psicanálise em 28 de outubro de 2015, em São Paulo, e na Sociedade Brasileira de Psicanálise de São Paulo em 13 de fevereiro de 2016, no painel intitulado "Além dos limites da representação: comunhão, fruição estética e prazer autêntico".

a ela sinto a necessidade de retornar. Para prosseguir nessas reflexões, introduzo o fragmento clínico a seguir.

Quando entro na sala de espera e ela se levanta e me dá a mão, tenho a impressão que algo não vai bem e vai sobrar para mim. Talvez vá interromper o trabalho.

Quando se dirige à sala onde atendo, me pareceu um andar meio arrastado.

Deita-se.

Está francamente aborrecida.

"Você quer saber, eu não queria vir aqui hoje. Precisei fazer um enorme esforço para conseguir vir. Nestes quinze dias que eu estive ausente aconteceram muitas coisas e que foram muito pesadas para mim. É por isso também que eu não queria vir."

Levanta ligeiramente o tronco, vira o rosto e olha diretamente para mim com um olhar firme (ou intenso), e em seguida volta a se recostar no divã.

Não tenho a impressão de que seja algo que se refira a minha saída de férias, mas penso: "vai sobrar para mim".

Fala uma coisa ou outra e depois com emoção e certo ímpeto diz: "quer saber, vou falar. Pode dizer que não é aqui, é fora daqui".

"Pronto." (ela mostra-se muito enfática). Faz o mesmo movimento de súbito e olha intensamente e volta a deitar. Penso comigo mesmo, "é italiana da gema". Não penso em estado alucinatório ou algo desta natureza.

"Foi com meu filho. Estourei com ele e dei um prazo de dois meses para que ele arrumasse dinheiro, um emprego, enfim, usasse os recursos dele, pois ele é tão inteligente, então que produza alguma coisa e pague a ex-mulher. Ela fica lá em minha casa, onde ela ajudou a construir nos fundos. Ele que pague a ela e não quero mais ficar vendo a cara dela em minha casa. Não aguento mais."

Repete o mesmo gesto de levantar o tronco e mostra-se furibunda, mas não dá a impressão de que seja comigo.

Nada digo. Ela fica mais empolgada e brava na narrativa.

"Sabe? Foi uma gota d'água. Eu venho para São Paulo e saio às 12h30. Mas, eu tinha outro compromisso e avisei meu filho para avisá-la que eu ia sair às 12h. Ela pega carona comigo e vem para São Paulo. Aí eu fiquei esperando. Passaram-se cinco minutos, depois mais dez e nada de ela chegar. Já eram quase 12h30, e eu falei com ela se não sabia que tinha que sair antes. Ela me respondeu que o meu filho tinha dito que era às 12h30. Aí perguntei ao meu filho e ele diz: 'É, eu falei que era às 12h30'. Aí eu explodi. Disse a ela que era responsabilidade dela me perguntar a que horas eu ia sair e que já estava cheia daquilo. Na vinda para São Paulo, não falei nada, não tinha o que falar. Agora ela ficou distante, o que é bom. É por isso que eu não quero mais vir aqui. Você me entende? Eu venho fazer análise, tenho que lidar com as diversas situações, tenho que refletir, faço um enorme esforço para melhorar. E melhorar para quê? Para entender isso, para ficar suportando a situação e melhorar para ficar com essas pessoas, suportando, ajudando e passando por isto?!"

Levanta o tronco e me olha enfurecida. A seguir se deita.

Não tenho a impressão de que ela se sinta enfurecida comigo.

Falo: "Diga-me uma coisa, de onde você tirou que eu quero que você melhore?".

Levanta o tronco, me olha estupefata, olhos arregalados, e começa a rir de forma intensa e incontida. Difícil descrever o impacto da situação.

Ri um pouco mais, porém de forma mais tranquila (ou mais sossegada, ou menos intensa, difícil descrever).

A seguir diz: "você sabe, eu tive um grande alívio".

"Sim. Você estava crente que você viria para melhorar e servir na situação que você temia, estava crente que era meu intuito e que poderia ser dobrada por mim, então não queria vir."

"É mesmo" (enfaticamente).

Levanta o tronco me olha intensamente com muita satisfação (mais ou menos isso). Continua sorrindo. Recosta-se.

"É mesmo como você falou. Puxa! O que acontece com a gente é inacreditável. Eu estava acreditando que eu teria de aguentar tudo porque não é só a questão dela. Tem o meu neto também. Ela não sabe cuidar dele. Não tem ideia de hora de almoço e jantar. Ela dá qualquer coisa, qualquer porcaria. Sabe aquela porcaria de macarrão frito, como chama mesmo, miojo, ela faz na hora e não está nem aí com a alimentação do menino. Mas, é inacreditável porque eu não queria mesmo vir, mas de verdade mesmo. O que acontece com a gente?"

Continua rindo, e o humor mudou.

A intervenção do analista é feita de forma direta e pessoal ("Diga-me uma coisa..."), o que ocasiona *surpresa, espanto e perplexidade.*

Assim, na situação clínica – *Levanta o tronco, me olha estupefata, olhos arregalados e começa a rir de forma intensa e incontida. Difícil descrever o impacto da situação* –, parece-me adequado o termo "prazer autêntico", em que a primeira impressão é a da ruptura ou fratura ("fresta") do campo no qual vinha operando anteriormente na descrição dos problemas familiares. *Difícil dizer que há uma explosão de sentir o belo, mas o prazer é intenso e manifesto.*

O conceito de prazer autêntico se originou da clínica e difere de prazer estético (ou experiência estética, ou transformação estética), embora eu tenha me servido deste para ampliar meu campo de reflexão. É necessário, todavia, fazer a discriminação.

Em riquíssimo trabalho – "Sou um poeta... e psicanalista" –, creio que Abram Eksterman (2011) coloca as diferenças de forma sugestiva, referindo-se à poesia, mas seu texto comunga amplamente com a arte.

Poeta e psicanalista percorrem os mesmos caminhos da experiência humana, mas o fazem de maneira diferen-

340 PRAZER AUTÊNTICO: RETORNANDO À CLÍNICA

> *te. O poeta expressa a emoção; o psicanalista a traduz. Há algo de complementar nas duas atividades, mas esta complementação não é necessária. Isto porque seus objetivos são diferentes. O poeta trata de comunicar a emoção; o psicanalista tenta tratar os transtornos que afetam emocionalmente o existir. O poeta não é necessariamente um terapeuta,* assim como o psicanalista não precisa ser um artista.

> *A principal diferença refere-se ao compromisso ético ... o compromisso psicanalítico é eminentemente ético, ou seja, visa o bem do analisando ... A arte e, por conseguinte, a do poeta, visa a expressar a natureza íntima do humano e revelá-la ao mundo. (Eksterman, 2011, p. 92, grifos meus)*

Podemos acentuar que o artista opera com invariantes diferentes do psicanalista. Seus objetivos são diferentes, embora o objeto de observação possa semelhar ser o mesmo, mas não é porque as invariantes do artista serão diferentes daquelas do psicanalista na *convivência* com o objeto.

Creio que uma frase mencionada há pouco sintetiza esta diferença: *Difícil dizer que há uma explosão de sentir o belo, mas o prazer é intenso e manifesto.*

Referências

Bion, W. R. (1992). *Conversando com Bion*. Rio de Janeiro: Imago.

Eksterman, A. (2011). Sou um poeta e... psicanalista. *IDE, 34*(53), 81-98.

Greimas, A. (2002). *Da imperfeição*. São Paulo: Hacker.

Meltzer, D., & Williams, M. H. (1995). *A apreensão do belo*. Rio de Janeiro: Imago.

15. Teria Bion vislumbrado o *prazer autêntico?*[1]

> *E o que é a psicanálise senão a oportunidade para que
> nasça o que nunca nasceu, que se crie o que nunca
> foi criado ou que surja algo do cliente que possa lhe
> permitir ter prazer ou satisfação na existência?*
>
> (Rezze, 2014)

O título é uma espécie de desafio que procura despertar o interesse dos psicanalistas sobre o tema – *prazer autêntico* – que venho estudando desde 2011, por ocasião do Congresso de Ribeirão Preto (Rezze, 2011). Em termos literários, podemos dizer que é hiperbólico, mas salienta o meu interesse e surpresa quando, garimpando a obra de Bion, encontrei uma citação em *Conversando com Bion* (Bion, 1992) que me surpreendeu.

---

1 Trabalho apresentado no Congresso Internacional de Bion, Ribeirão Preto, 26 jul. 2018.

344 TERIA BION VISLUMBRADO O *PRAZER AUTÊNTICO?*

Queria saber se a nossa capacidade de rirmos de nós mesmos está dentro das regras da psicanálise. Está de acordo com as regras o fato de nos divertirmos [be amused] e achar que as coisas sejam divertidas [funny]? Será que é permissível ter prazer [to enjoy] em um encontro psicanalítico? Sugiro que, tendo irrompido neste assunto revolucionário de se divertir [be amusing] no sagrado progresso da psicanálise, poderíamos também continuar a ver aonde mais este estado alegre da mente nos levaria. *(Bion, 1992, pp. 196-197, grifos meus)*

Entendo que Bion está fazendo um desafio quando se refere às regras da psicanálise, ou seja, introduzir a alegria, que na tradução em português aparece sob os termos *divertirmos, divertidas, prazer* e *se divertir,* mas que no inglês aparece num campo mais amplo de significados – *be amused, funny, to enjoy* e *be amusing* (Bion, 1980).

O desafio parece ser quanto aos termos que contrastam com *dor,* que é uma invariante tanto na observação quanto na teoria psicanalítica. Esta tem importância destacada na obra de Bion, como podemos entrever no valioso trabalho de Junqueira (2018) – "A dor psíquica na visão de Bion" –, ao qual retornaremos à frente.

Esta situação teve uma ampliação ao acompanharmos o estudo da Supervisão A39,[2] ocorrida em 1978 em São Paulo, quando Bion nos introduz no mesmo tema da citação mencionada, mas com maior desenvolvimento. Transcrevo o início dela, lembrando que em 1978 houve a Copa do Mundo de futebol, da qual o Brasil participava.

---

2 A fita magnética correspondente foi preservada e consta do acervo do dr. José Américo Junqueira de Mattos, sendo-nos cedidas a transcrição original em inglês e a tradução em português supervisionada pelo dr. Américo. As citações que se seguem provêm dessa fonte.

Analista: Ele (paciente) sentou-se no sofá e disse com um tom de voz muito forte: "Eu me perguntei por que vim hoje. Por exemplo: hoje há um jogo de futebol acontecendo, com o Brasil jogando, que me diverte muito, eu sinto muito estar perdendo esse jogo. Eu estava bastante certo que iria ficar bastante entediado aqui. Fiquei pensando o quão entediado eu ficaria, desde que pus a chave no carro – na ignição – para vir para a sessão, e agora, e ainda estou me perguntando: por que vim aqui? O que estou... por que eu vim aqui?"

Bion: Eu gostaria de continuar perguntando-lhes o que vocês diriam, ou o que vocês fariam, se tivessem um paciente que chegasse e falasse, ou se comportasse dessa forma.

Tradutor: Ele (analista), então, disse ao paciente: "Sinto que é muito difícil para você admitir que faz algo porque você gosta".

A supervisão prossegue, e Bion introduz o *jogo psicanalítico* que é há muito nosso conhecido, pois é proposto na grade (*grid*) (Bion, 1963/1966) com várias finalidades, sendo uma delas descobrir novos possíveis significados para a sessão em estudo, embora, no atual contexto, este jogo se refira especificamente ao *divertimento* (*fun*), que, de par com a *seriedade* (*seriousness*), deva constituir algo essencial ao trabalho psicanalítico.

Eu sugiro que, com essa situação, esse paciente não está assistindo ao Brasil jogar futebol – até onde eu saiba –, mas está assistindo a si e ao analista jogar alguns jogos. O jogo que o analista e o analisando estão jogando é algo que chamamos de psicanálise. É um tipo de jogo que alguns adultos jogam. Mas todos os jogos são uma mistura, todos os jogos são parcialmente o que poderíamos chamar de diversão e parcialmente o que poderíamos chamar de seriedade. Não estamos propensos a esquecer que é um jogo sério; mas, eu penso, às vezes, que estamos propensos a esquecer que o jogo é, também, divertido.

Quanto à seriedade, na psicanálise, constatei que duas situações ficaram sem incorporar para mim: a primeira é considerar a necessidade da cura, que *ipso facto* introduz a patologia, e a segunda é a dor, a qual, em certo viés, permeia toda a psicanálise. Contrapondo-se a esta dimensão, Bion traz o divertimento, o qual, me parece, posso relacionar com o prazer e ao qual, nos estudos que tenho feito, acrescentei "autêntico", daí *prazer autêntico*.

Bion prossegue:

> *Não será prejudicial a ninguém se, como analistas, pensarmos que o jogo analítico pode ser sério e divertido. Portanto, se você está praticando a análise, há o fato real de ver os pacientes, e assim por diante...* Se você está tentando aprender sobre análise ou tentando se tornar mais sábio a respeito disso, não há nenhuma razão real para que isso não seja divertido.

Creio oportuno introduzir o trecho em que trata da sobrevivência do analista em seu trabalho e a importância do divertimento ao fazê-lo.

> *Quando o assunto é análise, é possível não gostar da área na qual é especialista por completo, e assim por diante... Há tanto que você sente que nunca o faria de modo voluntário; você só faria se tivesse que fazê-lo*

para sobreviver. É uma questão diferente se você sentir que, mesmo que não tivesse de fazê-lo para sobreviver, você ainda o faria por diversão [fun].

Esta é uma questão entranhada em nosso trabalho e que leva a extensas conjecturas. Assim, quando trabalhamos, vivemos muitas horas com nossos clientes. Seria possível nos entregarmos de forma tão interessada e aplicada não tivéssemos satisfação, alegria, *prazer autêntico* ou divertimento? Os analistas e os clientes voltam a seus encontros; o que os motiva? Será que o cliente volta porque gosta da análise ou do analista, como este sugere no início do encontro?

Creio ter achado uma ideia para lidar com a teorização em *prazer autêntico*; trata-se de perfurar camadas da psicanálise acumuladas nestes cento e tantos anos. Ao ir perfurando, é como se fossem surgindo nuvens variadas e coloridas, como nos filmes modernos de ficção ou animação, nestes ainda mais belos, podendo ser assustadores, mas também de beleza e conforto, às vezes planetas definidos, às vezes galáxias inteiras em movimento e cor. Continua a perfuração para as profundezas da psicanálise. Naturalmente muitas estratificações, com muitas teorias, casos clínicos, publicações, livros.

O que estou escrevendo é o que, eu diria, Bion (1983) descreveria como conjecturas imaginativas, e elas dariam margem, talvez, às conjeturas racionais. O método de tentar achar um substrato de teorias emocionais coerentes leva, num primeiro momento, a verificar que as teorias emocionais existem esparramadas por todas as camadas da psicanálise, e daí ficar difícil encontrar um substrato onde ancorar, em teoria de emoção, o *prazer autêntico* e, mais difícil ainda, criar uma teorização própria a respeito.

348 TERIA BION VISLUMBRADO O PRAZER AUTÊNTICO?

Como participante essencial do debate, continuemos convidando o próprio Bion para nos ajudar no vértice do *"serious"*, ou seja, a dor mental.

> *Ela (dor) não pode estar ausente da personalidade. Uma análise é necessariamente dolorosa, não porque a dor em si tenha valor, mas porque uma análise onde a dor não seja observada e discutida não pode ser encarada como se ocupando de uma das razões centrais para a presença do paciente . . . A importância da dor pode ser descartada como uma qualidade secundária, algo tendendo a desaparecer quando os conflitos se resolvem: de fato, muitos pacientes sentem assim. Além do mais, isto pode ser reforçado pela circunstância de que a análise bem-sucedida diminui o sofrimento: no entanto, isso obscurece a necessidade, mais patente em certos casos do que em outros, de que a análise possa aumentar a capacidade do paciente para sofrer, mesmo se considerando que paciente e analista tenham a esperança de diminuir a própria dor. (Bion, 1963/1966, pp. 61-62)*

Esta é uma citação que me motivou poderosamente porque existe uma densidade enorme na afirmação – quer pela experiência e teorização em psicanálise, quer pela pessoa que a faz (Bion). No entanto, a meu ver, devo considerar que "uma análise em que o prazer – *prazer autêntico* – não for observado e discutido, não pode ser encarada como se ocupando de uma das razões centrais para a presença do paciente" – parodiando Bion. Na mesma direção, podemos observar que "a análise possa aumentar a capacidade do cliente para 'sofrer' o '*prazer autêntico*'".

No Capítulo 12, acompanhando uma situação clínica em que o analista nos diz que o cliente logrou um *insight* e pareceu-me que este manifestou muita satisfação, propus:

> *No contexto deste trabalho, considero que este momento é ímpar, porque o cliente não somente se apercebe do que se passa entre eles (cliente e analista), mas o faz com alegria e satisfação e, portanto, se poderia realçar tal fato, pois é algo novo que ocorre na dupla. E o que é a psicanálise senão a oportunidade para que nasça o que nunca nasceu, que se crie o que nunca foi criado ou que surja algo do cliente que possa lhe permitir ter prazer ou satisfação na existência?*

A citação anterior de Bion abre o valioso trabalho "A dor psíquica na visão de Bion" (Junqueira, 2018). O autor prossegue:

> *Por entender, como Hamlet, que a meta da psicanálise não é curar, mas sim ensinar a sofrer ("Wheter'tis nobler in the mind to Suffer", ato 3, cena 1), e por vislumbrar que Freud já reconhecera que a capacidade de modificar a dor era fundamental na adaptação ao princípio de realidade, foi que Bion elevou a dor ao status de "elemento de psicanálise"... (Junqueira, 2018, p. 78)*

O princípio de prazer é um dos dois princípios que, segundo Freud (1911/1976a), regem o funcionamento mental: a atividade psíquica no seu conjunto tem por objetivo evitar o desprazer e proporcionar o prazer. É um princípio econômico na medida em que o desprazer está ligado ao aumento das quantidades de excitação, e o prazer, à sua redução.

O princípio foi inicialmente designado por princípio de desprazer: "a motivação é o desprazer atual, e não a perspectiva do prazer a ser obtido" (Laplanche & Pontalis, 1982/1992, p. 365).

No entanto, na psicanálise, o termo prazer ganha um significado do desreal como no sonho e se estende como significando algo ligado à patologia, ou seja, um sintoma frequentemente referente ao alucinatório. Há mesmo a considerar a impregnação de um sentido moral ou religioso.

Contudo, o termo *prazer* não pode ser confundido com princípio de prazer, pois o seu significado se estende a mais do que isto, como estamos considerando.

Assim, Freud, em "O problema econômico do masoquismo" (1924/1976b, pp. 199-200, grifo meu), assinala que a afirmação de que todo desprazer (*unlust*) deve coincidir com uma elevação e todo prazer (*lust*) com o rebaixamento da tensão mental devida ao estímulo não deve ser correta, pois "não se pode duvidar de que *há tensões prazerosas e relaxamentos desprazerosos da tensão . . . O estado de excitação sexual constitui o exemplo mais notável de um aumento prazeroso deste tipo, mas certamente não é o único."

Essas citações estão sendo feitas para assinalar que não podemos confundir prazer com princípio de prazer. O prazer não se contrapõe à realidade, ele faz parte dela no ser humano, embora a consideração energética, passando para a qualitativa, tenha dado a Freud a possibilidade de considerar os princípios de prazer (desprazer-prazer) e de realidade, que constituem uma estrutura mestra em todo o pensamento freudiano.

Assim, *prazer autêntico* se inscreve em *outro universo conceitual*, bem como *"awe"*, como nos aproxima Francesca Bion (1981) com a citação de Bion:

É fácil nesta era da praga não de pobreza e fome, mas de abundância, fartura e gula, perder nossa capacidade para o encantamento [awe]. É bom que o poeta Herman Melville nos lembre de que existem muitas maneiras de ler livros, mas muito poucas de lê-los adequadamente, isto é, com encanto [awe]. Como isso é verdadeiro quando se trata de "lermos" as pessoas... (F. Bion, 1981, p. 4)

Sem negar o edifício da psicanálise, notei que meu trabalho espontaneamente foi tomando um caminho em que eu percebia como para o cliente era "fácil" tomar o caminho da dor, vivendo-a, reproduzindo-a por meio de suas memórias, sentindo-a pela ação do analista. Também podia negá-la mediante processos alucinatórios para tentar alcançar alívio. Daí uma indagação: não convém investigar a dor como sendo possível de ser considerada como elemento que caiba na coluna 2 da grade (Bion, 1963/1966)?

Hoje, com muito mais liberdade de conviver com o cliente, fui sendo assaltado por verificações contundentes. Assim, estados alcançados, durante o convívio entre analista e analisando, que remetiam a realizações autênticas de criatividade não tinham permanência. Sua passagem era efêmera, e muito prontamente, por meio de memórias, citações de problemas pessoais, conjugais, familiares, sociais etc., tínhamos de volta a situação dolorosa ou traumática.

Afinando a observação, no convívio mais próximo, ou, melhor dizendo, mais íntimo com o cliente, fui notando que aqueles estados genuínos geravam o que eu chamava de prazer.

É difícil em nossa faina psicanalítica não estarmos apoiados em: experiência ou a memória dela; "introjeção" ou sedimentação de teorias e autores; conhecimento e, também, medo ou terror diante das autoridades psicanalíticas.

Prazer nos remete diretamente à memória do princípio do prazer (Freud, 1911/1976a) e como a prevalência dele está ligada aos estados psicóticos, notadamente os alucinatórios.

Eu comecei a acreditar que os estados por mim descritos eram fundamentais na minha relação com o cliente e, mais ainda, que o prazer é que permitia que alcançássemos uma participação criativa, e que o crescimento afetivo do cliente dependia da capacidade e liberdade em alcançar esses estados, que traziam confiança em nosso trabalho, e criavam uma possibilidade de esperança. Possivelmente, até mesmo a possibilidade de lidar com dor e não o contrário, que o lidar com a dor é que permitia ao cliente alcançar satisfação e encanto com a vida.

Vi-me na contramão do que, a meu ver, é o viés fundamental para a prática psicanalítica – dor. Pior ainda, que eu devia situar-me neste novo viés de observação, tendo-o como primordial, o que transformava a habitual posição do psicanalista e seu instrumental de trabalho.

Estava indo por este caminho quando surgiu algo que preciso registrar.

Trata-se de considerar o aspecto clínico trazido por Bion e por mim, que é a dor, sendo o trabalho de Junqueira (2018) precioso ao descrever a dor quer na trajetória de vida, quer no desenvolvimento teórico de Bion. Assim, quase como verbetes, destacamos:

> *Bion chegou a esses enunciados a partir daquilo que viveu na própria pele.*

> *Ao descrever esse abismo, anos mais tarde, ele cristalizou esse "inimigo sorrateiro" na figura de uma*

ave de rapina negra que visitava seus pesadelos para amedrontá-lo: denominou-a de "Arf, arfer", uma corruptela que condensava a grandiosidade de um Deus perseguidor (evocado pelo som de "Our Father", início da oração Pai Nosso), com a mesquinhez dos risos de desprezo que os adultos lhe dedicavam em resposta a suas indagações sobre os mistérios da vida.

A seguir, ao ser abandonado aos 8 anos para estudar na Inglaterra, viu-se mergulhado num ambiente hostil povoado por solidão, pela crueldade do bullying e pela hipocrisia de um cristianismo repressor da sexualidade.

Com 18 anos, Bion deixou-se seduzir pelo canto de sereia da Primeira Guerra Mundial...

Egresso da guerra, como um herói aturdido e culpado por ter sobrevivido à maioria de seus companheiros, sua dor psíquica o direcionou sonambulicamente para o lado da psicanálise, entrevista, inicialmente, como mera tábua de salvação.

Mas, entrementes, uma nova tragédia o emboscou: sua esposa Betty morreu durante o parto de sua filha Parthenope, sem que ele estivesse presente. Dilacerado, por mais culpa...

(Ninfa, que todos os meus pecados sejam atendidos em suas orações . . .).

Por fim, no final de sua vida, apesar de ter refeito a vida familiar ao casar-se com Francesca, precisou enfrentar a incompreensão de muitos setores em relação à sua obra, obrigando-o a "refugiar-se" em viagens

*científicas (como aquelas que o trouxeram até nós), ou
então, em uma estadia redentora em Los Angeles. (Junqueira, 2018, p. 76, grifos meus)*

Junqueira prossegue no exame das ideias de Bion, destacan-
do-as ao longo de sua obra, deixando-me entrever a conexão com
a experiência de sua própria vida, em que destaquei as palavras:
culpa, mais culpa, pecados, dor psíquica – sentimentos que, a meu
ver, impregnam toda a obra de Bion, bem como as referências às
experiências traumáticas de guerra (Rezze, 2005).

Assim, sem estabelecermos relações de causa e efeito, as experiências de vida de Bion estão provavelmente relacionadas a aspectos clínicos e teóricos que ele desenvolveu e que sugerimos a seguir
como verbetes: **experiência aterrorizadora; superego,** "uma as-
serção de superioridade moral sem a menor moralidade"; *splitting*
forçado, desencadeado pelo ciúmes e pela inveja que o seio, como
fonte de amor, também gera; **pensar** com uma atividade que, em
vez de trazer alívio, como postulado por Freud, pode estar envolvida numa espécie de armadilha metapsicológica; **não seio; capacidade negativa; mudança catastrófica; terror** como "a origem
primordial da mente"; **paciente que não sofre dor também não
sofre "prazer"; elemento beta** em lugar de alucinação; **turbulência emocional; medo subtalâmico,** ou medo "aterrorizante", relacionado a um terror primordial e provavelmente pré-natal; **consciência moral assassina,** a qual odeia todo e qualquer intercurso
prazeroso que constitui a base de toda atividade criativa pré-natal.

Foi necessária a explicitação dessas referências porque a proposta que faço é partir de elementos oriundos da clínica – dor
e prazer –, porém observados de um viés em que eles são seminais na possibilidade de desenvolvimento teórico. Junqueira me

permite considerar que a dor é elemento de vivência e observação que se desenvolve em largo espectro de teorias por Bion.

Proponho o prazer autêntico como uma ferramenta nova que poderá, talvez, permitir um novo desenvolvimento conceitual. Neste sentido, se poderia considerar como uma mudança de paradigma – proposta bastante ousada. Utilizei o termo "prazer", quando poderia usar diversos outros, como surgiram nas citações de Bion – *be amused, funny, to enjoy, be amusing, fun, awe* e seus correspondentes em português –, mas a intenção é usar um termo que, embora fartamente utilizado em psicanálise – prazer de órgão, prazer sexual na infância, princípio de prazer –, permite uma discriminação e diferenciação em relação a este último.

Para dar um pouco mais de corpo a estas formulações, trago algo da clínica com um fragmento do final de uma sessão.

Então digo: "agora estou pensando no que você me falou no início da sessão. Parece que cada pessoa define a escrita dela: a ex-mulher, o tio, o filho. Com o filho, no início, você até faz a escrita com o exemplo do futebol e os fundamentos como o passe, o chute a gol e assim por diante. Mas, depois fica o mata-borrão".

Ele de pronto: "mas você pensa que é fácil. Eu fico aqui ouvindo você falar com toda esta dureza comigo" (fala sentido).

Eu: "Pô! Agora você inverteu. A escrita era sua: a do mata-borrão que eu desenvolvi com você. Agora que você pode lê-la, você não quer saber, passou a escrita para mim e você ficou o mata-borrão".

Ele fica surpreso e ri intensamente: "*É mesmo!*".

O tempo se esgotou, ele se levanta, dá-me a mão com um sorriso afetuoso e satisfeito.

Creio que a teoria do mata-borrão seja uma excelente aproximação para o que denominei *teoria fraca* (Capítulo 4).[3]

Qualquer material clínico dá margem a muitos significados, mas quando "ele fica surpreso e ri intensamente" e diz "é mesmo", creio que é a melhor aproximação que posso fazer do *prazer autêntico* e sua imprescindibilidade para o trabalho analítico. Essa afirmação pode causar surpresa, mas se o colega considerar o seu próprio trabalho, talvez observe quantas teorias fracas são usadas e quantas vezes se ressalta o *prazer* como elemento essencial, possivelmente quando se salienta *a graça e o encanto de viver*.

Concluo que *prazer autêntico* não se opõe à *dor autêntica*; tomando-os em seus primórdios, são os elementos seminais de onde se desenvolve todo o edifício da psicanálise.

Referências

Bion, F. (1981). Tribute to Dr. Wilfred R. Bion at the Memorial Meeting. *International Review of Psychoanaysis, 8*, 3-5.

Bion, W. R. (1966). *Os elementos da psicanálise*. Rio de Janeiro: Zahar. (Trabalho original publicado em 1963)

---

3 No Capítulo 4 são examinadas as produções mentais do analista em diversas sessões e em particular em uma à qual o cliente não compareceu: "Já estou na sala de análise e consulto o relógio. Bem, há algum atraso. Já se passam cinco minutos do combinado. Reparo que espontaneamente me tranquilizo: ela às vezes se atrasa um pouco. . . . Há uma teoria que explica o atraso: o hábito que ela tem, às vezes, de se atrasar. Parece que essa teoria surge em função de atenuar sentimentos desconfortáveis do analista – outra teoria [fraca]".

Bion, W. R. (1980). Bion in New York and Sao Paulo. Pertshire: Clunie Press.

Bion, W. R. (1983). *Seminari italiani*. Roma: Borla.

Bion, W. R. (1992). *Conversando com Bion*. Rio de Janeiro: Imago.

Bion, W. R. (2007). *Atenção e interpretação*. Rio de Janeiro: Imago. (Trabalho original publicado em 1970)

Freud, S. (1976a). Formulações sobre os dois princípios do funcionamento mental. In S. Freud. *Edição Standard Brasileira das Obras Psicológicas Completas de Sigmund Freud* (Vol. 12). Rio de Janeiro: Imago. (Trabalho original publicado em 1911)

Freud, S. (1976b). O problema econômico do masoquismo. In S. Freud, *Edição Standard Brasileira das Obras Psicológicas Completas de Sigmund Freud* (Vol. 12). Rio de Janeiro: Imago. (Trabalho original publicado em 1924)

Junqueira Filho, L. C. U. (2018). A dor psíquica na visão de Bion. In C. J. Rezze, C. A. V. de Camargo, & E. S. Marra (Orgs.), *Bion: a décima face*. São Paulo: Blucher.

Laplanche, J., & Pontalis, J.-B. (1992). *Vocabulário da psicanálise*. São Paulo: Martins Fontes. (Trabalho original publicado em 1982)

Rezze, C. J. (2005). Um caso particular de trauma de guerra. In M. O. A. França (Org.), *Trauma psíquico. Uma leitura psicanalítica e filosófica da cultura moderna*. São Paulo: Acervo Psicanalítico SBPSP.

Rezze, C. J. (2011). *Limites: prazer e realidade. Objetivos da análise: prazer possível? Realidade possível?* Trabalho apresentado no XXIII Congresso Brasileiro de Psicanálise. Ribeirão Preto, set. 2011.

Rezze, C. J. (2014). *Prazer autêntico – o belo – estesia. Ideias embrionárias*. Trabalho apresentado em reunião científica da Sociedade Brasileira de Psicanálise de Ribeirão Preto, 8 ago. 2014.

Índice remissivo

♀♂, 220, 225

A República [Platão], 108
abreação, 32
abstração, 275, 278
acidente [Bion], 171
acting-out, 92, 232
  de rivalidade, 148
alegoria
  da caverna, 108, 111
  da linha dividida, 29, 108, 109
  do Sol, 29, 108
alegria no sentido autêntico, 284, 347
"Além do princípio do prazer" [Freud],
  39, 217
alucinação, 195
  clima de, 62
  do cliente, 139
  rápida e fugidia, 253
alucinose demonstrável, 97
ambiente
  independente, 92

hostil, 353
amor, 46, 149, 310, 318
  de transferência, 37, 230, 294
  oferecido pela mãe, 223
amor (L), 55
analisando, *ver* paciente
análise
  bem-sucedida, 348
  com psicóticos, 53
  fim da, 84
  interrupção da, 89
"Análise terminável e interminável"
  [Freud], 41, 233, 318
analista
  atenção do, 194
  como objeto, 253
  como parte do paciente, 250
  intuição do, 256
  livre para imaginar, 199
  maturidade do, 264
  na posição de não conhecer, 267
  não sabe o que fazer, 198

360 ÍNDICE REMISSIVO

personalidade do, 153
resistente a múltiplos ataques, 254
sem desejo, 266
sem memória, 266
simbolização do, 208
sobrevivência do, 346-347
angústia, 326
causa da, 201
desenvolvimento da, 219
não acessível, 214
própria, 208
talâmica, 103
ansiedade, 44, 45
aguda, 55
Antiguidade, 116
aparelho psíquico, 178
aquisição da linguagem, 176
área simbólica, 92
"Arf, arfer", 353
argumento circular, 104
armadilha metapsicológica, 354
arqueologia, 101, 168
aspecto(s) primitivo(s), 201
associação livre de ideias, 32, 37, 43, 92, 204, 226, 233
ataque(s) oral(is), 223
atemporalidade, 214, 226
atenção, 56, 173
do analista, 194
flutuante, 37, 43, 92
Atenção e interpretação [Bion], 65
atividade psíquica, 79
ato falho, 226
at-one-ment, 98
atração universal, lei da, 130
atuação
do cliente, 225
nível de, 184
autoerotismo, 46, 217, 235

Babel, torre de, 237
barreira de contato, 56, 206, 213, 229, 234
bebê, 100, 117, 255
belo, 287, 317, 322
como foco do desenvolvimento, 323
sentir o, 323
Bem, 29, 108
essência do, 108, 111
ideia do, 109, 110, 111, 112
bem-estar mental, 136
Bion, F., 164, 177
Bion, W.
discurso de, 101
pontos controversos, 119
bomba atômica [Bion], 168
borderline, 227
Botticelli, S., 285-287
Braga, J. C., 121, 312
Brasiliano, C. J. C., 123
brincar, técnica do, 44

cadeia(s) associativa(s), 34
caixa (*box*), 101, 167, 170, 171
campo de papoulas [Bion], 57, 87
candidato-supervisor, relação, 200
capacidade negativa, 354
castração, 217
catarse, 32
catastrófica
mudança, 70, 177, 354
reação, 69
catexias vinculadas, 301
cauda vestigial, 99, 102
censura moral, 301
cesura, 103
cisão, 40, 46, 50, 55, 60, 224, 273
de objeto e ego, 48
do ego, 238

em oposição ao recalcamento, 215,
  227, 236
ciúme, 193, 198, 204, 354
civilização, inscrição na, 220
clepsidra, 288
  improvisada, 324
cliente, *ver* paciente
clivagem, 272
coisa(s)
  em si, 58, 94, 114
  belas e boas, 108
compaixão, 151
complementaridade, 104, 340
complexo de Édipo, 36, 45, 59, 91, 131,
  217, 220, 225, 226, 232
compulsão à repetição, 38, 40, 41, 222,
  230
comunicação
  rudimentar, 208
  uso primitivo da, 61
conceito(s) psicanalítico(s)
  convergência, 188
  divergência, 188
concepção, 56
  edípica, 226
  surgimento da, 310
concretude
  do cliente, 208
  vs. simbólico, 208
conflito
  fundamental, 293
  intrapsíquico, 72
  psíquico, 233
conforto
  espiritual, 330
  mental, 330
conhecimento, 113
  escalada do, 112, 114
conhecimento (CE), 110

conhecimento (K), 55, 150
  menos conhecimento (–K), 55, 80
conjectura(s)
  imaginativa(s), 100, 164, 347
  racional(is), 100, 164, 347
consciente, 33
  diferenciação consciente-
    -inconsciente, 213, 234
  função diferenciadora de
    inconsciente e, 229
"Construções" [Freud], 41, 42
continuidade
  com a mãe, 228
  parada da, 325
continuum corpo-mente, 158
contratransferência, 37, 40, 54, 123
"contribuição à psicogênese dos estados
  maníaco-depressivos, Uma" [Klein],
  48
cópula oral, 220
corpo
  da mãe, 46
  perfeito, 285
cotidiano, 129, 131, 132, 153
  da existência, 335
  do sujeito, 324
crença, 110, 114, 144, 338
crescimento mental, 274, 310
  experiência de, 313
criatividade, 137, 151
  desvelamento da, 293
  fonte original de, 177
  realizações autênticas de, 319
crítica à psicanálise, 53
culpa, 44, 354
cura, 32, 34, 42, 318, 346, 349
  objetivo da, 293

Da imperfeição [Greimas], 323

Damásio, A., 157
dar guarida [Bion], 175
Darwin, C., 158
desconforto, 259
desconhecido, 42, 63, 64, 66, 71, 95, 214
desejo, 266, 300
  do analista, 283
  inconsciente, 193
  ligado à sexualidade, 218
  relegado ao inconsciente, 228
desenvolvimento, 27, 47
  conceitual novo, 355
  da psicanálise, 226
  do sadismo, 47
  emocional, 249
  ético, 320
  fases do, 46
  libidinal, 45, 212
    fases do, 212
  neurótico, 256
  simbólico, 47, 210
  teórico de Bion, 352
desfusão, 40
  dos instintos, 49
desintegração, 150
deslocamento, 214, 226
deslumbramento [Greimas], 323
desprazer (unlust), 311, 350
  evitar o, 311
  princípio de, 311
destino catastrófico, 300
destrutividade, 40
  do sadismo, 219, 231
Deus, 176
  perseguidor, 353
devaneio, 117, 134
dia analítico, 132
dialética, 111

dificuldade
  conceitual, 222
  para conversar, 200
dimensão
  desconhecida, 84
  do alucinar, 80, 97
  do conhecer, 80
  do sensorial, 80
discriminação, 203
discurso [Bion], 176
divertimento (fun), 288, 345-347
doenças mentais, 46
Doin, C., 156
domar (tame), 175
  pensamentos [Bion], 164
  vs. domesticar, 164
domínio
  da paixão, 277
  do mito, 276
  dos sentidos, 276
dor, 178, 259, 318, 344, 346, 348
  autêntica, 289, 356
  caminho da, 319, 351
  de separação, 297
  intensa, 140, 332
  mental, 305
  na alma, 318
  na coluna 2 da grade, 351
  necessária, 283
  oposição entre prazer e, 305, 354
  psíquica, 354
  referencial da, 333
dramatização, 102
duração estética, 323

Edelman, G., 158
ego, 45, 211
  cisão do, 238
  constituição do, 217

falência do, 47
investimento libidinoso do, 217
parte inconsciente do, 235
primitivo, 52
Eksterman, A., 287
elemento(s)
de psicanálise, 349
seminal(is), 356
apavorantes, 133
caóticos, 200
de terror, 61
desorganizados, 200
essenciais à existência, 328
hostis, 133
ruptor, 218
alfa, 55, 85, 101, 170, 172, 234
armazenamento, 114
consistentes, 171
realização acessível do conceito
de, 172
beta, 55, 65, 85, 96, 101, 114, 116,
170, 234, 354
embriologia, 99, 102
emoção(ões), 114
arcaica(s), 50
básicas, 85, 118
contidas, 331
falta de acesso às, 252
forte(s), 138, 328
negar, 174
nomear, 61
selvagem(ns), 29, 30, 175, 177
encantamento (awe), 285, 307, 321, 351
descoberta da palavra, 310
encanto de viver, 305, 328, 335
energia
da pulsão sexual, 216
psíquica, 301
enfermaria [Bion], 171

entendimento (dianoia), 110, 114
entidade(s)
eterna(s), 112
inespacial, 167
intemporal, 167
epistemologia, 99
Eros, 39, 318
sócio de, 237
erro de Descartes, O [Damásio], 157
escrita, 304
"Esboço de psicanálise" [Freud], 233
espanto, 339
esperança, 352
mensagem de, 101
estado(s)
alucinatório, 247, 320, 350, 352
de ânimo, mudança do, 273
de contemplação, 285, 308
de dor, 285, 308
de êxtase, 285, 308
de mente
arcaico(s), 102
de desenvolvimento, 103
primordiais, 103
de queixa, 261
genuínos, 351
maníaco-depressivos, 48
patológico, 148
psicótico, 320, 352
estesia, 287, 317
capacidade da, 323
estrangeiro, olhar de, 312
evacuação, 93, 96, 149
exacerbação
de dor, 67
de prazer, 67
exame estético, 333
excitação
quantidades de, 311, 349

364 ÍNDICE REMISSIVO

sexual, 311, 350
experiência
aterrorizadora, 354
contemporânea, 36, 91, 131
de afetos, 328
emocional, 28, 69, 81, 84, 107, 187,
202, 231, 234
aprender com a, 28, 54, 85, 86, 96,
104, 113, 124, 234
de satisfação, 310
explicitação da, 202
impacto da, 28
intensa, 271
isolada de uma relação, 118
significação inicial da, 113
significado generalizado da, 85
turbulência, 28
vértice da, 224
pessoal, 314
traumática de guerra, 354
vivida, 84
exploração arqueológica, 168
expulsão, 46
de partes, 86

fala
que não diz nada, 189
simbólica, 204
falo, 46
fantasia, 39
genital, 45
fantasma(s), 185, 259, 262
diferenciar lençóis de, 265
Fantasma de Bion, 291
fase
anal, 217
sadismo na, 223
fálica, 217, 221, 223, 235
genital, 223, 235

sadismo na, 223
oral
sadismo na, 223
pré-edípica, 235
pré-genital oral, 217
fato(s)
absoluto(s), 94
imaginário, 164, 173
inalteráveis, 272
irrefutáveis, 272
selecionado(s), 188, 277
fator
conceito de, 116
presentificação dos, 205
fé, 148
fé (*pistis*), 110
fendas branquiais, 99, 102
figura do médico, 35
filosofia, 110, 112, 116
fim da análise, 83
folha caindo [Bion], 166
fonte endossomática, 112
força
animal, 175
"demoníaca", 47
libidinal, 39
confronto com a, 223
forclusão, 211, 215
para Lacan, 227
fratura, 287, 324, 332, 339
fresta, 93, 122, 150, 151, 203, 325, 339
Freud
o caso Dora, 35
sistema freudiano, 43
Frochtengarten, J., 122
frustração, 46, 100
oral, 47
tolerância da, 100
fuga, 176

função
   alfa, 28, 55, 85, 86, 113, 114, 116, 183, 229
   conceito de, 116
   diferenciadora de consciente e inconsciente, 229
   reversão de, 118

genealogia, 170
genitalidade, 216
glândulas suprarrenais, 99, 103
Goldberg, D., 276
Gorz, A., 143
grade, 28, 29, 108, 170, 238, 239
   A1, 171
   A2, 171
   A6, 65, 96
   ação, 56, 173
   atenção, 56, 173
   cálculo algébrico, 56
   coluna 2, 86, 94, 100, 122, 174, 351
   coluna y, 56
   D4, 171
   E5, 171
   eixo horizontal (de usos), 56, 220
   eixo vertical (genético), 56, 114, 174, 207, 228, 234
   em emoções, 56, 178
   em menos conhecimento (–K), 80, 86, 152
   hipótese definidora, 56, 173
   ideias, 56, 86
   indagação, 56, 173
   linha A, 85, 186
   linha B, 85, 172, 186
   linha C, 28, 172
   linha F, 171
   linha G, 171, 186
   linha H, 171

   negativa, 171
   notação, 56, 173
   reintegrar a, 101
gratidão, 166, 328
Grécia Antiga, 131
Green, A., 155
guerra [Bion], 353
gula, 307

hábito, 133
   mental, 273
hermenêutica, 155
hipérbole, 60, 205
hipnose, 32, 137, 146
hipótese(s), 111, 260
   definidora, 173
   fundamental(is), 130
histeria, 216
hybris, 300

id, 40, 56, 211, 215
idealização, 308, 324
ideia(s)
   arcaica(s), 102
   embrionária(s), 317
   insignificante(s), 177
identificação, 46
   introjetiva, 48, 224
   projetiva, 48, 54, 60, 89, 90, 224
idiossincrasia, 332
Ilíada [Homero], 131
ilusão (*eikasia*), 110, 114
imagem(ns), 108
   pictórica, 171
   primeiras e fundantes, 323
imagens (*eikones*), 109
imaginações especulativas, 163
impressões sensoriais, 114
incesto, 51

366   ÍNDICE REMISSIVO

inconsciente, 188, 234, 322
  camadas mais profundas do, 55
  conceito de, 213
  desejo, 228
  diferenciação consciente-
    -inconsciente, 213, 234
  função diferenciadora de consciente
    e, 229
  ideia, 33
  identificação e rastreamento do, 27,
    33, 37, 183, 213
  para Klein, 212
  profundo, 213
  reprimido, 157
  tópico, 212
inefável [Bion], 325
infinito, 202
infinito ↔ finito, 122, 300
infinito → finito, 122
ingenuidade, 93
inibição de crianças, 44
inscrição, 49, 227
  na civilização e no simbólico, 220
  não inscrito, 42, 55
  original de representação, 52
  visual, 38
insight, 42, 98, 284, 308
  nível de, 251
instância psicológica, 49
instinto
  de morte, 39, 40, 45, 55, 66, 154, 212,
    218, 230, 237
    deflexão do, 220, 224
    período pré-, 231
  de vida (Eros), 39, 218
  destrutivo/agressivo, 233
  do ego, 39
  epistemofílico, 47
  finalidade do, 275

para Freud, 112
  sexual, 39
institucionalização de conceitos, 292
instrumental de trabalho, 352
inteligência, 110, 114
interdição em nome do pai, 215, 228
interesse, 192, 296
  falta de, 190-191, 196
International Psychoanalytical
  Association (IPA), 237, 292
interpretação, 32, 34, 41, 42, 43, 56, 192,
  226
  de sonhos, 233
  fora de lugar, 205
  que não opera, 204
"interpretação dos sonhos, A" [Freud],
  31-32
interrupção do tratamento, 230, 336
introjeção, 319
  bem-sucedida, 154
intuição, 66, 143, 264, 265
  ensurdecida, 68
  opacificada, 68
invariância, 28, 58, 87, 89
invariante, 92, 94, 96, 121, 240, 340, 344
  em cada sistema teórico, 240
  narrativa, 89
  sob alucinose, 149
inveja, 46, 60, 63, 93, 117, 149, 294, 354
investigação, 57
  cognitiva, 157
investimento libidinoso do ego, 217

jogo
  sério, 346
  psicanalítico, 171, 345-346

Kirschbaum, I., 122

Klein, M.
    caso Rita, 44
    recuo progressivo da idade, 45
    sistema kleiniano, 50

language of achievement, 65
lapso, 233
leite materno bom, 223
lençol(óis), 185, 262
    dança dos, 264
    desvestir, 262
    diferenciar fantasmas de, 265
    equivalente do, 262
    não lençol, 263
    vestir, 263
libido, 46, 216, 223
    forças da, 223
linguagem
    aquisição da, 102, 176
    de êxito, 65, 322
linha dividida
    alegoria da, 108, 109
    segmento inferior, 109
    segmento superior, 110
literatura psicanalítica, 275
Loureiro, S. M., 123
luta, 176
    e fuga, pressuposto de, 176

mãe, 117
    belo rosto da, 288, 323
    como abstração, 194
    como qualidade mental, 194
    como símbolo, 194
    continuidade com a, 228
    seio da, 288, 323
Mancia, M., 156, 157
manto protetor [Bion], 152
maravilhamento (*awe*), 310

Marselhesa, 41
masoquismo, 40
mata-borrão, 141, 142, 147, 303, 304, 355
    teoria do, 305
    matemática, 110, 116
    fórmula, 130
    método da, 111
material
    clínico, 269
        reavaliar o, 91
    fragmentário, 229
    reprimido, 232
        repetir o, 91, 131
maturidade, 96
    do analista, 264
mecanismo
    primitivo, 51
        da mente, 215
    psicótico, 256
medo, 262
    da morte, 255
    diante das autoridades psicanalíticas, 319
    subtalâmico, 354
melancolia entre ego e superego, 218
Meltzer, D., 322
memória, 42, 266
    consciente, 157
    explícita, 157
mente
    estados de, 102, 103
    mundo da, 112
    níveis primitivos da, 238
    primitiva, 212, 239
    primordial, 103
    produção concreta da, 249
    qualidade psíquica da, 87
místico(s), 120, 153
mito, 173, 186, 276

368 ÍNDICE REMISSIVO

modelo
  médico, 293, 294
  multidimensional, 80
monólogo, 144, 145
Mora, J. F., 130, 131, 166
mudança, 247
  catastrófica, 70, 177, 354
  de eixo, 297
  de paradigma, 329, 355
  de visão, 335
  do aprendizado ao crescimento, 85
  do estado de ânimo, 273
  emocional, 186
mundo
  concreto, 271
  da alma, 112
  da mente, 112
  inteligível (*noeta*), 110
  visível (*doxasta*), 110

nada, 190, 205
não peito, 100
narcisismo, 46, 217, 222, 235
natureza
  catastrófica, 64
  física, 101
  inanimada, 266
  mecânica, 252
  sofisticada, 101
negação, 50, 238
  do paciente, 260
neurociência, 156, 157, 158
neurose(s), 87
  narcísica, 42
  entre ego e id, 218
nirvana, princípio de, 218
nível
  concreto, 255
  de atuação, 184

fragmentado, 199, 208
não transferencial, 230
simbólico, 183
catexial, 301
"Nono seminário italiano" [Bion], 166
nulificação, 60

O, 58, 80, 94, 97
O ↔ K, 122
O → K, 122
objetivo da análise, 340
objeto
  aterrorizante, 55
  bizarro, 214
  complexidade do conceito de, 276
  criado, 253
  de alguma coisa ou de alguém, 276
  de um instinto, 275
  deflexão do instinto de morte para
    o, 220
"ociosidade" [Bion], 168
ódio, 118, 149
  tendência ao, 262
ódio (H), 55
onipotência, 50
origem médica da psicanálise, 301
oxímoro, 146

paciente(s)
  aborrecido, 336
  ameaça à vida do, 254
  antigo, 246
  apavorado, 61
  atrasado, 270, 271
  atuação do, 225
  ausente, 144
  capacidade de sofrer do, 348
  concretude do, 208
  convívio mais íntimo com o, 319

dados sobre, 188
entediado, 345
estupefato, 338
história do, 183
maltratado, 61
não concorda com o analista, 260
não paciente, 260
não quer ir à análise, 336, 337
negação do, 260
operando concretamente, 228
perdido, 250
presença do, 348
violentado, 61
paciente-analista, relação, 200, 255
pais
   combinados, 46
   reais, 52
paixão(ões), 186, 277
palavra(s), 148
   arcaica(s), 169
   que não são símbolos, 252
par, 146, 297
   paciente-analista, 249
parapraxia, 233
parte
   psicótica, 214
   silenciosa, 40
participação
   criativa(s), 320, 352
   mental, 274
   sentimento de, 330
patologia, 294, 299, 301, 308
   neurológica, 158
pavor, 262
pecado, 354
pênis, 220
   maravilhoso, 247
   paterno, 223
pensamento, 99, 301

adestrar, 167
arcaico, 102
assimilar, 167
bem treinado, 165
capacidade de, 54
civilizado, 165
desenvolvimento do, 99, 216, 254
distúrbios do, 86
domesticar, 164, 165
embrionário, 170
esquizofrênico, 54
estruturar, 143
extraviado, 101, 164, 167, 170, 174
filosófico, 116
integridade do, 62
onírico, 114, 173
pressão do, 99
primórdios do, 90
racional, 165
selvagem, 101, 165, 173, 174, 176
sem pensador, 80, 100, 164, 166, 170
uso primitivo do, 61
pensar, 354
   aparelho de, 100, 166
   intelectualmente, 175
   não pensar, 103
   precedido pelo pensamento, 166
   teoria do, 134, 145
personalidade
   aspectos primitivos da, 257
   conservada, 92
   corrupção da, 154
   do analista, 90
perspectiva
   evolutiva, 217
   clássica, subversão da, 333
"pescaria" [Bion], 168
pincel de pelo de camelo [Bion], 168
Platão, 112

A República, 108
alegoria da caverna, 108
alegoria da linha dividida, 29, 108, 109
alegoria do Sol, 29, 108
essência, 107
ideia, 107
teoria das formas, 29, 107
Pluft, 262
poder desestruturante, 80
ponto nodal, 183, 204, 210, 213, 214, 221, 225
posição
  depressiva, 48, 220, 224, 238
  esquizoparanoide, 48, 224, 238
  maníaca, 48
  paranoide, 48
Posição e objeto na obra de Melanie Klein [Baranger], 276
posteridade, 154
prazer, 47, 136, 302, 319, 320, 344
  autêntico, 178, 284, 299, 302, 305, 308, 313, 321, 328, 335, 339, 347, 348, 350, 356
    como elemento essencial ao desenvolvimento mental, 288
    como instrumento de investigação, 308
    e prazer estético (superposição), 314
    em Bion, 288
    imprescindível ao trabalho analítico, 305
    significado diferente para, 308
    teorização em, 347
  como parte da realidade humana, 284, 350
  como patologia, 299
  como sintoma, 299

confusão com princípio de prazer, 311, 312
  estético, 313
  genuíno, 120
  intenso, 339
  manifesto, 339
  na existência, 309, 343
  oposição entre dor e, 305, 354
  possível, 284, 299
  princípio de, 284, 293, 300, 311, 320, 349, 350, 352
    limites, 299-306
  sexual, 355
  significados de, 312
prazer (*lust*), 311, 350
pré-concepção(ões), 29, 56, 100, 107
  edípica, 206, 225, 229
    ataque à, 203, 225, 226, 235
  transformada em concepção, 285
  união com a realização, 310
pré-consciente, 33
pregnante, característica, 305
pré-juízo do analista, 274
presentificação dos fatos, 205
pressuposto de luta e fuga, 176
primeira tópica, 37, 42, 54, 211, 235
princípio
  econômico, 311, 349
  de prazer, *ver* prazer
"Problema econômico do masoquismo, O" [Freud], 311
processo(s)
  excessivo(s), 224
  primário(s), 214, 216, 226
  secundário(s), 216
produção
  científica, 154
  concreta da mente, 249
produtividade, 134, 145

progresso da psicanálise, 344
projeção, 46
prudência, 135, 146
psicanálise
  em curso, 263
  origem médica da, 301
psicanalista, *ver* analista
psicogênese, 48
psicologia, campo da, 167
psiconeurose narcísica, 212, 218
psicose(s), 40, 50, 300
  entre ego e realidade, 218
psicótico(s), 43
  não analisável(is), 215
pulsão
  de morte, 212
  de sobrevivência e pulsão sexual
    (conflito), 317
  de vida, 212
  representante psíquico da, 226
  sexual
    caótica, 217
    como vilã, 318
    e pulsão de sobrevivência
      (conflito), 317
    energia da, 216
    incorporada às pulsões de vida,
      318

qualidade(s)
  emocional, 195, 199, 201
    lançada a grande distância, 205
  estética, 321
  inicial, 264
  psíquica
    não sensorial, 263
    percepção da, 55, 68
  real desenvolvida, 283, 293

Ramachandran, V. S., 157, 158
reação
  catastrófica, 69
  terapêutica negativa, 41, 230
realidade
  direção à, 123
  íntima, 262
  possível, 299
  princípio de, limites do, 299-306
  psíquica, maior grau de percepção
    da, 95, 263
  sensorial, 95
  última, 58, 94
recalcamento, 188, 216, 221, 226, 234,
  235
  identificação e rastreamento do, 27,
    183
  originário, 227
"Recordar, repetir e elaborar" [Freud],
  38
referencial
  kleiniano inicial, 223
  teórico, 90
regra(s) da psicanálise, 344
relação(ões)
  bipessoal/intersubjetiva, 37, 230
  candidato-supervisor, 200
  cliente-analista, 200, 255
  com o analista, 194
  criança-mãe, 323
  diádica, 323
  fundamental, 131
  mãe-bebê, 157
  de objeto, 46, 51
    parciais, 223
representação, 43, 112
  de coisa, 37-38
  de palavra, 38
  psíquica, 226

sexual, 234
verbal, 34
resistência, 33, 63, 96, 221, 229, 236, 294
ressonância afetiva, falta de, 186, 270
resto(s)
de uma situação edípica, 225
do que nem chegou a se formar, 203
embrionários, equivalentes mentais
dos, 102, 103
rêverie, 86, 117, 210, 294
para Bion, 256
capacidade de, 204, 207
do analista, 229
rivalidade, 60, 63, 93, 117, 148, 149, 221
acting-out de, 148
jogo da, 196
ruído(s), 102, 176
básico, 69

sadismo, 40, 45, 46, 47, 49, 51, 212
desenvolvimento do, 47
destrutividade do, 219, 231
máximo, 220, 235
na fase anal, 223
na fase genital, 223
na fase oral, 223
sanidade mental, 253
satisfação, 67, 285, 309, 347
na existência, 309
no sentido autêntico, 284
significados humanos de, 301
secção DC, 110
segunda tópica [Freud], 211, 222
seio
materno, 100
não seio, 100
ataques ao, 223
self em diferentes idades, 103

sentimento
afetuoso, 248
arrebatador, 310
consciente, 124
desconfortável, 133, 356
insignificante, 177
selvagem, 175
violento, 139, 331
ser, 63, 70, 97
animado, 67
inanimado, 67
O, 120
o paciente, 95
psicanálise, 64
realidade, 80
si próprio, 260
sério (*serious*), 288, 345-346
sessão
atraso para, 186
de supervisão, 183, 187, 188
horário da, 189
transcrição de, 188-189, 198
turbulenta, 200
setting
alteração do, 185, 245
equivalente a estado de mente, 256
físico, 185
mental, 185
preservação do, 185, 245
significado de, 251
sexual, desenvolvimento, 219
sexualidade, 188, 216, 235
desejo ligado à, 218
identificação e rastreamento da, 27,
183
Shakespeare, W., 101
si próprio, 185, 261
silêncio, 49, 195, 215, 220, 222, 327
insólito, 324

simbólico, 228
  inscrição no, 220
  vs. concretude, 208
simbolismo, 47
simbolização do analista, 208
símbolo(s), desenvolvimento de, 252, 257
sintoma, 226, 299, 301, 308
  alucinatório, 311
sistema, 28, 53, 72
  de observação, 302, 313
  dedutivo científico, 56
  imunológico, 158
situação
  alucinatória, 300
  analítica, 252
  edípica, 225
    fragmento da, 221
    não formada, 254
  intransponível, 130
  maravilhosa, 251
  narcísica, 43
  nova, 152
  psicótica, 87
  que move a ação, 193
  total, 43, 231
  triangular, 91
Sociedade Brasileira de Psicanálise de São Paulo (SBPSP), 237
sócio de Eros, 237
Sófocles, 131
sofrimento, 259
  inenarrável, 320
Sol, 108
sonho, 33, 173, 226
  elaboração onírica, 34
  manifesto, 34
  traumático, 38, 218
Soussumi, Y., 156

splitting, 40, 274
substrato(s) de teorias emocionais, 347
subversão
  da perspectiva clássica, 333
  de paradigma, 284
superego, 39, 45, 211, 354
  arcaico, 46
superioridade
  moral, 354
  que o paciente pensa ter sobre o analista, 248
supervisão, 183, 187, 188
  escrita pelo candidato, 188

T alfa, 94
T beta, 94
tábua de salvação [Bion], 353
Tatit, L., 287, 323
técnica, trabalhos sobre [Freud], 230
tela beta, 56, 206, 207, 210, 214, 228, 234
temor
  à castração, 49
  à morte, 49
  à mudança catastrófica, 177
  reverencial, 177, 291, 310
temperança, 300
tendência terrorífica, 46
tender a O, 71
tensão
  mental, rebaixamento da, 311, 350
  prazerosa, 350
teoria(s), 122, 143
  emocionais, substratos de, 347
  forte(s), 29, 119, 129, 130
  fraca(s), 29, 119, 129, 139, 144, 145, 159, 284, 302, 305, 313, 332, 356
  de Bion, 305

implícita(s), 132
mutável(is), 144
terror, 262, 354
   diante das autoridades psicanalíticas,
   319
   primordial, 354
TK → TO, 96, 120-121
tornar-se, 63, 70
   pensamento, 100
   realidade, 80
transferência, 27, 28, 31, 32, 38, 41, 42,
   51, 53, 59, 60, 90, 91, 123, 188, 224,
   229, 232, 233, 236
   como resistência, 32
   conceito de, 54
   construções, 28
   definição, 36
   exame genético, 31
   identificação e rastreamento da, 27,
   183
   invariantes kleinianas, 28
   negativa, 44, 51, 62, 230
   neurose de, 236
   origens da, 231
   para Bion, 28
   para Freud, 28, 188
   para Klein, 28
   positiva, 60, 294
   psicótica, 73
   sentido clássico de, 51, 60
   teoria da, 92, 131
   total, 28, 72, 234
   transferência-contratransferência,
   87, 233
transformação(ões), 29, 88, 89, 238
   em alucinose, 29, 58, 62, 69, 90, 92,
   148, 151, 204, 210, 214, 229
   em conhecimento, 29, 69
   em movimento rígido, 29, 53, 58, 90,
   92, 210, 232

em O, 29, 64, 95, 96, 151, 259
   identificação e rastreamento de, 183
   projetivas, 29, 58, 89, 90, 92, 204, 210,
   214, 229
tratamento
   interrupção do, 230
   novo, 312
trauma, 32
   fundamental, 293
Trieb, 216
tristeza, 326
trottoir, 253
turbulência, 29, 80, 86, 96, 97, 100, 102,
   133, 152
   emocional, 64, 208, 225, 354

unidade na psicanálise, 155

vagina, 46, 220
verbum, 102
verdade, 95, 96, 108, 112
   absoluta, 71
   ideal da, 285
   última, 94
vertente
   clínica, 302
   teórica, 302
vértice, 71, 94, 188
   da experiência emocional, 224
   em alucinose, 71
   em verdade, 71
vestígios embrionários, 102, 103
vida
   analisando-analista, 152
   cotidiana, 119
   manutenção da, 284, 293
   sexual infantil, 36, 91, 131
vigília, 113
vínculo(s), 55

de amor, 112
   autêntico, 294
de ódio, 294
em conhecimento (K), 85, 86, 97, 176
em menos conhecimento (-K), 97
emocional psicanalítico, entranhas
   do, 328
fragmentação do, 176
negativo(s), 118
positivo(s), 118
viragem, 331
   de sentimentos, 332
visão
   clínica, 288
   de pensamento, 174
   estética, 288

macroscópica, 158
mental, 265
microscópica, 158
multipolar, 174
vivência(s)
   criativa(s), 294
   de separação, 297
   desconcertante, 332
   edipiana(s) oral(is), 46
   estética, 332
   pré-natal(is), 157
   primitiva(s), 157
   sexual(is), 71

Wallerstein, R. S., 155

GRÁFICA PAYM
Tel. [11] 4392-3344
paym@graficapaym.com.br